D1734464

Claudio Marco

LASST UNS ZUSAMMEN ARBEITEN
Über die Gestaltung soziotechnischer Systeme

Dieses Buch ist auch als
e-book
erhältlich.

www.novumpro.com

Bibliografische Information
der Deutschen Nationalbibliothek:

Die Deutsche Nationalbibliothek
verzeichnet diese Publikation in der
Deutschen Nationalbibliografie.
Detaillierte bibliografische Daten sind
im Internet über
http://www.d-nb.de abrufbar.

© 2011 novum publishing gmbh

ISBN 978-3-99003-292-3
Lektorat: Sarah Schroepf
Umschlagfotos: Eddie Alberto Macias
Garcia | Dreamstime.com
Umschlaggestaltung, Layout & Satz:
novum publishing gmbh

Gedruckt in der Europäischen Union
auf umweltfreundlichem, chlor- und
säurefrei gebleichtem Papier.

www.novumpro.com

AUSTRIA · GERMANY · HUNGARY · SPAIN · SWITZERLAND

INHALTSVERZEICHNIS

1 EINLEITUNG

Die vorliegende Schrift ist eine grundsätzliche Auseinandersetzung mit dem Thema Mensch in der Unternehmung. In meinem bisherigen beruflichen Werdegang war ich als Sachbearbeiter, als Spezialist und als Führungskraft in Dienstleistungsunternehmen tätig. Daraus ergibt sich der Bezug auf die Wirtschaftsunternehmung mit Fokus auf der Administration. Durch Anpassungen in Teilaspekten und die Wahl anderer Beispiele und Begriffe lassen sich die Herleitungen leicht auf andere Unternehmungen im Sinne von menschlichem, zielgerichtetem Zusammenwirken anwenden. Das liegt am groben Detaillierungsgrad, an der Grundsätzlichkeit der in dieser Schrift getätigten Herleitungen. Es geht um die Frage, was Menschen darin unterstützt, miteinander Ziele jeglicher Art zu erreichen, und was sie darin behindert. Es geht um den Rahmen und nicht um dessen konkreten Inhalt.

Ist es nicht so, dass sich die interessanten Aspekte im Detail befinden, weil der Rahmen längst klar ist? Ich sage ganz klar Jein: Natürlich ist es für den mit einer konkreten Sache Beschäftigten interessant, diese Sache zu durchleuchten. Die Erfahrung zeigt jedoch, dass menschliches Zusammenwirken erheblich erschwert wird und auch immer wieder scheitert, weil dem Rahmen keine oder eine zu geringe Beachtung geschenkt wird.

Wollen wir ein Boot bauen, müssen wir uns detailliert mit Bootsbau auseinandersetzen. Die Ansicht, dass sich der Rest von alleine ergibt, weil wir uns so sehr darüber freuen, ein Boot zu bauen, und so viel Spaß daran haben, ist falsch. Diese Herleitung kann für sehr kurzfristige Unternehmungen zutreffend sein. Müssen wir aber über Wochen, Monate oder Jahre zusammenwirken, um das Ziel erreichen zu können, ist es unerlässlich, aktiv günstige Rahmenbedingungen zu schaffen. Tun wir dies nicht, werden wir auf erhebliche Schwierigkeiten stoßen und unser Boot vielleicht nie zu Wasser lassen können. Dies gilt in hohem Maße für Wirtschaftsunternehmen, in denen die überwiegende Anzahl der Mitarbeiter zeitlich unbeschränkt tätig ist.

1.1 Motivation und Entstehung

In meiner Berufstätigkeit habe ich manche Dinge scheitern sehen und bin selber in größeren und kleineren Dingen gescheitert. Anderes ist gut und sehr gut gelungen. Der Unterschied zwischen Erfolg und Misserfolg bestand nie in genügendem oder ungenügendem Vorhandensein und Einsatz von Fach-, also Detailwissen.

Erfolg und Misserfolg ergaben sich stets aus dem Vorliegen bzw. dem Fehlen von günstigen Rahmenbedingungen. So habe ich mir jede Menge Gedanken über Rahmenbedingungen gemacht.

In der Praxis sind diese Gedanken, auch wenn sie das größere Ganze betreffen, stets an die aktuelle Sache gebunden. So stellte sich mir die Frage, ob sich diese Gedanken von der Sache loslösen und zu einem Konzept im Sinne einer grundsätzlichen Handlungsbasis zusammenfassen lassen. Nach der Aufforderung, ich möge meinem Ausspruch „ich könnte ein Buch darüber schreiben" Taten folgen lassen, habe ich mich hingesetzt, einzelne Überlegungen in Aufsätzen niedergeschrieben und diese Aufsätze zur vorliegenden Schrift zusammengefügt.

Es ging mir also darum, für mich selber die Frage nach der Konzeptfähigkeit meiner Überlegungen zu beantworten, ohne dass die Notwendigkeit bestand, dies für andere verständlich zu tun. Es ist mir gelungen, diese Frage für mich selber positiv zu beantworten. Daraus hat sich der Wille ergeben, den letzten Schritt auch noch zu tun. So habe ich versucht, meine Gedanken für jeden Leser verständlich herzuleiten, um ihn in die Lage zu versetzen, Aussagen und Feststellungen selbstständig nachzuvollziehen. Das Resultat liegt nun vor Ihnen.

1.2 Material und Anspruch

Das Baumaterial der vorliegenden Schrift besteht ausschließlich aus Überlegungen und Schlussfolgerungen zu Erlebtem. Den Aussagen und Feststellungen liegen weder eigene noch fremde Forschungsarbeiten, wie Studien, statistische Erhebungen und Ähnliches, zugrunde. Zum Verständnis sind keine Vorkenntnisse notwendig. Zur einheitlichen Begriffsbildung tauchen vereinzelt Fachausdrücke auf, die aber erläutert sind.

Da es meine Überlegungen zu von mir Erlebtem sind, die hier zur Verarbeitung gelangten gelangt sind, handelt es sich natürlich um subjektive Schlussfolgerungen. Für denjenigen, welcher keinen Spaß daran hat, diese Schlussfolgerungen kritisch zu hinterfragen und die Herleitungen auf der Basis der eigenen Erfahrung verifizierend nachzuvollziehen, ist die Lektüre uninteressant. Sie beinhaltet keine neuartigen Theorien oder Ansätze, die konsumierend zur Kenntnis genommen werden können.

Ursprünglich sollte sich dieses Buch an niemanden richten, was sich im Verlaufe seiner Entstehung verändert hat: Es richtet sich nun an alle in einer Unternehmung jeglicher Art beschäftigten Menschen, vor allem aber an Führungskräfte. Dabei wird nicht auf spezielle Aufgaben oder Fachrichtungen eingegangen. Der Blick bleibt beim Grundsätzlichen.

1.3 Aufbau

Die Schrift hat nebst der Einleitung 4 Teile.

1.3.1 Kapitel 2–4

In den Kapiteln 2 bis und mit 4 werden die Basiswerkzeuge vorgestellt. Es gibt andere Werkzeuge, welche gleichartig sind, und jede Menge Werkzeuge, die detaillierter auf Dinge eingehen. Letztere gehören in das Tätigkeitsgebiet von spezialisierten Fachkräften. Die vorgestellten Basiswerkzeuge genügen für das Verständnis der im Weiteren vollzogenen Herleitungen und den aktiven Umgang mit dem größeren Ganzen innerhalb einer Unternehmung.

1.3.2 Kapitel 5–9

Die Kapitel 5 bis und mit 9 befassen sich mit Eigenarten des Menschen. Den Betrachtungen liegt die Überzeugung zugrunde, dass der Mensch der wesentlichste Faktor einer jeden Unternehmung ist. In diesem Zusammenhang ist es somit unerlässlich, sich wenigstens grundsätzlich mit dem Faktor Mensch auseinanderzusetzen. Die im weiteren Verlauf der Schrift erfolgenden Aussagen und Herleitungen sind immer auch in Bezug auf diese Kapitel zu verstehen. Auch wenn der Bezug auf die Unternehmung nicht ganz abbricht, liegt der Fokus auf dem Menschen.

1.3.3 Kapitel 10 und 11

In den Kapiteln 10 und 11 richtet sich der Blick auf die Unternehmung. Immer noch ist der Mensch Thema, hier aber als interner Teilnehmer an einer Unternehmung. Es geht um den inneren Aufbau, die innere Gestalt einer Unternehmung.

1.3.4 Kapitel 12 und 13

Die Kapitel 12 und 13 ziehen das Fazit.

2 DAS SYSTEMDENKEN; DAS DENKEN IN SYSTEMEN

Ein System ist eine Menge von Elementen, die zueinander in Beziehung stehen. Ein Element ist ein definiertes Etwas. Ich betrachte meine Hand und sehe ein Element meines Körpers. Da kommt der Medizinstudent und erklärt mir, dass meine Hand aus vielen Knochen, Sehnen usw. besteht, und dies sind die Elemente. Da kommt der Chemiker und erklärt mir, dass meine Knochen eine Ansammlung von Molekülen sind, die aus Elementen zusammengesetzt sind. Da kommt der Physiker und …

Natürlich haben wir alle Recht, falls wir davon ausgehen, dass ein Element ein definiertes Etwas ist. Alles kann also ein Element sein, nachdem wir es als solches definiert haben.

Wer schon einmal versucht hat, jedes kindliche „Warum" nach bestem Wissen und Gewissen zu beantworten, kann festgestellt haben, dass alles mit allem in Beziehung steht.

Wenn ein System eine Menge von Elementen ist, die zueinander in Beziehung stehen, alles ein Element sein kann und sowieso alles mit allem in Beziehung steht, dann ist „System" ein nutzloser Begriff; er macht nichts greifbar.

Es ist alles eine Frage der Definition. „System" ist ein sehr anspruchsvolles Wort, da es bei fast jeder Verwendung neu definiert werden will.

Ich nehme drei Fußbälle, lege sie einigermaßen zueinander und kicke in den kleinen Haufen. Die Bälle springen, jeder in unterschiedlicher Richtung, weg. Hier liegt kein System vor. Ich nehme drei Fußbälle, binde sie mit einer Schnur aneinander und kicke in den kleinen Haufen. Die Bälle springen weg, wobei sie sich gemeinsam in die gleiche Richtung bewegen. Jetzt liegt ein System vor.

Ich definiere die drei Bälle als die relevanten Elemente und erst das Zusammengebundensein als genügende Beziehung, um als System zu gelten. Natürlich weiß ich, dass auch die nicht zusammengebundenen Bälle in Beziehung stehen; keiner kann beispielsweise zum genau gleichen Zeitpunkt am genau gleichen Ort sein wie ein anderer. Das ist eine Abhängigkeit und somit besteht eine Beziehung. Natürlich ist mein Fuß auch ein Element, denn wenn ich nicht hineinkicke, passiert mit den losen und den aneinandergebundenen Bällen gleichermaßen gar nichts. Das ist mir aber alles völlig egal, weil ich das im Moment für irrelevant halte.

Das System besteht aus drei Fußbällen, die aneinandergebunden sind. Das ist so, weil ich das so definiere.

Leider wird dem Wort „System" oft nicht der Anspruch zuteil, den es erhebt; wir vergessen sehr oft, das System, von dem wir gerade reden, zu definieren. So können wir Stunden damit verbringen, aneinander vorbeizureden und Missverständnisse zu produzieren.

Wenn nun „System" ein dergestalt problematisches Wort ist, könnten wir auf die Idee kommen, es nicht zu benutzen, was allerdings sehr schade wäre:

Jeder kennt die Situation, dass eine Anzahl Personen mit unterschiedlichen Interessen und aus unterschiedlichen Blickrichtungen über eine Sache diskutiert. Jeder nimmt jede Gelegenheit wahr, seinen Blickwinkel zu beleuchten, Argumente oder solche, die es werden wollen, kommen und gehen, es geht mal mehr um dieses, mal mehr um jenes und nach einer Stunde fragt man sich, um was es jetzt eigentlich genau geht.

Solange wir diskutieren, um zu diskutieren, ist das ja alles schön und gut. Wenn wir aber diskutieren, um auch einmal auf den Punkt zu kommen, wird es problematisch. Und wenn wir uns das Ganze als Basis eines Entwicklungsprozesses in einem Wirtschaftsunternehmen vorstellen, sehen wir, dass es richtig teuer werden kann.

In einer solchen Situation wird der Kultivierte versuchen, die zu besprechende Thematik in Unterthemen zu gliedern, um diese einzeln abzuhandeln und dadurch die Anzahl der gleichzeitig wirkenden Aspekte zu reduzieren. Er versucht damit, einen günstigen Umgang mit der Komplexität der Angelegenheit, zu erwirken. Und genau das ist das Thema: Komplexität. Das Denken in Systemen ist ein günstiger Weg, mit Komplexität umzugehen.

Martin hat beschlossen, einen neuen Lebensabschnitt damit anzutreten, in eine neue, schönere Wohnung umzuziehen. Selbstverständlich ist auch Martin nicht in der Lage, alles, was man bei einem Wohnungswechsel zu berücksichtigen hat, in einem einzigen Gedanken zu erfassen. So nimmt er sich Papier und Stift, setzt sich hin und denkt über die Konsequenzen seines Entschlusses nach.

2.1 Systemdefinition

Er macht einen Notizzettel, was andere Brainstorming nennen:
– Neue schöne Wohnung finden
– Mietvertrag für neue Wohnung abschließen
– Mietvertrag für alte Wohnung künden
– Adressänderung vornehmen
– Umzug durchführen
– das, was ich vergessen werde

Martin hat etwas Zeit und seine Gedanken kreisen weiter um den Wohnungswechsel: Er erinnert sich, dass er diese Weiterbildung endlich machen sollte. Bisher hat er sich mit der Ausrede befriedigt, dass er keinen Platz habe, um richtig zu lernen. In der neuen, schönen Wohnung wird es Platz haben. Tante Vera will ihn schon seit Jahren besuchen und er hat sie stets mit der Aussage, seine Bude sei nicht besuchertauglich, abgewimmelt. Die neue Wohnung wird besuchertauglich sein, weil sie schön sein wird.

Nach einer Stunde merkt Martin, dass ihn diese Aspekte im Moment nicht weiterbringen. Der Wohnungswechsel ist beschlossene Sache und die Konsequenzen werden sich zeigen.

Punkt. Martin beschließt, seine Überlegungen momentan auf die Dinge zu beschränken, die er sich auf den Notizzettel geschrieben hat. Er beschließt, die Weiterbildung, Tante Vera und was noch alles auftauchen könnte, vorerst zu ignorieren, da er sonst nicht vorwärtskommt.

Martin betrachtet seinen Notizzettel. „Neue schöne Wohnung finden" ist klar: Wohnungsinserate lesen, anrufen, besichtigen, Antrag stellen … alles klar. „Adressänderung vornehmen" passiert mit diesen Kärtchen; okay. „Umzug durchführen"; ups. Das ist schnell geschrieben, doch dazu muss er sich zu gegebener Zeit gründlichere Gedanken machen. Er wird sich genau gleich wieder hinsetzen, Papier und Stift zur Hand nehmen und auf einen Notizzettel schreiben, was er beim Umzug zu beachten hat.

Der Theoretiker meint dazu: Martin hat das System „Wohnungswechsel" definiert.

Er hat die Systemgrenze gezogen, indem er definiert hat, was innerhalb („in scope") der Betrachtung und was außerhalb („out of scope") der Betrachtung liegt.

Er hat das Teilsystem „Umzug durchführen" erkannt und die anderen Punkte seines Notizzettels als Elemente definiert, die er nicht detaillierter analysieren muss.

2.2 Die Elemente und ihre Beziehungen

Martin hat eine schönere Wohnung gefunden und muss nun langsam, aber sicher seinen Umzug planen, wobei bereits feststeht, dass er diesen eigenhändig mithilfe von Freunden bewältigen wird. Also fokussiert er den Umzug und braucht dabei nicht ständig im Bewusstsein zu haben, dass dieser Umzug ein Teilsystem seines Wohnungswechsels ist. Der Umzug ist nun sein aktueller Betrachtungsrahmen, sein aktuelles System.

Er pickt sich einen bestimmten Aspekt heraus, beispielsweise den Transport: Martin darf einen Transporter mit einem maximalen Ladegewicht von 3,5 Tonnen fahren. Gleichzeitig braucht er einiges an Volumen wegen der Art des Transportgutes, wie große Möbel, die gegebenenfalls nicht nass werden dürfen. Es muss einer dieser Transporter sein, die man mieten kann. Mit dem Mietvertrag wird auch die Versicherungssituation geregelt und er wird die Zusatzleistung „Wegfall des Selbstbehaltes bei Unfällen" abschließen. Damit vor den jeweiligen Häusern freie Parkplätze zur Verfügung stehen, reserviert er diese. Nun nützt der Transporter wenig, wenn keine Helfer da sind, welche ihn be- und entladen, und so kommt Martin zum nächsten Aspekt: die Helfer. Um die Helfer bei Laune zu halten, muss Verpflegung bereitgestellt werden, die vorher eingekauft werden muss.

Martin hat damit den Umzug als System mit den Elementen Transporter, Transportgut, Versicherung, Parkplatz, Helfer und Verpflegung definiert. Natürlich kann Martin diese Elemente und deren Beziehung auch ohne Hilfsmittel gedanklich verarbeiten.

Theoretisch formuliert, erstellt er eine Beziehungsmatrix, die wie folgt dargestellt werden kann:

	Transporter	Transportgut	Versicherung	Parkplatz	Helfer	Verpflegung
Transporter		Großes Volumen bereitstellen	Muss versichert sein, inkl. Selbstbehalt bei Unfällen	Muss auf Parkplatz stehen	Muss Platz für einen Helfer und den Chauffeur haben	Keine Beziehung
Transportgut	Muss hineinpassen		Ist hausratversichert	Muss aus- und eingeladen werden können	Muss aus tragbaren Einheiten bestehen	Keine Beziehung
Versicherung	MF-Versicherung	Hausratversicherung		Keine Beziehung	Eigene Versicherungen der Helfer	Keine Beziehung
Parkplatz	Muss stets benutzbar sein	Muss Platz bieten zum ein- und ausladen	Keine Beziehung		Sammelort bei Pausen	Keine Beziehung
Helfer	Ein Helfer fährt jeweils mit dem Chauffeur mit	Müssen genügend tragen können	Sind selber versichert	Sammeln sich bei Pausen hier		Werden Durst und Hunger haben
Verpflegung	Keine Beziehung	Keine Beziehung	Keine Beziehung	Keine Beziehung	Steht zur Verfügung	

2.2.1 Analyse der Systemelemente

Wir picken uns nun eines dieser Elemente, die Helfer, heraus: Es wird für die Helfer darum gehen, während ein paar Stunden mitunter auch schwere und unhandliche Dinge zu tragen. Wir definieren dies als die **Aufgabe**. Seine Helfer sollten also körperlich robust sein. Es sollte sich um Freunde handeln, die nicht bei den ersten Ermüdungserscheinungen das Weite suchen. So definiert Martin seine Träger, welche ihm helfen, die Aufgabe zu bewältigen. Wir definieren dies als die **Aufgabenträger**. Martin ruft also seine entsprechenden Freunde an und erklärt ihnen, um was es geht. Er gibt ihnen die notwendige **Information**. Das kann Martin nur unter der Voraussetzung tun, dass er sich vorher Gedanken gemacht hat, sonst hätte er keine Information weiterzugeben. Über was hat Martin dabei nachgedacht?

Er hat entschieden, wann der Umzug stattfinden soll. Er hat eingeschätzt, wie lange der Umzug dauern wird, und daraus abgleitet, um welche Uhrzeit er beginnen soll. Vielleicht hat er sogar einen Tagesablaufplan erstellt; bei Martin weiß man das nie so genau. Er hat sich jedenfalls Gedanken über die **Zeit** gemacht. Weil Martin schon Umzüge erlebt hat, weiß er, dass er einen Teil seiner Helfer bei der alten und einen Teil bei der neuen Wohnung braucht. Er bittet die Helfer, welche die neue Wohnung einräumen sollen, sich dort einzufinden. Weil sie noch nicht wissen, wo das ist, gibt er ihnen einen Situationsplan. Er hat sich Gedanken um den **Ort** gemacht. Martin weiß auch, dass er nicht alle seine vierzig Freunde braucht, die sich nur auf den Füßen herumstehen würden. Die drei besten Freunde sind für diesen Tag sicher bereit, von dieser Bezeichnung abzusehen. Martin muss sich eine Vorstellung davon machen, welche **Menge** an Helfern er benötigt, schon um zu wissen, wen er anrufen soll.

Martin hat nun das Systemelement „die Helfer" bearbeitet. Genau das Gleiche tut er mit allen anderen Systemelementen.

Er weiß auch,

- dass er Parkplätze (Systemelement) benötigt,
- dass diese Parkplätze zu reservieren sind (Aufgabe),
- dass es seine Aufgabe ist, die Reservation vorzunehmen (Aufgabenträger),
- dass er diese Reservation mittels Formular beantragen muss (Information),
- dass er die Reservation mindestens 24 Stunden vor dem Umzug erledigt haben muss (Zeit),
- dass er die Reservation auf dem zuständigen Polizeiposten beantragen muss (Ort) und
- dass er einen Parkplatz bei der alten und einen bei der neuen Wohnung reservieren sollte (Menge).

Wer Spaß daran hat, kann dies nun mit allen Systemelementen durchspielen. Martin hat das getan und ein Notizzettel war sein einziges Hilfsmittel.

2.2.2 Analyse der Beziehungen

Die Beziehungen zwischen den Systemelementen hat Martin mit der gleichen Selbstverständlichkeit und in gleicher Weise behandelt. Nehmen wir als Beispiel die Beziehung zwischen den Systemelementen Transportgut und Versicherung:

Martin hat definiert, dass die für ihn relevante Beziehung zwischen Transportgut und Versicherung darin besteht, dass sein Hausrat auch während des Transportes versichert ist. Das führt natürlich sofort zur Frage, ob diese Versicherungsdeckung tatsächlich besteht. Martin war nicht ganz sicher in diesem Punkt und musste deshalb Abklärungen treffen. Das führt zur Aufgabe „Versicherungsdeckung abklären", mit der er in bekannter Weise umgeht:

Martin hat erkannt,

- dass er das Transportgut versichert haben will (Beziehung),
- dass das Bestehen dieser Versicherungsdeckung abzuklären ist (Aufgabe),
- dass es seine Sache ist, diese Abklärungen vorzunehmen (Aufgabenträger),
- dass die Allgemeinen Versicherungsbedingungen und/oder Mitarbeiter der Versicherungsgesellschaft Auskunft geben könnten (Information),
- dass die Versicherungspolice mit den Allgemeinen Versicherungsbedingungen im grünen Schrank und die Telefonnummer der Versicherungsgesellschaft im Telefonverzeichnis ist (Ort) und
- dass diesbezüglich nur eine Versicherungspolice besteht (Menge).

2.3 Ein Organisationsprinzip

Ohne darüber nachzudenken, hat Martin bei der Analyse der Elemente und deren Beziehungen ein Organisationsprinzip angewandt.

Der Theoretiker formuliert: Martin hat die Systemelemente unter den Aspekten Aufgabe, Aufgabenträger und Information in den Dimensionen Zeit, Ort und Menge analysiert, um daraus sein Handeln abzuleiten. Dies kann wie folgt dargestellt sein:

	Zeit	Ort	Menge
Aufgabe	Wann muss etwas getan werden und wie lange?	Wo muss etwas getan werden?	Wie oft muss etwas getan werden?
Aufgabenträger	Wann muss jemand etwas tun und wie lange?	Wo muss jemand tätig werden?	Wie viele tun etwas? Wie oft tut wer etwas?
Information	Was muss wann bekannt sein und wie lange?	Wo muss etwas bekannt sein oder gemacht werden?	Wie viel muss bekannt sein und/oder wie oft?

2.4 Definition

Wir haben eine Definition für Systemdenken, wenn wir zusammenfassend betrachten, was Martin gemacht hat: Er hat sein **System eingegrenzt**, indem er festgelegt hat, was dazugehört und was nicht.

Er hat die systemrelevanten Dinge unterteilt, bis sie eine Größe hatten, die er ohne Weiteres überblicken kann. Damit hat er seine **Systemelemente definiert**. Ein zu großes Ding (Umzug) hat er in überblickbare Teile gegliedert. Er hat ein Teilsystem gebildet und dessen Elemente definiert. Er hat die **Systemelemente und deren Beziehungen analysiert**. Das hat er getan, indem er zu allen Elementen und allen Beziehungen die Aspekte **Aufgabe**, **Aufgabenträger** und **Information** in den Dimensionen **Zeit**, **Ort** und **Menge** betrachtet hat.

2.4.1 Handlungsabfolge

Systemdenken lässt sich also einfach als eine Handlungsabfolge definieren:

1	System eingrenzen; die Systemgrenze definieren
2	Systemelemente definieren; die Sache in überblickbare Einheiten gliedern. Was beim ersten Schritt nicht überblickbar ist, wird mittels Bildung eines Teilsystems in überblickbare Einheiten gegliedert.
3	Systemelemente und deren Beziehungen analysieren.
a	Aufgabe in den Dimensionen Zeit, Ort und Menge definieren.
b	Aufgabenträger in den Dimensionen Zeit, Ort und Menge definieren.
c	Information in den Dimensionen Zeit, Ort und Menge definieren.

Basta; das ist es schon im Grundsatz und mehr wollen wir hier gar nicht.

Martin hat uns mit seinem Wohnungswechsel keinen Anlass gegeben, von ihm besonders beeindruckt zu sein. So und ähnlich gehen wir alle an Dinge heran, wie Umzüge, Ferienreisen, Großeinkauf, Geburtstagsparty und vielleicht sogar unsere berufliche Tätigkeit, wobei dort die Probleme beginnen.

3 DER PROZESS

Die obigen Betrachtungen zum System sind eher statischer Natur. Wir machen ein Foto der Situation und analysieren auf dieser Basis. Dies kann die Realität nicht immer genügend abbilden. Wenn wir der Tatsache Rechnung tragen wollen, dass sich Dinge in Bewegung befinden, brauchen wir ein zusätzliches Ding, nämlich den Prozess.

Wir bleiben bei Martins Wohnungswechsel und ergänzen unsere bisherigen Systembetrachtungen mit der Tatsache, dass dieser Wohnungswechsel aus einer Abfolge von zeitlich hintereinanderliegenden Dingen besteht. Wir kennen das Prinzip von Ursache und Wirkung: Eine Ursache führt, via einen Vorgang, zu einer Wirkung. Hätte Martin nie die Idee gehabt, seine Wohnung zu wechseln, wäre diesbezüglich natürlich auch nichts geschehen. So können wir sagen, dass Martins Idee, die Wohnung zu wechseln, die Ursache dafür ist, dass er den Wohnungswechsel vollzogen hat, was die Wirkung hervorgebracht hat, dass er nun in einer neuen Wohnung haust.

Halt, halt, mal ganz langsam: Wäre Martin mit seiner alten Wohnung zufrieden gewesen, wäre er nicht auf die Idee gekommen, eine neue zu suchen. Die Ursache für den Wohnungswechsel liegt also in der Unzufriedenheit mit der alten Wohnung. Von wegen: Wäre er seinerzeit nicht in die alte Wohnung eingezogen, hätte sich keine Unzufriedenheit mit dieser Wohnsituation ergeben können. Die Ursache für den … Schon gut, schon gut; und wenn Martin nicht geboren wäre … und wenn Adam und Eva nicht von der Frucht des Baumes der Erkenntnis gefuttert hätten, würden wir uns gar keine Gedanken machen.

Wir sehen, dass alles mit allem verbunden ist. Wir lösen dieses Problem in bekannter Weise dadurch, dass wir Dinge definieren. Also: Die Idee, die Wohnung zu wechseln, ist die Ursache. Der Wohnungswechsel ist der Vorgang und die Wirkung ist, dass Martin in der neuen Wohnung wohnt. Das ist so, weil wir das so definieren. Punkt.

Der Theoretiker nennt die Ursache auch „Input" oder „Auslöser", den Vorgang „Tätigkeit" und die Wirkung „Output" oder „Ergebnis" und definiert: Ein Prozess besteht aus Input, Tätigkeit und Output, die miteinander verknüpft sind.

Wenn wir die Idee, die Wohnung zu wechseln, als Input, den Wohnungswechsel als Tätigkeit und das Sein in der neuen Wohnung als Output definieren, dann betrachten wir den Prozess in einem derart groben Detaillierungsgrad, dass kein direkter Nutzen aus dieser Betrachtung entsteht. Auch hierbei gehen wir wieder gleich vor und unterteilen diesen Prozess in Teilprozesse. Dazu betrachten wir uns nochmals den Notizzettel, den sich Martin gemacht hat:

- Martins Notizzettel, was andere Prozessdesign nennen:
- Neue schöne Wohnung finden
- Mietvertrag für neue Wohnung abschließen
- Mietvertrag für alte Wohnung künden
- Adressänderung vornehmen
- Umzug durchführen
- das, was ich vergessen werde

Abgesehen vom letzten Punkt, hat Martin seinen Notizzettel so geschrieben, dass er Tätigkeiten aufgelistet hat. Da er die Angelegenheit von vorne nach hinten durchdacht hat, haben die Punkte auf seiner Liste bereits eine logische Reihenfolge. Um einen Mietvertrag für eine neue Wohnung abschließen zu können, muss er ja erst die Wohnung seiner Wünsche gefunden haben. Und weil Martin ein vorsichtiger Mensch ist, kündet er seinen bestehenden Mietvertrag, nachdem er den neuen unterzeichnet hat. Usw.

3.1 Prozessmanagement

Natürlich weiß Martin, dass er etwas tun muss, um eine neue Wohnung zu finden. Er muss Wohnungsinserate lesen. Wohnungsinserate sind also der Input der Tätigkeit „neue Wohnung finden". Bekanntermaßen hat Martin eine Wohnung gefunden, was offensichtlich das Ergebnis der Tätigkeit „neue Wohnung finden" war. Da der Output ein mit einem Nomen zu bezeichnendes Ding ist, nennen wir ihn hier „gefundene Wohnung". Das tun wir nun mit allen Punkten auf Martins Notizzettel:

Input	Tätigkeit	Output
Wohnungsinserate, Mietofferten	Neue schöne Wohnung finden	gefundene Wohnung
gefundene Wohnung	Mietvertrag für neue Wohnung abschließen	abgeschlossener Mietvertrag für neue Wohnung
abgeschlossener Mietvertrag für neue Wohnung	Mietvertrag für alte Wohnung künden	gekündeter Mietvertrag der alten Wohnung
gekündeter Mietvertrag der alten Wohnung	Adressänderung vornehmen	geänderte Adresse
geänderte Adresse	Umzug durchführen	durchgeführter Umzug

Wir erhalten eine Abfolge von Aktivitäten. Der Output der vorangegangenen Tätigkeit ist der Input der folgenden Tätigkeit. Das ist wieder eine Frage der Definition: Natürlich kann Martin den Mietvertrag der alten Wohnung künden, bevor er den Mietvertrag für die neue Wohnung unterzeichnet hat. Falls er den dadurch entstehenden Druck braucht, um in die Gänge zu kommen, ist das okay. Mit der Adressänderung muss er nicht zwingend warten, bis er den Mietvertrag der alten Wohnung gekündet hat. Er muss einfach eine Abfolge der Tätigkeiten finden, die er als für sich günstig bewertet. Das tut er, indem er Input, Tätigkeit und Output unter den Aspekten Aufgabe, Aufgabenträger, Information in den Dimensionen Zeit, Ort und Menge analysiert.

Es geht beim Prozessmanagement um die genau gleiche Vorgehensweise des Systemdenkens, nur dass beim Prozessmanagement die Abfolge der Ereignisse im Fokus steht, während die Analyse des Systems mehr den Zustand betrachtet.

4 ZIELFINDUNG UND -ERREICHUNG

Wir machen einen Schritt zurück zu dem Zeitpunkt, als Martin Wohnungsinserate studiert hatte: Er hat zwar eine Vorstellung von seiner neuen Wohnung, aber es ist, wie es eben so ist: Keine Wohnung erfüllt alle Wünsche, die er hat, und es geht darum, den besten Mix zu finden. Erschwerend kommt hinzu, dass sich Vorzüge und Nachteile gegenseitig beeinflussen. Was wiegt schwerer, der günstigere Preis oder der längere Arbeitsweg?

So wie Martin geht es uns immer wieder. Es wäre toll, das Konzert zu besuchen, doch es gibt nur noch Tickets der schlechteren Kategorie und trotzdem sind sie teuer und 200 km für ein Konzert zurückzulegen ist auch nicht ohne. Was tun wir?

Wir versuchen, uns darüber Klarheit zu verschaffen, welche Aspekte der Angelegenheit wichtig, also für die Entscheidung maßgebend sind. Es wäre auch günstig, Klarheit darüber zu schaffen, welcher Aspekt wie wichtig ist, diese also zu gewichten. Haben wir das getan, überprüfen wir, welche der vorliegenden Möglichkeiten die meisten der Aspekte erfüllt, denen wir eine hohe Gewichtung gegeben haben. Mag ja sein, dass gerade um die Ecke ein Konzert stattfindet, für das es zu einem vernünftigen Preis gute Tickets gibt. Wenn uns die gespielte Musik aber nicht interessiert, ist alles umsonst. Was wir in Gedanken ohnehin tun, können wir auch systematisch unterstützen und eine Nutzwertanalyse durchführen.

4.1 Die Nutzwertanalyse

Die Nutzwertanalyse dient dazu, Lösungsvarianten zu verglei-chen. Die Basis für diesen Vergleich sind die Ziele, welche wir mit dem gegebenen Unterfangen anstreben.

Nachfolgend wird das Vorgehen anhand eines Beispiels durchlaufen: Im Beispiel ist die Aufgabe, ein geeignetes Lokal zum Abendessen zu finden. Wir wollen gut essen, viel essen, die Kosten nicht aus dem Auge verlieren und wir wollen nicht zu viel Zeit investieren. Wir definieren also die Ziele „Gut", „Viel", „Bil-lig" und „Schnell".

Wir haben nun genau 100 Punkte zur Verfügung, die wir auf die Ziele verteilen. Das Ziel, welches uns am wichtigsten er-scheint, erhält am meisten Punkte. Wir wollen vor allem gut es-sen und vergeben dem Ziel „Gut" 50 Punkte. Die Finanzen sind kaum wichtig und das Ziel „Billig" erhält daher nur 5 Punkte.

Jetzt stellen wir jede Lösungsvariante jedem Ziel gegenüber und beurteilen, inwieweit die betrachtete Lösungsvariante das betrachtete Ziel erreicht. Die Bewertungseinheit ist hierbei Pro-zent. Dieser Prozentwert wird absolut, also nicht im Verhältnis zur Gewichtung, zugewiesen.

Ein Lokal, welches in Bezug auf die Qualität der Mahlzeit keine Wünsche offenlässt, erhält für das Ziel „Gut" 100%. Wir vergleichen nun unsere Lösungsvariante „Fastfood" mit diesem 100%-Lokal. Dabei beurteilen wir, zu wie viel Prozent Fastfood an die Qualität des 100%-Lokals herankommt. Im Beispiel sind dies 30%. Das Gleiche tun wir mit der zweiten Lösungsvariante „Piz-zeria X" und jeder weiteren Lösungsvariante. Wir wiederholen das Prozedere für jedes unserer Ziele.

Nun multiplizieren wir die Gewichtung mit den Prozentwer-ten. So erhalten wir eine Punktebewertung. Fastfood erhält für das Ziel „Gut" also einen Punktwert von 1500. Das tun wir wieder für jedes Ziel und jede Lösungsvariante.

Jetzt addieren wir die Punktwerte jeder Lösungsvariante und erhalten einen Punktwert für die ganze Lösungsvariante. Fastfood erhält somit gesamthaft 4950 Punkte. Die Lösungsvariante mit der höchsten Punktzahl gewinnt.

Zur Vervollständigung können wir nun noch den Zielerreichungsgrad der einzelnen Lösungsvarianten ermitteln, wobei die maximal erreichbare Punktezahl immer 10000 ist. Es ist nicht dringend notwendig, den Zielerreichungsgrad zu ermitteln. Er ist aber die gängige Einheit zur Bewertung einer Lösungsvariante.

		Lösungsvarianten					
Ziele:	Gewichtung	Fastfood		Pizzeria X		Chez Super	
Gut	50	30%	1500	80%	4000	100%	5000
Viel	20	60%	1200	90%	1800	40%	800
Billig	5	50%	250	30%	150	20%	100
Schnell	25	80%	2000	50%	1250	40%	1000
Total Punkte	100		4950		7250		6900
Zielerreichungsgrad (Total Punkte/100)			49.5%		72.5%		69.0%

Die Nutzwertanalyse ist immer dann angesagt, wenn wir Bedürfnisse befriedigen wollen, aber nicht so genau wissen, welche der möglichen Lösungsvarianten unsere Bedürfnisse am besten befriedigt. Die Nutzwertanalyse ist etwas Statisches, wie die Systemanalyse. Sie liefert uns ein statisches Abbild des Zieles, das wir anstreben. Sie zeigt uns aber nicht, was nun zu tun ist, sie liefert keinen Aktionsplan.

4.1.1 Die Null-Lösung

Falls wir bereits vereinbart haben, dass wir essen gehen, dann gehen wir essen und müssen dazu notwendigerweise ein Lokal finden. Es ist aber nicht immer notwendig, tatsächlich etwas zu unternehmen. Martin könnte auch nur glauben, dass seine aktu-

elle Wohnung nicht mehr das ist, was er will. Bei der Wohnungs-
suche könnte er aber feststellen, dass die besseren Wohnungen
alle außerhalb des seinen finanziellen Möglichkeiten entsprechenden Preissegmentes liegen und dass die Wohnungen innerhalb dieses Preissegmentes alle schlechter sind als seine aktuelle.
So könnte die Nutzwertanalyse ergeben, dass nicht umzuziehen
den größten Nutzwert ergibt.

Die Lösung, welche darin besteht, nichts zu unternehmen,
heißt Null-Lösung. Die Null-Lösung sollte immer auch in Betracht
gezogen werden, denn sie hat einen Vorteil gegenüber allen anderen Lösungen: Sie ist die Lösung, deren Herstellung mit dem
geringstmöglichen Aufwand, nämlich gar keinem, verbunden ist.

4.2 Der Planungszyklus

Mittels der Nutzwertanalyse haben wir festgestellt, dass unser
Bedürfnis, essen zu gehen, durch einen Besuch der Pizzeria X am
besten erfüllt würde. Nun gut, jetzt müssen wir aber dazu über-
gehen, das gefundene Ziel zu realisieren. Wir verlassen also die
statische Zielbetrachtung und gehen zum Prozess über; wir erstellen einen Aktionsplan.

Es muss ein Tisch bei der Pizzeria X reserviert werden; jemand
muss also dort anrufen. Man wird uns fragen, wann der Tisch reserviert sein soll; wir müssen also eine Uhrzeit bestimmen. Man
wird fragen, für wie viele Personen reserviert werden soll; wir
müssen also die Teilnehmer bestimmen. Wir müssen uns fragen,
ob alle gewünschten Teilnehmer Bescheid wissen; wir müssen
also bisher unbeteiligte Teilnehmer orientieren. Usw. Kurz: Wir
überlegen uns, welche Aspekte zu regeln sind und was das bedeutet oder formal ausgedrückt: Wir **erheben** Daten über die
Angelegenheit und **analysieren** diese.

Weiter müssen wir uns fragen, wer in der Pizzeria X anrufen soll
und wann, um eine Tischreservation machen zu können. Wir müs-

sen Klarheit darüber haben, wann wir essen wollen, um die Uhrzeit für die Reservation bestimmen zu können. Wir wissen, dass die Auswahl der Teilnehmer für die Stimmung am Tisch entscheidend ist, und müssen dazu Klarheit schaffen, um die gewünschten Teilnehmer bestimmen zu können. Kurz: Wir geben den vorher gefundenen Aspekten eine Bedeutung oder formal ausgedrückt: Wir **würdigen** die erhobenen und analysierten Daten.

Mit den so gewonnenen Erkenntnissen macht Martin nun den Vorschlag, dass Karla in der Pizzeria anrufen und für 19.30 Uhr einen Tisch für Martin, Sandra, Heinz, Jakob, Lisa und sich selber, also für sechs Personen reservieren soll. Formal ausgedrückt: Martin erstellt einen **Lösungsentwurf**.

Die anderen hören sich Martins Vorschlag an und überlegen, ob sie diesen auch gut finden. Vielleicht macht jemand einen anderen Vorschlag, über den wiederum nachgedacht wird. Formal ausgedrückt: Die Beteiligten **bewerten** den Lösungsentwurf. Schlussendlich werden sich die Beteiligten auf einen Vorschlag einigen. Sie treffen also eine **Auswahl**. Damit haben wir den Planungszyklus einmal durchlaufen und wissen nun, was zu tun ist. Achtung, fertig, los.

Genau so definiert die Organisationslehre den Planungszyklus:

Auftrag

Die Organisationslehre geht natürlich von der Situation des beauftragten Organisators aus und setzt den Auftrag somit an den Beginn. Wer sich seine Ziele selber setzt, gibt sich selber wahrscheinlich keinen Auftrag. In unserem Beispiel ist der Auftrag durch das Vorliegen des Ergebnisses aus der Nutzwertanalyse ersetzt. Wir können allgemein formulieren, dass der Wille, etwas zu realisieren, gleich dem Auftrag ist. Bei komplexen Angelegenheiten ist es jedoch eine gute Idee, sich selber einen Auftrag zu schreiben. Wenn ich Dinge formuliere, als wenn ich sie jemand anderem übermitteln wollte, bin ich wahrscheinlich gründlicher und laufe weniger Gefahr, Dinge einfach vorauszusetzen und sie im weiteren Verlauf eventuell zu vergessen.

Erhebung/Analyse

Hierbei geht es darum, sich klarzumachen, was alles zu berücksichtigen ist. Wir erstellen eine Liste der wesentlichen Aspekte, wir erstellen eine Art Inhaltsverzeichnis; das ist die Erhebung. Wir untersuchen die gefundenen Aspekte auf ihre Elemente. Wir fragen also: „Was heißt das?" Unser Inhaltsverzeichnis erhält dadurch Unterpunkte.

Würdigung

Während Analyse eine wertneutrale Auseinandersetzung mit den Aspekten oder Daten ist, werden diese bei der Würdigung bewertet. Die Analyse hat ergeben, dass wir die Teilnehmer am Abendessen in der Pizzeria X bestimmen müssen. Das ist eine wertneutrale Feststellung. Bei der Würdigung bewerten wir mögliche Teilnehmer in Bezug auf die beim Abendessen gewünschte Stimmung.

Lösungsentwurf

Der Organisator ist stets bemüht, mehrere verschiedene Lösungen als Varianten zu entwerfen. Im beruflichen Umfeld ist es schon fast eine Frechheit, einem Entscheidungsgremium einen einzigen Lösungsentwurf vorzulegen. Falls die Null-Lösung möglich ist, liegen schon mindestens zwei Varianten vor, es sei denn, die Auseinandersetzung mit der Angelegenheit hat ergeben, dass der aktuelle Zustand unmöglich verändert werden kann. Dann gibt es nur die Null-Lösung.

Bewertung

Die Bewertung vorliegender Lösungsvarianten kann wieder anhand einer Nutzwertanalyse erfolgen.

Auswahl

Wir wählen die nach unserer Bewertung beste Lösungsvariante aus, was den Planungszyklus beendet.
Sollte es der Fall sein, dass die ausgewählte Lösung eine Teilaufgabe enthält, die auf verschiedene Arten erledigt werden kann,

kehren wir in Bezug auf diese Teilaufgabe wieder an den Anfang des Planungszyklus zurück. Die Beschreibung dieser Teilaufgabe in der gewählten Lösungsvariante ist der Auftrag für den neuerlichen Planungszyklus.

5 DAS REALITÄTSMODELL

Martin und Karla gehen spazieren. Sie laufen durch ein Wäldchen, da sagt sie zu ihm: „Hörst du diese Geräusche?" Sie stehen ganz still, lauschen in den Wald und dann sagt Martin: „Nein, ich höre nichts." Nun, das ist ja wohl eine offensichtliche Lüge. Martin ist nicht plötzlich taub und schließlich hat er ihre Frage ja auch gehört. Sie scheint das nicht einmal zur Kenntnis zu nehmen. Im Gegenteil setzt sie noch eins obendrauf und nach zwei weiteren Sekunden des Lauschens sagt sie: „Jetzt höre ich auch nichts mehr." Oje …

Natürlich sind Karla und Martin weder taub noch Lügner. Sie haben sich ganz gut verstanden und wer würde in Martins Situation schon sagen: „Nein, ich höre kein Geräusch, von dem ich unter Berücksichtigung der gegebenen Umstände annehmen könnte, das es mit deiner Frage gemeint war."

Analysieren wir: Karla fragt: „Hörst du diese Geräusche?" Genau genommen ist dies eine völlig unnötige Frage, die Martin nur mit „Ja" beantworten kann. Karla hat Geräusche nicht spezifiziert und irgendwelche Geräusche hört Martin garantiert. Es war Martin jedoch unmittelbar klar, dass Karla ungewöhnliche Geräusche meint. So hat er alle gewöhnlichen Geräusche aus der real vorhandenen Geräuschkulisse ausgeblendet. Er konnte aber nur gewöhnliche Geräusche wahrnehmen, und nachdem er diese ausgeblendet hatte, blieb nichts mehr übrig. Und so sagt er wahrheitsgetreu: „Ich höre nichts."

Karla und Martin haben sich ein Modell der Wirklichkeit gebaut, das mit der Realität nicht identisch ist. Die Realität hat keinen Schalter, mit dem man herkömmliche Geräusche ein- und ausblenden kann; es sind immer alle Geräusche da, die in diesem Moment nun mal da sind. Martin und Karla können aber selektiv wahrnehmen; der Schalter ist im Kopf. Damit ist auch klar, dass die ganze Sache subjektiv ist. Was für Karla ein ungewöhnliches Geräusch ist, könnte für Martin ein gewöhnliches sein. Karla kennt den Martin und weiß, dass er ungefähr die gleichen Lebensumstände hat wie sie selber. Deshalb darf sie davon ausgehen, dass die Aufteilung einer Geräuschkulisse in gewöhnliche und ungewöhnliche Geräusche bei ihr und Martin in etwa das gleiche Resultat hervorbringt. Das Modell ist also kompatibel.

Stellen wir uns vor, ein Musiker geht mit einem Bekannten, der bisher nur aus Versehen klassische Musik gehört hat, in ein Konzert. Der Musiker, so er denn ein angenehmer Zeitgenosse ist, würde seinen Bekannten keinesfalls fragen: „Hörst du diese Bratschen?" Der Musiker weiß, dass sein Bekannter in Bezug auf Bratschen ganz und gar andere Lebensumstände hat als er selber. Er darf daher nicht davon ausgehen, dass sein Bekannter eine Geräuschkulisse auf Bratschenklang untersuchen kann. Das Modell ist also nicht kompatibel.

Mr. Coolman hat ein neues Auto. Die Blondine fragt: „Was für ein Auto?" Er: „Ein rotes". Da kommt Mr. Supercoolman um die Ecke und stellt die gleiche Frage. Er bekommt Marke, Typ, Ausführung und einige technische Werte als Antwort, die Farbe wird aber nicht genannt. Auch hier handelt es sich um ein Modell der Wirklichkeit, denn das Auto steht nicht da. Das Modell ist differenziert kompatibel.

Wir Menschen sind also nicht nur in der Lage, die Kompatibilität unserer Modelle als gegeben oder nicht gegeben festzustellen, wir können die Kompatibilität unserer Modelle differenziert herstellen. Damit nicht genug:

Ich erzähle meinen Kollegen etwas. Einer nervt mich mit der Frage: „Wo hast du das nun wieder her?" Ich antworte: „Vom Mars." Er: „Ist ja schon gut, nur ruhig." Was ist hier los?

Mein Kollege hört mir zu und in seinem Kopf entsteht ein Modell der Realität, welches impliziert, dass ich Märchen erzählen könnte. Ich beantworte seine Frage in Bezug auf sein Modell offensichtlich falsch, um ihm die meiner Ansicht nach richtige Botschaft „du nervst" zu senden. Dass er nervt, ist meine subjektive Wahrnehmung und entspringt somit wiederum einem subjektiven Modell der Realität. Er versteht die Botschaft, was bedeutet, dass er mein Modell erkannt haben muss, dass das Modell also kompatibel ist. Wir haben somit die Kompatibilität eines sekundären Modells dadurch hergestellt, dass auf ein primäres Modell ein inkompatibler Input erfolgt ist. Je inkompatibler sich der Input zum primären Modell gestaltet, desto offensichtlicher ist die Kompatibilität des sekundären Modells.

Wir können uns sogar über jemanden in einer Gruppe lustig machen, ohne dass der Betroffene dies merkt, aber doch so, dass alle anderen dies merken. Wir können also Modelle erstellen, die gezielt kompatibel und gleichzeitig gezielt inkompatibel sind. Falls der, über den wir uns lustig machen, etwas verstanden zu haben glaubt, nur nicht, dass wir uns über ihn lustig machen, dann liegt ein Modell mit zwei unterschiedlichen Kompatibilitäten vor.

Es ist essenziell, jetzt und hier zur Kenntnis zu nehmen, dass es erst die Erläuterungen sind, die eine gewisse Kompliziertheit in das hier Geschriebene hineinbringen. Die benutzten Geschichten, also die Dinge an sich, sind äußerst simpel und jeder von uns erlebt solches in der einen oder anderen Form täglich.

Lassen wir doch mal die Geschichten weg und reduzieren das Ganze auf ein Wort. Das Wort soll „Haus" sein: Wenn wir das Wort „Haus" hören, dann malen wir uns ein Haus vor unserem inneren Auge. Klar ist, dass wenn das Wort „Haus" ohne weitere Erklärungen benutzt wird, jeder der Zuhörer ein anderes Haus vor seinem inneren Auge hat. Meistens spielt das für das Verständnis des Gesagten überhaupt keine Rolle. Spielt es doch eine Rolle, wissen wir intuitiv, wie genau wir das Haus beschreiben müssen, um verstanden zu werden. Schon bei der Betrachtung eines einzelnen Wortes stellen wir also fest, dass wir Modelle der Wirklichkeit bilden, welche die Basis für das Verständnis darstellen. Da dies schon für ein einzelnes Wort gilt, gilt es zigfach für die Kommunikation als Ganzes.

Wir kommunizieren also dadurch, dass wir Modelle der Wirklichkeit erstellen, die mit der Realität nicht identisch sind. Sind diese Modelle kompatibel, ergibt sich eine Verständigung; sind sie es nicht, ist das Resultat Unverständnis oder Missverständnis. Wir haben eine überaus hohe Kompetenz darin, selbst recht komplexe Modelle in Bruchteilen einer Sekunde herzustellen und zu transportieren, selbst ohne uns über das Modell an sich auszutauschen (siehe Martin und Karla beim Waldspaziergang).

So weit, so gut; das Ganze ist also eine Frage der Kommunikation. Nein, das ist es nicht. Die Kommunikation ist ein Feld, auf dem wir die Modellbildungskompetenz beobachten können. Kommunikation ist ein Feld, auf dem Probleme entstehen, wenn die Modellbildungskompetenz mal mangelhaft ist. Die Kommunikation ist jedoch nicht der Grund, nicht die Ursache für die Modellbildung. Die Ursache für die Modellbildung liegt in der Begrenztheit unserer Wahrnehmung.

Es ist Tatsache, dass sich Fledermäuse mittels Ultraschall orientieren. Wenn wir also eine Fledermaus sehen, wissen wir, dass die real existierende Geräuschkulisse Ultraschallfrequenzen beinhalten muss. Es ist uns aber völlig unmöglich zu wissen, wie Ultraschall tönt, denn wir können ihn nicht wahrnehmen. Wenn wir die Ultraschallfrequenzen aufzeichnen und mittels eines Oszillografen darstellen, liegt bereits ein Modell vor, denn Schall ist zum Hören und nicht zum Anschauen. Wenn wir Ultraschallereignisse aufzeichnen und dann die Frequenz reduzieren, um es für uns hörbar zu machen, ist das ein Witz, denn es handelt sich ja nicht mehr um Ultraschall, weil wir die Frequenz reduziert haben. Die Ultraschallfrequenz der Fledermaus ist aber ein Bestandteil der Realität. Wir sind somit überhaupt nicht in der Lage, die Realität im Sinne der Summe alles Existierenden wahrzunehmen.

Wenn wir die Realität als vom Betrachter unabhängige Summe alles Existierenden verstehen, dann handelt es sich bei unserer Vorstellung von Realität ausnahmslos immer um ein Modell derselben.

So gesehen handelt es sich bei der Modellbildung gar nicht um eine Kompetenz im Sinne einer Errungenschaft, sondern um eine Tatsache, der wir uns nicht entziehen können. Die Kompetenz zeigt sich erst dann, wenn wir willentlich Modelle bilden und diese mehr oder weniger Nutzen bringen.

Wie grundlegend existenziell die Modellbildung ist, kann man daran erkennen, dass wir diese mit allen Lebewesen gemeinsam haben. Es ist kein besonders logisches Verhalten des Löwen, das ganze Jahr am gleichen Ort zu verweilen, während seine Beutetiere jahreszeitabhängig wandern, doch Logik gehört nun mal nicht zum Modell der Realität, die der Löwe sein Eigen nennt.

5.1 Das Wahrnehmungsprofil

Nun gut, Ultraschall entzieht sich unserer Wahrnehmung. Da dies auf jeden Menschen zutrifft, stellt dies kein großes Problem dar. Dies ändert sich, wenn wir uns vergegenwärtigen, dass das Hörvermögen eines Menschen individuell ist. Der eine hört besser, der andere weniger gut und das gilt für alle Sinneswahrnehmungen. Die Instrumente, mit denen wir die Realität wahrnehmen, sind also individuell begrenzt und führen somit zu einer individuellen Wahrnehmung der Realität. Würden wir nun Hörvermögen, Sehvermögen usw. eines Menschen messen, könnten wir aus diesen Daten ein individuelles Wahrnehmungsprofil dieses Menschen erstellen. Wir wissen, dass unser Sehvermögen nicht unveränderlich ist und beispielsweise durch Müdigkeit und Alter beeinflusst wird. Ohne dies nun für alle Sinneswahrnehmungen durchzuspielen, stellen wir fest, dass das Wahrnehmungsprofil individuell und dynamisch ist.

5.2 Das Wissensprofil

Es gibt keinen Menschen, der über das gesamte Wissen der Menschheit verfügt. Somit ist das Wissen, das wir haben, ein Ausschnitt, eine Teilmenge des Gesamten. Über welches Wissen der Einzelne verfügt, wie sicher, breit und tief dieses Wissen ist, ist eine Frage der Motivation und des Talentes; also eine individuelle Angelegenheit.

Würden wir die Ergebnisse aller je absolvierten Prüfungen als Basis nehmen, könnten wir daraus den Ansatz eines Wissensprofils erstellen. Dieses wäre natürlich ungenügend, da wir vieles wieder vergessen und anderes dazugelernt haben. Da wir täglich Dinge lernen und wahrscheinlich auch welche vergessen, müsste unser Wissensprofil ständig erneuert werden. Weiter müssten wir berücksichtigen, dass sich Wissensinhalte gegenseitig beeinflussen. Ein Mathematikgenie hat es leichter in Physik und ein Französischgenie in Italienisch. Alles Mögliche kann eine Erinnerung auslösen und so einen Wissensinhalt aus der Versenkung ans Tageslicht rufen, der damit einen anderen Stellenwert im Gesamtwissen einnimmt, was eine Veränderung im Wissensprofil bedeutet. Das Wissensprofil eines Menschen ist also eine völlig individuelle, hochkomplexe und hyperdynamische Angelegenheit.

Wissen beeinflusst unsere Wahrnehmung: Ich schaue mir ein Musikvideo an. Ich kann in Bruchteilen einer Sekunde sagen, ob der Gitarrist im Video eine Les Paul Standard oder eine Les Paul Custom hat. Die Kenner werden sagen: „Wow, super, das kann jeder." Natürlich kann das jeder. Die Custom hat unter anderem eine Markierung auf dem Griffbrett, welche die Standard nicht hat (Inlay auf dem ersten Bund). Diese Markierung ist Perlmutt, also fast weiß und ca. 2 x 1,7 oder ähnlich Zentimeter groß. Ein recht großes, helles Teil, das jeder sofort sehen kann, der weiß, dass es da ist. Wer das nicht weiß, hat nicht wahrgenommen, welche Gitarre der Typ im Musikvideo hat. Diese Kenntnis gehört also nicht zum Modell seiner Realität.

Dass Wahrnehmung Wissen schafft, ist ohnehin klar, denn wir müssen ein Buch ja erst lesen, bevor wir wissen, was darin steht.

5.3 Das Emotionsprofil

So; und jetzt kommen noch die Emotionen dazu. Dass Emotionen individuell sind, müssen wir nicht herleiten. Dass sie dynamisch sind, beweist der Morgenmuffel. Nun nehmen wir alle je gelebten Emotionen eines Menschen und fangen an, sein Emotionsprofil zu erstellen. Das Emotionsprofil dürfte am schwierigsten zu erstellen sein. Seien wir also froh, dass wir es nur zur Kenntnis nehmen dürfen und nicht bauen müssen. Wahrscheinlich ist das Emotionsprofil um einiges individueller, komplexer und dynamischer als das Wissensprofil.

Emotion beeinflusst die Wahrnehmung. Jeder weiß, dass er in einem emotional überbordeten Zustand nicht Auto fahren sollte. Unter anderem ist die Wahrnehmung beeinträchtigt und man könnte Wesentliches übersehen.

Emotion beeinflusst Wissen: Meine Ex hatte einiges über Gitarren gelernt. Seit wir uns getrennt haben, will sie nichts mehr von Gitarren hören.

Emotion wird durch die Wahrnehmung beeinflusst: Es ist einfach etwas anderes, ob Mann von einer schönen oder von einer weniger reizvollen Frau geärgert wird. (Funktioniert umgekehrt natürlich auch.)

Emotion wird durch Wissen beeinflusst: Der gesunde Erwachsene hat keine Angst im Keller, weil er weiß, dass es keine Kellergespenster gibt.

Was ist mit der Intuition; gibt es ein Intuitionsprofil? Meiner Ansicht nach: Jein.

5.4 Intuition und der Erfahrungspool

Nehmen wir unser Wahrnehmungs-, unser Wissens- und unser Emotionsprofil und werfen das Ganze in einen Topf. Diesen Topf nennen wir einfach mal „Erfahrungspool". Wenn wir uns eine Meinung bilden zu irgendetwas, dann schöpfen wir aus diesem Erfahrungspool. Dabei sind wir nicht in der Lage, genau zu definieren, wie diese Meinungsbildung zustande gekommen ist. Wie groß war der Beitrag der Wahrnehmung, des Wissens und der Emotion und wie gestaltete sich die gegenseitige Beeinflussung? So eine Frage können wir nicht genau beantworten, wir können berechtigt Vermutungen anstellen. Wird einem Piloten eine technische Frage zum Thema Fliegen gestellt, so können wir berechtigt vermuten, dass seine Antwort im Wesentlichen durch sein Wissensprofil gestaltet ist. Er kann aber nicht sagen, welche Lektionen seiner Ausbildung in Kombination mit anderen Elementen ihn fähig gemacht haben, diese Antwort zu geben. Das ist auch nicht nötig, denn dass ein Pilot technisches Wissen über das Fliegen hat, ist eine befriedigende Herleitung.

Manchmal ist es jedoch so, dass wir eine Antwort, eine Spontanidee in unserem Bewusstsein vorfinden, von der wir aber auch nicht ansatzweise sagen können, woher sie kommt. Dann sagen wir dazu Intuition. Die Entstehungsgeschichte einer Intuition ist genau die gleiche wie bei jeder anderen Antwort. Das Besondere an der Intuition ist, dass wir zu deren Entstehungsgeschichte keinerlei intellektuellen Zugang haben. Es ist aber völlig ausgeschlossen, dass ich eine Intuition in Sachen Quantenphysik habe, da zu diesem Thema in meinem Erfahrungspool nur gähnende Leere vorzufinden ist.

So ist Intuition ein mögliches Resultat von Wahrnehmung, Wissen und Emotion. Nichtsdestotrotz könnte man sich ein Intuitionsprofil denken, das aus der Summe aller möglichen Intuitionsinhalte bestünde. Es beeinflusst sich ja sowieso alles gegenseitig, sodass bei tieferer Betrachtung bald die Frage nach dem Huhn und dem Ei auftaucht.

Einerseits bin ich sehr dafür, dass wir unsere Intuitionsfähigkeit pflegen. Es kann geschehen, dass wir einer Problemstellung ratlos gegenüberstehen. Es ist sinnvoll, das Thema mit jemandem zu besprechen, ein Buch darüber zu lesen, sich einfach mit dem Thema auseinanderzusetzen, auch wenn wir im Moment nicht wissen, wie uns das weiterhelfen kann. Wir aktivieren oder schaffen Inhalte in unserem Erfahrungspool, wodurch die Wahrscheinlichkeit steigt, dass dieser eine Intuition freigibt.

Andererseits kann Intuition, wenn sie als Argument verwendet wird, eine sehr schwierige Angelegenheit werden. Ich hatte mal eine Vorgesetzte, die einen „intuitiven Führungsstil" für sich in Anspruch nahm. Tatsächlich war sie schlicht unfähig und musste, um ihre Position zu rechtfertigen, glauben, dass jeder Hirnfurz ihrerseits der Weisheit letzter Schluss ist. Um mit unserer Umgebung einen konstruktiven Dialog führen zu können, müssen wir darauf verzichten, Intuition als Argument zu verwenden. Ich plädiere dafür, Intuition als persönlichen Input für einen Lösungsansatz zu verstehen. Diesen Lösungsansatz müssen wir nun mit rationalen Herleitungen vervollständigen. Erst danach haben wir Argumente, welche Basis eines konstruktiven Dialoges und nachhaltigen gemeinsamen Handelns sein können.

5.4.1 Ein Wort zu Religion

Ich beschränke mich auf Wahrnehmung, Wissen und Emotion als Basis unseres Wirkens. Wer beispielsweise einen direkten geistigen, einen göttlichen Beitrag zu erkennen glaubt, soll diesen in seinen Herleitungen berücksichtigen. Dadurch entsteht ein zusätzliches Element oder mehrere, was an der Aussage an sich nichts ändert. Wie bei der Intuition haben wir aber auch hier das Problem, dass der Bezug auf einen göttlichen Beitrag schnell zum Killerargument werden kann.

5.5 Fazit

Wir haben festgestellt, dass die individuell begrenzte Wahrnehmung dazu führt, dass wir die Realität in der Summe alles Existierenden nicht erfassen können. Wahrnehmungs-, Wissens- und Emotionsprofil sind die komplexe, dynamische und vor allem individuelle Basis, aus der wir unser Modell der Realität bauen, das logischerweise auch komplex, dynamisch und individuell ist.

So gesehen scheint es unmöglich zu sein, dass zwei oder mehr Menschen miteinander irgendetwas zustande bekommen. Sprache erscheint als Verständigungsillusion, wenn schon das einzelne Wort von jedem individuell, also unterschiedlich verstanden wird. Offensichtlich sind wir aber doch fähig, gemeinsam Dinge auch dadurch auf die Beine zu stellen, dass wir uns sprachlich verständigen. Doch wie ist das möglich?

Es ist dadurch möglich, dass wir kompatible Modelle erstellen, das haben wir schon gesehen. In den bisherigen Beispielen geschah dies, ohne dass die Beteiligten über den Vorgang „Herstellung eines kompatiblen Modells der Realität" bewusst nachgedacht haben. Das funktioniert bei alltäglicher Kommunikation meistens recht gut. Auf dem Gebiet „Alltagskommunikation" haben wir große Erfahrung und sollte es mal nicht gelingen, ein kompatibles Modell zu finden, sind die Konsequenzen wenig gravierend. Es besteht also keine Notwendigkeit, dass Karla genauestens beschreibt, welche Geräusche sie meint und wie sie dazu kommt, dies so zu meinen.

Jetzt wechseln wir aber die Szenerie und begeben uns an eine Sitzung in einem Unternehmen. Jemand glaubt, eine Problemstellung erkannt zu haben. Anhand des Sachverhaltes, welcher zu dieser Problemstellung führt, weiß dieser Jemand, welche Abteilungen oder Funktionen des Unternehmens betroffen sind. Er lädt die entsprechenden Verantwortungsträger zu einer Sitzung ein. Sein Ziel besteht darin, einen Weg zu finden, die Problemstellung zu vermeiden. Dies ist nur dadurch möglich, dass der betroffene Sachverhalt zukünftig anders behandelt wird. Dies bedingt, dass die eingeladenen Verantwortungsträger innerhalb ihres Verantwortungsbereiches eine Veränderung vornehmen, obwohl sie selber die Problemstellung gar nicht erkannt haben und es für sie vielleicht tatsächlich gar keine Problemstellung gibt.

Wir haben in dieser Situation, gegenüber Karlas und Martins Waldspaziergang, völlig neue Elemente:

Es geht um Management. Management ist immer Zukunftsgestaltung. Der Bezug auf das Wissensprofil wird schwierig und kann leicht abgelehnt werden, weil Zukünftiges nicht zum Wissensprofil gehören kann. Den Vorgang, Vergangenes in die Zukunft zu projizieren, kann ich immer zurückweisen: „Das ist etwas anderes" und es wird immer etwas anderes sein.

Es geht ums Ego: Ich soll etwas für einen anderen tun. Wann hat der zuletzt etwas für mich getan? Und schon sind wir bei einer Ausprägung des Realitätsmodells, das mit dem Sitzungsthema in keinerlei sachlichem Zusammenhang steht.

Es geht um Hackordnung: Ist es meiner Position eher zuträglich oder nicht, mich hier und jetzt kompromissbereit zu zeigen? Das ist ein hochkomplexes Beziehungsthema, das zwar mit dem Sitzungsthema inhaltlich nichts zu tun hat, aber gleichermaßen in die Zukunft gerichtet ist.

Und vieles andere mehr.

In den bisherigen Beispielen haben wir gesehen, dass ein kompatibles Realitätsmodell durch Reduktion auf das Wesentliche entstanden ist. Im neuen Beispiel der Sitzung im Unternehmen wird die ganze Angelegenheit erst mal so richtig aufgebauscht, noch bevor die Sitzung angefangen hat. Wenn die Sitzung dann angefangen hat, kann jedes Wort, jede Handbewegung, jeder Gesichtsausdruck zusätzliches Aufbauschen bewirken.

Weil wir erkannt haben, wie komplex, dynamisch, individuell und existenziell grundlegend die Realitätsmodellierung ist, wissen wir Folgendes: Es ist völlig ausgeschlossen, dass es an unserer Sitzung zur Bildung eines kompatiblen Realitätsmodells kommt, falls es dazu keine definierten Regeln gibt, denen sich jeder der Sitzungsteilnehmer unterwirft.

Stopp; halt; mal ganz langsam: Es haben schon viele Sitzungen stattgefunden und einige davon haben durchaus Resultate hervorgebracht, von einem Handbuch „Regeln zur Realitätsmodellierung" haben wir jedoch noch nie gehört. Wir haben nur deshalb noch nie davon gehört, weil man das nicht so nennt.

5.5.1 Regeln zur Realitätsmodellierung in Unternehmungen

Hierarchie beschreibt die gängige Regel zur Realitätsmodellierung in Unternehmungen: Wem muss gefallen, was ich tue? Dem Boss. Wer entscheidet, spätestens dann, wenn es die Gruppe nicht schafft, manchmal aber auch unabhängig davon? Der Boss. Die Hierarchie beschreibt von oben nach unten, wer sich nach wessen Realitätsmodell zu richten hat. Der Einzige, dem das nichts nützt, ist der oberste Boss. Er behilft sich damit, Sachzwänge als Regel gebend heranzuziehen.

Wie klug kann es aber sein, für Jahre im Voraus festzulegen, wessen Realitätsmodell zur Regelung einer Sachfrage, die sich noch gar nicht gestellt hat, maßgebend sein wird? Jeder halbwegs intelligente Mensch schaut erst, um was es geht, und holt sich dann die richtige Fachkraft. Ist mein Auto kaputt, gehe ich in die Autowerkstatt, will ich ein Haus bauen, zum Architekten.

Das Verhalten einer Unternehmung oder eines Amtes ist mitunter dümmer, als es ein unabhängiges Individuum je sein könnte; das kennen wir aus dem Fernsehen und die meisten von uns haben wahrscheinlich eigene Geschichten zu diesem Thema. Jetzt haben wir eine Vorstellung davon, wie das sein kann. Ein Mensch kann nur dann intelligent agieren, wenn er auf der Basis seines eigenen Erfahrungspools handelt. Ist dies nicht der Fall, reduziert sich seine geistige Flexibilität und damit seine Kommunikationsfähigkeit auf einen Umfang, den eine Checkliste abdecken kann. Dann haben wir die Situation, dass unser Gegenüber überhaupt nicht auf unsere Argumentation eingeht und sich darauf beschränkt, die gleichen Phrasen zu wiederholen. Er könnte schon konstruktiv sein, auf der Basis seines eigenen Erfahrungspools, was ihm aber verboten ist, denn er muss so reagieren, wie der Chef es angeordnet hat, also auf der Basis eines fremden Erfahrungspools.

Obwohl ich keine Ahnung davon habe, wie man einen Kuchen bäckt, kann ich trotzdem die Zutaten einkaufen, falls mir jemand, der versteht, wie man einen Kuchen bäckt, einen Einkaufszettel schreibt. Wenn ich dann aber im Laden stehe und feststelle, dass eine der Zutaten nicht genau in der Form, die aufgeschrieben ist, zur Verfügung steht, bin ich hilflos.

Dazu gibt es Ansätze, wie: „Der Chef muss seine Leute ins Boot holen." Ja klar. Sofort ist ein Outdoor-Event, „Paddeln auf dem Bielersee", organisiert. Wir haben alle Spaß und am Montag geht's genau gleich weiter, wie es schon letzten Montag weitergegangen ist. „Der Chef muss Meinungsäußerung fördern." Ja klar. Und schon organisiert das Management eine Umfrage online via Intranet. Zum Schutze der Mitarbeiter ist diese Umfrage anonym. Ach so; und vor wem wird der Mitarbeiter denn eigentlich geschützt? Es ist sofort klar, dass es das Management ist, das sich schützt. Vor was? Vor der direkten, persönlichen Diskussion, welche durch Anonymität natürlich verunmöglicht ist. Die Umfrageergebnisse werden auf jeden Fall zu wenig sachbezogen sein, um als Entscheidungsbasis in einem konkreten Vorhaben dienen zu können. Der Chef entscheidet also wieder auf der Basis seines Erfahrungspools und damit bleibt alles beim Alten.

Und jetzt sind wir beim Punkt: Das Systemdenken mit der Ausprägung Prozessmanagement liefert ein günstiges Werkzeug, ein Regelwerk für die gemeinsame Bildung eines gemeinsamen Realitätsmodells in Bezug auf einen zu bearbeitenden Sachverhalt. Dieses Werkzeug ist günstig, weil es nichts Künstliches ist. Es ist der Weg, auf dem wir Menschen ohnehin unser Realitätsmodell bilden, ob wir schon mal was von Systemdenken gehört haben oder nicht. Es ist unsere angeborene, natürliche Methodik.

6 WIDERSTÄNDE

Es gibt verschieden geartete Widerstände gegen das Systemdenken und dem daraus entspringenden Prozessmanagement in
der Unternehmung. Einige dieser Widerstände sind in fehlendem
Know-how begründet. Von Führungskräften wird beispielsweise
ins Feld geführt, dass eine Prozessdarstellung nicht geeignet ist,
als Arbeitsanweisung zu dienen. Es braucht eine gewisse Kenntnis, Prozessdarstellungen lesen zu können, die nicht einfach vo-
rausgesetzt werden kann und mit der man den Mitarbeiter nicht
zusätzlich belasten will. Diese Argumentation ist aus zwei Gründen falsch: Erstens besteht der Zweck, Prozessmanagement zu
betreiben, nicht darin, eine neue Art von Arbeitsanweisung her-
vorzubringen. Martin hat sich doch nicht deshalb Gedanken über
seinen Umzug gemacht, um einen Notizzettel schreiben zu können, sondern um seinen Umzug geplant zu haben. Der Notizzettel ist lediglich das Hilfsmittel und nicht der Zweck. Zweitens sind
sogenannte Prozesseinheiten, die sowohl Prozessdarstellung als
auch deren Analyse beinhalten, Gegenstand der Grundausbildung zum kaufmännischen Angestellten. Wenn die Mitarbeiter
weniger Kompetenz darin haben, sich systematische Gedanken
über Arbeit zu machen, als der Lehrling, besteht ein Problem.
Dieses Problem dadurch lösen zu wollen, dass die Zweckmäßig-
keit, sich systematische Gedanken über Arbeit zu machen, ver-
neint wird, ist Unsinn.

Ein weiteres Argument gegen Prozessmanagement besteht
darin, dass dem Menschen dabei zu wenig Beachtung geschenkt
wird. Der Mensch ist auch ein chaotisches Wesen und lässt sich
nicht in eine formalisierte Systematik eingliedern. Wir haben
schon gesehen, dass Systemdenken und damit Prozessmanagement durchaus dem natürlichen Verhalten des Menschen

entspringt. Wir hätten das Rad nicht erfunden, wäre Systemdenken unmenschlich. Der Mensch ist ein chaotisches Wesen; okay. Dann müssen wir in unserer Systemanalyse das Systemelement „Mensch" auch unter diesem Aspekt betrachten. So lautet eine Frage, ob der Prozessdesigner genügend berücksichtigt hat, dass eines der Systemelemente der Mensch ist. Beispiel: Wir haben die Tätigkeit A. Wir machen Messungen und stellen fest, dass die Verrichtung dieser Tätigkeit A im Einzelfall 35 Minuten dauert und dass die Tätigkeit A 85 Mal pro Tag anfällt. Wie viele Menschen stellen wir ein, wenn wir von einer Tagesarbeitszeit von 8 Stunden ausgehen?

Wir rechnen und liegen völlig falsch, weil wir den Menschen mit einer Maschine verwechseln.

Es mag ja sein, dass ein Mensch die Tätigkeit A in 35 Minuten einmal erledigt. Vielleicht erledigt er die Tätigkeit A auch in 70 Minuten zweimal. Auf keinen Fall wird er aber die Tätigkeit A in 8 Stunden 13 Mal erledigen. Hier wäre das Argument, dem Menschen werde zu wenig Beachtung geschenkt, absolut richtig. Das liegt aber an der fehlerhaften Durchführung und ist keinesfalls ein Grund, Systemanalyse und Prozessmanagement an sich abzulehnen.

6.1 Modell vs. Realität

Wir haben gesehen, dass wir uns stets ein Modell der Realität bauen. Ein Prozessdesign ist auch ein Modell der Realität und die Prozessdarstellung ist ein Abbild desselben. Wenn wir dieser Tatsache zu wenig Beachtung schenken, gedeihen Un- und Missverständnisse.

Die Prozessmanagementprofis, die auch Organisatoren sind, haben gelernt, dass man den User – in unserem Fall die operativ tätige Linie – involvieren muss, um Akzeptanz zu schaffen. So wird die Linie bereits bei der Auswahl der Prozessmanagement-

Software orientiert und befragt. Das ist ein Fehler. Vergleich: Die IT würde den User niemals fragen, in welcher Programmiersprache die Anwenderprogramme geschrieben sein sollen. So ergibt sich genau das Gegenteil des Gewünschten: Inakzeptanz.

Sehen wir uns an, was geschieht: Der Prozessmanagementprofi trifft bezüglich Prozessmanagementsoftware eine Vorauswahl. Er bittet den Verkäufer dieser Software, eine Demonstration des Tools zu machen, und dazu werden Mitglieder der operativen Linie eingeladen. Diese beurteilen die Sache naturgemäß als zu kompliziert und schon haben wir Widerstände. Die Realitätsmodelle sind nicht kompatibel.

Die Inkompatibilität seitens des Prozessmanagementprofis entsteht dadurch, dass er nicht berücksichtigt, dass der Amateur jede Prozessmanagementsoftware als zu kompliziert beurteilen wird. Dies hat gar nichts mit der Software, sondern mit der mangelnden Kenntnis in Sachen Prozessmanagement zu tun. Würde man dies dem Linienmitarbeiter sagen, darf man damit rechnen, dass er nachfragt, warum man ihn denn überhaupt zur Demonstration der Software eingeladen hat. Und genau das ist der Punkt: Man soll ihn nicht einladen, etwas zu beurteilen, das er nicht beurteilen kann. Natürlich würde der Prozessmanagementprofi seine Begeisterung gerne mit dem Linienmitarbeiter teilen, diese Begeisterung entspringt aber seinem Realitätsmodell und nicht dem des Linienmitarbeiters.

Die Inkompatibilität seitens des Linienmitarbeiters entsteht dadurch, dass er glaubt, eine gute Prozessmanagementsoftware müsse ohne weiteres für ihn verständlich sein und das sowohl in Sachen Handling als auch in Sachen Darstellung. Warum dies in Zeiten, in welchen ein Telefon ohne Studium des Handbuches nicht mehr verständlich ist, so sein sollte, bleibt unbeantwortet. Begünstigt durch die Einladung zur Demonstration glaubt der Linienmitarbeiter, dass die Prozessmanagementsoftware für ihn geschrieben wurde, was nicht der Fall ist. Es mag sein, dass das betroffene Unternehmen beschlossen hat, dass der Linienmitarbeiter sich an der Prozessmodellierung mittels der Prozessmanagementsoftware zu beteiligen hat. In diesem Fall wurde dem Linienmitarbeiter eine neuartige Aufgabe zugewiesen. Selbstverständlich muss er für diese neuartige Aufgabe erst ausgebildet werden, wie für jede andere neuartige Aufgabe auch.

Ein weiterer Grund für die Begünstigung von Inkompatibilität ergibt sich, wenn der Prozessmanagementprofi und der Linienmitarbeiter sich dazu hinreißen lassen, über die Form zu streiten: Mit etwas Übung erkennt man Probleme anhand der Prozessdarstellung. Der Prozessmanagementprofi betrachtet eine Prozessdarstellung, auf der sehr viele Oder-Rückkopplungen ersichtlich sind, und kommt schnell auf die Idee, dem dargestellten Prozess einen Prüfprozess voranzustellen. Zur Erklärung: Eine Adressprüfung ist beispielsweise eine Oder-Rückkopplung: Adresse i. O.? Falls ja, dann Brief schicken **oder** falls nein, Adresse verbessern. Ist die Adresse danach i. O.? Falls ja, dann Brief schicken **oder** falls nein, Adresse verbessern usw. usw., bis endlich mal die richtige Adresse auf dem Brief steht. Zurück zu unserer Prozessdarstellung, die voll von solchen Prüfvorgängen, also Oder-Rückkopplungen ist. Man könnte nun alle Prüffragen im Voraus beantworten und den eigentlichen Prozess erst dann starten, wenn alle benötigten Daten vorhanden und geprüft sind. Nehmen wir an, der Linienmitarbeiter sagt zu diesem Vorschlag: „Nein, nein, das geht nicht." „Doch, doch, schauen Sie hier …" Dabei zeigt der Prozessmanager auf ein Element der Darstellung. Der Linienmitarbeiter denkt sich: „Ich mache diesen Job seit fünf Jahren und ich sage Nein. Der Prozessheini hat diesen Job noch nie gemacht, zeigt auf ein paar Striche, Kreise, Rechtecke usw. und glaubt, es besser zu wissen. Ich bin hier wohl im falschen Film." Falls sie nun streiten, ist dies ein Streit um die Form. Die Frage lautet: Ist die Realität durch die Darstellung genügend vertreten, um gültige Rückschlüsse von der Darstellung auf die Realität treffen zu können, oder nicht? Dies ist eine Glaubensfrage. Sachlich muss man feststellen, dass, wenn ich mir Notizen zu einem real existierenden Sachverhalt mache, kann ich immer von den Notizen auf den real existierenden Sachverhalt schließen. Wäre das nicht so, würden wir uns keine Notizen machen. Welche Form diese Notizen haben (Text oder Symbole), spielt überhaupt keine Rolle. Auf solchen Wegen wird Prozessmanagement zu einem Stellvertreterthema; es geht gar nicht um Prozessmanagement, sondern um Ego-Spielchen, sich durchsetzen wollen, um sich durchgesetzt zu haben, Macht, Selbstbestätigung usw. Falls das betroffene Unternehmen dies nicht erkennt, können alle Bemühungen, Dinge aktiv zu gestalten, im Sande verlaufen, denn es gibt keinen Grund zur Annahme, dass ein anderer Gestaltungsansatz als Prozessmanagement erfolgreicher sein wird. Das kann die Entwicklungsfähigkeit des Unternehmens auslöschen, was über kurz oder lang katastrophale Folgen hat.

6.1.1 Prozessmanagement; das Ende der Freiheit des Sachbearbeiters

Eine weitere Inkompatibilität seitens des operativ tätigen Mitarbeiters besteht darin, dass er glaubt, von Prozessmanagement in seiner Freiheit, die Arbeit zu gestalten, eingeschränkt zu werden. Das ist eine Verwechslung von Modell und Realität. Ich werde nicht dadurch in meiner Arbeitsfreiheit eingeschränkt, dass jemand Bildchen meiner Arbeitsvorgänge malt und damit irgendwelche Dinge macht. Es ist die ohnehin existierende Reglementierung, welche mich einschränkt. Natürlich entsprechen die Prozessbilder der Reglementierung, aber sie sind nur die Abbildung, das Modell und nicht die Reglementierung selber.

Ein Unternehmen, welches gewohnt ist, jedes i-Pünktchen in Richtlinien festzuschreiben, wird dies auch mittels Prozessmanagement tun und für die Aufgabe „Brief ausdrucken" einen Subprozess definieren. Ein Unternehmen, welches bewusst Entscheidungsspielräume schafft, kann auch innerhalb von Prozessmanagement die Tätigkeit „Sachbearbeiter entscheidet über weiteres Vorgehen" definieren. Das ist keine Frage der Methode, sondern der Grundhaltung, die sich im Umgang mit jeder Methode niederschlagen wird.

6.1.2 Prozessmanagement; das Ende der Freiheit der Führung

In Bezug auf Führung stellt sich die Frage, ob die in einer Unternehmung herrschende Führungskultur mit Prozessmanagement zu vereinbaren ist. Ein Effekt, den Prozessmanagement mit sich bringt, besteht darin, dass Dinge schneller und umfassender dokumentiert sind. In einer Unternehmung, in welcher es normal ist, dass Entscheidungsprotokolle geschrieben und nachher gegebenenfalls auch zur Hand genommen werden, ändert Prozessmanagement vielleicht die Dokumentationsform. Anstatt Texte zu schreiben, wird ein Prozessmodell erstellt, welches den neuen, mittels Führungsentscheid veränderten Stand der Dinge wiedergibt.

Nun gibt es allerdings Unternehmen, in welchen das Führungsverständnis darin besteht, dass der Chef zu jeder Zeit, in jedem Punkt seines Verantwortungsbereiches, jede Entscheidung alleine fällt. Ich habe es schon erlebt, dass mir mein Chef auf dem Weg aus einer Sitzung zurück ins Büro eine Anweisung gibt, die dem an der Sitzung getroffenen Entscheid widerspricht. Jegliche Art von Dokumentierung stößt bei solchem Führungsverständnis natürlich auf heftigsten Widerstand. Ein durchgängiges Prozessmanagement beschreibt auch Führungsprozesse. Daraus könnte z. B. hervorgehen, dass ein Entscheid, der mit den Verantwortlichen A, B und C zustande gekommen ist, auch mit dieser Beteiligung umgebaut werden muss, falls die Notwendigkeit dazu erkannt wird. Von einer solchen Regelung fühlt sich der Führungsverantwortliche, welcher sein Bedürfnis, Macht zu erleben, dadurch befriedigt, zu jeder Sekunde den Entscheid zu treffen, der ihm in dieser Sekunde guttut, außerordentlich bedroht und das zu Recht. Das ist nicht das Ende der Freiheit in der Führung, sondern das Ende davon, das Unternehmen als Ego-Spielplatz zu missbrauchen, und gegebenenfalls der Beginn von Verlässlichkeit.

7 VON HERRSCHERN UND BEHERRSCHTEN

Dass der Herrscher seine Herrschaft genießt und es dem Beherrschten nach Freiheit dürstet, ist mit Blick auf unsere Gesellschaft Abenteuerfilmromantik. Natürlich gibt es in anderen Erdteilen auch heute noch Despoten, welche das Volk verhungern lassen. Falls der Herrscher jedoch in seiner Herrschaft reglementiert ist und es dem Beherrschten recht leicht gelingt, seine Grundbedürfnisse und noch ein bisschen mehr zu befriedigen, zeigt sich ein anderes Bild. Das ist die Situation in den meisten Unternehmungen unserer Breitengrade.

7.1 Die Herrscher

Mit „Herrscher" meine ich hier die Führungskräfte, aber auch Mitarbeiter, welche ihre Aufgabe noch im Sinne von Herrschen glauben wahrnehmen zu können. Der Manager, welcher sich auf seine Leute stützt und z. B. weiß, dass diese viel besser über ihren Tätigkeitsbereich Bescheid wissen als er und der somit ohne Weiteres in der Lage ist, zu fragen, ist hier nicht gemeint. Ich habe bisher einige Herrscher kennengelernt. Sie haben eines gemeinsam: Sie sind mit ihrem Herrschaftsanspruch völlig überfordert.

7.1.1 Der nicht sehende CEO

Ich war einmal in der Situation, wöchentliche Rücksprachen mit einem CEO wahrnehmen zu müssen. Wir standen kurz nach einer Fusion und dementsprechend wäre viel Gestaltungsarbeit angestanden, wenn wir unserer Aufgabe gerecht geworden wären. Offiziell bestand Einigkeit darin, dass wir die Fusion nutzen, um auch neue Wege zu gehen. Neue Wege gehen bedeutet Unruhe. Fusion bedeutet auch Unruhe. Also nutzen wir die ohnehin bestehende Unruhe; so die Kurzform. Ich mache also Vorschläge und höre: „Das sehe ich nicht." Ich lege den nächsten Vorschlag vor und höre: „Das sehe ich nicht." So mache ich also den nächsten Vorschlag und höre: „Das sehe ich nicht." Auf die Idee, dass sein Nicht-Sehen etwas mit seinem Sehvermögen zu tun haben könnte, kommt er durchaus. Er glaubt aber, dass dies mein Problem ist und nicht seines und schon gar nicht das des Unternehmens. Wir – ich stand damit nicht alleine – versuchten, die Aufmerksamkeit auf die Prozesse zu lenken.

„Ihr kommt mir hier mit tollen Zeichnungen, die ich nicht verstehe. Dazu kann ich nicht ‚Ja' sagen. Legt mir ein Organigramm vor, das ich verstehen kann." Wir haben es also falsch gemacht. Richtig wäre gewesen, ihm die Prozesse mittels eines Organigramms darzulegen. Er hat nicht den blassesten Schimmer einer Ahnung davon, in welcher Deutlichkeit er sein eklatantes Wissensdefizit dadurch zur Schau trägt. Sein Verständnis für Unternehmensgestaltung beschränkt sich auf die Erstellung eines Organigramms. In der Folge einer solchen Führung ist es mit der Fusion nicht einmal gelungen, die übernommenen Kundenbestände vollständig zu integrieren. Zehntausende von Kunden blieben als unbetreuter Bestand, sozusagen als Fusionsmüll, liegen. Gleichzeitig lief ein Vertriebsprojekt zum Thema Kontakttreiber; das ist einfach nur absurd.

Wir haben es hier mit einem Herrscher zu tun. Er braucht Mitarbeiter nur der Masse wegen, nicht wegen deren Fähigkeiten, denn falls deren Fähigkeiten die seinigen zu einem Thema überschreiten, ist dieses Thema gestorben. Er glaubt, dass er nur dann „Ja" sagen kann, wenn eine Angelegenheit sich so darstellt, als hätte er sie auch selber erarbeiten können. Das mag auf den ersten Blick sinnig erscheinen, denn schließlich trägt er die Verantwortung und wie soll er die Verantwortung für etwas übernehmen, das er nicht selbstständig versteht? Auf den zweiten Blick ergibt sich aber, dass der CEO für jeden nur erdenklichen Vorgang in der Unternehmung verantwortlich ist. Somit müsste er über sämtliches Wissen aus allen Bereichen der Unternehmung verfügen. Er müsste nebst Kernkompetenzträger auch Personalfachmann, IT-Fachmann, Jurist, Architekt, Elektriker, Sozialversicherungsexperte, Marketingfachmann, Investmentfachmann, Büroorganisations- und -ergonomiefachmann, Gärtner, Telefoniefachmann usw. usw. sein. Kein Wunder, dass er überfordert, maßlos überfordert ist.

7.1.2 Die intuitiv rechnende Bereichsleiterin

Meine Vorgesetzte mit dem Anspruch auf einen intuitiven Führungsstil, was ja an sich schon ein Deckname für Überforderung ist, nimmt an einer Konferenz der Filialleiter teil. Sie wird gefragt, ob meine Abteilung für die Filialen die Stellvertretung übernehmen könne. Dies in dem Sinne, dass in der Filiale eingehende Telefonanrufe, welche unseren Themenbereich betreffen, direkt an meine Abteilung weitergeleitet werden. Ohne jede Rücksprache sagt sie zu und schreibt mir dazu einen Satz, der das Wort „selbstverständlich" beinhaltet, in ein Protokoll. Ich soll also mit 13 Personen, von denen jede auch einen Monat Ferien pro Jahr und sonstige Abwesenheiten hat, die Telefonstellvertretung für über 60 Filialen übernehmen, ohne dass dazu irgendwelche koordinierenden Absprachen erfolgen. Wenn man jetzt noch zur Kenntnis nimmt, dass diese Frau Mathematikerin ist, dann kann man sich das Ausmaß ihrer Überforderung in etwa vorstellen; es ist gigantisch. Sie hat inzwischen die Führungsverantwortung abgegeben, was immerhin von einer gewissen Einsicht zeugt, wobei ich nicht weiß, ob es ihre Einsicht war oder die eines anderen.

7.1.3 Das überforderte Unternehmen

Es geht hier um ein Unternehmen, eine Aktiengesellschaft, in der sich selbst das Management im Klaren darüber ist, dass ein erheblicher Entwicklungsrückstand besteht. Wenn man in diesem Unternehmen ein wenig Vergangenheitsforschung betreibt, stellt man fest, dass es sich stets an Erneuerungsströmungen wie betriebliches Vorschlagswesen, Kaizen, TQM und Kontinuierliche Prozessverbesserung beteiligt hat. Es gibt Handbücher, Richtlinien und andere Belege solcher Aktivitäten. Bemerkenswert ist, dass es sich ausschließlich um Schriftstücke handelt, die den Aufbau solcher Instrumente behandeln. Ich habe kein einziges Schriftstück gefunden, das sich mit der Aufgabe eines solchen Instrumentes, mit dem Abbruch der entsprechenden Bemühungen befasst. Das steht im Widerspruch zur Tatsache, dass es keiner der genannten Methoden gelungen ist, zu überleben. Der diesbezüglich aktuelle Zustand ist der, dass es zwar seit 4 Jahren eine Abteilung „Prozessmanagement" gibt, deren Mitarbeiter bis zum heutigen Tage aber nur aufbauende Prozessmanagement-Tätigkeiten ausgeführt haben. Es wurde eine Prozessbibliothek und eine Intranetplattform zum Thema erstellt und zurzeit wird ein Prozessmanagementhandbuch aufgebaut. Die in dieser Abteilung beschäftigten Prozessmanager sind nicht etwa untätig. Sie werden vielmehr als Projektmanager, Auditoren in Sachen IKS (Internes Kontroll-System) und für andere Tätigkeiten eingesetzt, die durchaus in das Wissensprofil eines Prozessmanagers passen, aber keine eigentlichen Prozessmanagement-Tätigkeiten im Sinne von Nutzung der Kernkompetenz des Prozessmanagers sind. Prozessmanager sind meist spezialisierte Organisatoren und Organisatoren kann man natürlich auch für Büroumzugsplanung und -durchführung einsetzen, was tatsächlich so geschehen ist. Wie kommt das?

Ganz einfach: Das Prozessmanagement erhält keine Prozessmanagementaufträge. Ich habe an vielen Sitzungen in diesem Unternehmen teilgenommen und festgestellt, dass Prozessmanagement als Möglichkeit überhaupt nicht wahrgenommen wird. Jedes Schnittstellenproblem wird beispielsweise direkt mit dem Schnittstellenpartner bilateral geregelt. Ich kann so lange und so laut es mir gefällt, darauf hinweisen, dass es der Kernkompetenz des Prozessmanagements entspricht, Schnittstellenprobleme zu bearbeiten, und dass diese Kompetenz unter Einsatz von Geld doch wohl dafür zur Verfügung gestellt wurde, damit wir sie nutzen. Resultat: Das Prozessmanagement erhält weiterhin keine Prozessmanagementaufträge. So darf es in 5 Jahren nicht erstaunen, wenn auch Prozessmanagement in diesem Unternehmen nur noch dann zutage tritt, wenn jemand Vergangenheitsforschung betreibt, so es das Unternehmen dann überhaupt noch gibt.

Das Problem besteht nicht darin, dass sich eine Person als Napoleon aufführt und damit Entwicklung unterbindet. Wenigstens theoretisch wäre dieses Problem durch Verbannung lösbar. Das Problem besteht darin, dass es viele kleinere Herrscher gibt, deren Herrschaftsbereich sich vielleicht einzig auf ihren Arbeitsplatz beschränkt. Wenn aber weite Teile der Mitarbeiterschaft auf der Basis persönlicher Sympathien entscheiden, mit wem, wie konstruktiv zusammengearbeitet wird, wenn im Einzelfall entschieden wird, ob einem Geschäftsleitungsentscheid Folge geleistet wird oder nicht, und wenn solches Verhalten als persönliches Interesse an der Sache gewertet wird, sich also niemand findet, der entschieden dagegen vorgeht, dann ist das Unternehmen als Ganzes nicht mehr steuerbar. Die Führung hat die Führung aus der Hand gegeben. Die Mitarbeiterschaft hat die echte Führung übernommen. Natürlich betrifft dies nicht jeden einzelnen Mitarbeiter. Es geht um eine Anzahl von Mitarbeitern, welche sich situationsabhängig zu Clans zusammenrotten. Diese Clans führen nicht dadurch, dass sie die Richtung vorgeben, sondern dadurch, dass sie Mittel und Wege gefunden haben, selber zu entscheiden, ob der vorgegebenen Richtung gefolgt wird oder nicht. Die offizielle Führung steht machtlos daneben, weil sie sich nicht getraut, den eisernen Besen hervorzuholen und den Betrieb durchzufegen. Das Problem wäre lösbar, könnten die Clans

Richtungen vorgeben. Da zeigt sich aber wieder die Gemeinsamkeit mit anderen Herrschern: Die Clans sind mit der Aufgabe, gemeinsam planmäßig vorzugehen, völlig überfordert.

Tipp: Falls ein Unternehmen von sich behauptet, familiären Charakter zu haben, der sich in der starken Identifikation der Mitarbeiter äußert, was sich in einer durchschnittlich langen Betriebszugehörigkeit und einer entsprechend geringen Fluktuationsrate niederschlägt, ist äußerste Vorsicht geboten. Falls noch dazu eine große Anzahl von externen Beratern engagiert ist, dann lässt man am besten die Finger davon. Es sei denn, man ist ein externer Berater. In diesem Fall hat man eine Goldgrube gefunden.

7.2 Die Beherrschten

Die Beherrschten sind die, welche entweder einen Weg gefunden haben, unauffällig Geld zu verdienen, ohne sich weiter für ihre Tätigkeit zu interessieren, oder die, welche einen sinnlosen Kampf austragen.

7.2.1 Das haben wir schon immer so gemacht oder die Arbeitsbienen

„Das haben wir schon immer so gemacht" ist die Erkennungsmelodie derjenigen, welche unauffällig Geld verdienen und sich aus allem herauszuhalten versuchen. Gelingt dies in einer Sache nicht auf Anhieb, wird die Angelegenheit dem Chef übergeben. Wir sind schnell bereit, solches Verhalten zu missbilligen und solche Mitarbeiter als weniger wertvoll für das Unternehmen zu betrachten. Was wir dabei allerdings nicht vergessen sollten, ist, dass es das Unternehmen ist, welches den Raum für solche Mitarbeiter schafft, oder anders formuliert: Es gibt Gründe, warum diese Mitarbeiter in einer Unternehmung vorzufinden sind, in einer anderen Unternehmung weniger und in der dritten gar nicht.

Wer also feststellt, dass sein Unternehmen „Das haben wir schon immer so gemacht"-Mitarbeiter beschäftigt, sollte erst klären, warum das so ist, bevor er es wagt, mit dem Finger auf diese Mitarbeiter zu zeigen. Ich hatte einen Chef, einen weisen Herrn mittleren Alters, der nannte diese Mitarbeiter „Arbeitsbienen" und das ist der richtige Ansatz. Es gibt nur dann Arbeitsbienen, wenn es auch Arbeitsbienen-Arbeit gibt und diese haben die Arbeitsbienen nicht selber geschaffen.

In meiner Führungslaufbahn habe ich zweimal die gleiche Geschichte erlebt: Eine Arbeitsbiene legt mir eines Tages die Kündigung auf den Tisch. „Ich kann nicht mehr." Trotz mehrerer Nachfragen von verschiedenen Seiten war nicht herauszufinden, was konkret dazu geführt hatte. Schlafstörungen, Antriebslosigkeit, Burn-out-Ansätze, Kündigung, Punkt. Anderen Mitarbeitern ging es hingegen vortrefflich; es bestand also keine grundsätzliche Überforderungssituation. Beide Situationen zeichneten sich dadurch aus, dass wir jeweils kurz nach tiefen Veränderungsereignissen standen. Ich komme zu folgender Schlussfolgerung: Ich verweigere meinen Mitarbeitern Führung im Sinne von Kommandieren. Entscheidungsfindung ist gemeinsame Arbeit. Ich vertrete die Resultate dieser Arbeit gegebenenfalls nach außen und trage von außen auf uns wirkende Dinge ins Team hinein, die dann im Team bearbeitet werden. Solche Führung lässt sich nicht konsumieren, aber als Führungsschwäche missverstehen und das ist der Punkt: Arbeitsbienen brauchen eine Bienenkönigin. Ohne Bienenkönigin ist den Arbeitsbienen der Boden unter den Füßen weggerissen. Burn-out ist die Konsequenz, falls nicht vorher die Reißleine gezogen wird, was in beiden Fällen glücklicherweise der Fall war.

Arbeitsbienen brauchen klare Richtlinien mit langen Lebenszyklen und in überschaubarer Anzahl und/oder einen Chef, der sich als Bienenkönigin betätigt; einen Herrscher.

7.2.2 Die Don Quijotes

Das sind Menschen, welche hohen Anforderungen entsprechen können. Je länger sie im Berufsleben stehen, desto mehr Diplome und sonstige Ausbildungsbestätigungen können sie vorlegen. Sie reagieren auf Stellenausschreibungen, mit welchen hohe Anforderungen gestellt werden. Sie bewerben sich und reichen ihr Dossier ein. Sobald sie angestellt sind, interessiert sich aber niemand mehr für ihre Kompetenz. Wenn sie auf der Basis ihrer Kompetenz Verbesserungspotenziale erkennen, werden sie von den Herrschern ignoriert, obwohl sie durch die Stellenbeschreibung und an Managementveranstaltungen unablässig aufgefordert werden, Verbesserungspotenziale zu suchen und zu nutzen. Die, welche sie dazu auffordern, sind dieselben, welche sie ignorieren, sollten sie der Aufforderung Taten folgen lassen; die Herrscher. Wenn sie vor Gefahren warnen, auf Irrtümer aufmerksam machen, was sie aufgrund ihrer Kompetenz durchaus können, werden sie bekämpft. Das geschieht nicht etwa an Sitzungen. Nein, an Sitzungen wird ihnen nicht widersprochen, denn sie sind in der Lage, Dinge schlüssig herzuleiten, während die Herrscher einer solchen Fachdiskussion gar nicht standhalten können. Vielfach verstehen die Herrscher schon die Worte nicht, würden dies aber niemals zugeben und fragen. So enden die Sitzungen mit mehr oder weniger deutlichen Vereinbarungen, die sich nie und nimmer realisieren. Denn sobald der Herrscher zurück in seinem Königreich ist, regiert er nach altem Muster und berücksichtigt die Vereinbarungen in keiner Weise.

Die Don Quijotes verfügen über verschiedene Strategien, die sie nun anwenden. Beispiel: Um den Umstand, dass an Sitzungen keine Protokolle geführt werden – dies ist ein Markenzeichen von Herrschaftsorganisationen –, stellen sie eigenständig Schriftlichkeit her. Sie schreiben Statusberichte. Jetzt wird es heikel, denn ein Statusbericht ist ein direkter Angriff auf die Herrscher, der aus zwei Richtungen erfolgt. Erstens besteht nachvollziehbare, weil schriftliche Klarheit. „Ja, aber Sie haben doch …" „Nein, wie kommen Sie denn darauf? Ich habe im Statusbericht XY doch klar geschrieben, dass …" Herrscher hassen Statusberichte, weil sie ihren Handlungsspielraum in Sachen Intrigen und Lügen massiv einengen. Zweitens besteht ein weiteres Merkmal von Herrschaftsorganisationen darin, dass stets die Frage nach dem Schuldigen gestellt wird, sollte etwas schieflaufen. Wenn ich bereits in drei Statusberichten auf den schieflaufenden Umstand aufmerksam gemacht habe, stehe ich als Schuldiger nicht mehr zur Verfügung. Herrscher hassen Statusberichte, weil sich vermeintlich zur Verfügung stehende Prügelknaben mit Statusberichten einfach selbstständig aus dieser Rolle verabschieden.

Der Irrtum, dem die Don Quijotes unterliegen, ist die Verwechslung des Kriegsschauplatzes. Die Herrscher kämpfen auf einem gänzlich anderen Schlachtfeld als die Don Quijotes. Deshalb treffen sie gar nicht zum offenen Kampf aufeinander. Der Don Quijote merkt das nicht und kämpft gegen Windmühlen. Sobald er das merkt, sollte er seine Kündigung einreichen, was die einzige Möglichkeit ist, nicht mehr Don Quijote zu sein.

Wer merkt, dass er z.B. mit fachlicher Begeisterung – ein Schlachtfeld der Don Quijotes – stets ins Leere läuft, sollte das Unternehmen verlassen. Es ist nicht möglich, ein Unternehmen zu zwingen, sich für die eigenen Belange zu begeistern. Wenn das Beziehungsnetz – hier ist das Schlachtfeld der Herrscher – aus Intrigen, Lügen, Mobbing und Inkompetenz besteht, gibt es in Wirklichkeit kein Betätigungsfeld für kompetente Mitarbeiter, es gibt nur Windmühlen. Das Realitätsmodell derer, die zu Don Quijotes werden, ist mit dem Realitätsmodell der Herrscher nicht kompatibel.

Ein großes Problem ergibt sich daraus, dass die Herrscher, bzw. deren Vertreter, stets glaubhaft machen, dass Werte wie Ehrenhaftigkeit, Ritterlichkeit, Verlässlichkeit und der Glaube an das Gute einen hohen Stellenwert hätten und es an einem Bewerbungsgespräch nicht immer möglich ist, die Wahrhaftigkeit zu beurteilen.

Wer an die Ehrenhaftigkeit geglaubt hat und so zum Don Quijote geworden ist, könnte dem Irrtum verfallen, beim nächsten Mal vorsichtiger zu sein und weniger enthusiastisch an die nächste Aufgabe heranzugehen. Das halte ich für einen Fehler. Wer ein Betätigungsfeld finden möchte, das es verdient hat, mit Enthusiasmus bearbeitet zu werden, der muss dies enthusiastisch tun. Ansonsten läuft er Gefahr, wegen des durch Misstrauen getrübten Blicks die lohnenswerte Aufgabe nicht zu erkennen. Ich muss vertrauen, um Vertrauenswürdigkeit zu erfahren. Was man tun kann, ist, genau hinzuhören und hinzuschauen, um dadurch gegebenenfalls vorgewarnt zu sein.

7.3 Das Herrscher-Unternehmen

In Unternehmen, die auf Herrschern und Beherrschten beruhen, in Herrscher-Unternehmen, ist der Versuch, Dinge mittels Sachanalyse systematisch zu bearbeiten, zum Scheitern verurteilt. Auch in Herrscherunternehmen gibt es die Sachebene. So werden Dinge durchaus auch mal analysiert und es werden vermeintliche Sachentscheide getroffen. Die tatsächliche Handlung ergibt sich aber nicht aus dem Sachentscheid, sondern aus den beziehungspolitischen Gegebenheiten. Der Sachentscheid wird nur dann herangezogen, falls er die beziehungspolitische Ebene stützt, tut er dies nicht, wird er ignoriert. Man kann beziehungspolitische Elemente in die Systemanalyse einbeziehen, denn sie sind keinesfalls zu leugnen. Dies würde allerdings voraussetzen, dass der Bezug auf die Beziehungspolitik offen angesprochen wird, was in Herrscherunternehmen nicht der Fall ist. Beziehungspolitik wird in Herrschaftsunternehmen unter der Oberfläche betrieben und wehe dem, der sie ans Tageslicht zerrt.

Das vielleicht größte Problem ist dabei, dass das Herrscherunternehmen leicht seine willentliche Entwicklungsfähigkeit und damit seine aktive Steuerbarkeit verlieren kann. Beziehungspoli-

tik ist eine hochdynamische Angelegenheit und korreliert nur zufälligerweise mit den aktuellen Marktgegebenheiten und anderen entwicklungsrelevanten Faktoren.

Um die Gestaltung und Entwicklung einer Unternehmung
wirklich in der Hand zu halten, ist es unumgänglich, sich aktiv,
offen und systematisch mit den relevanten Faktoren auseinanderzusetzen und die Ergebnisse dieser Auseinandersetzung zur
Basis der Handlungsweise zu machen. Dies gilt nicht nur für die
Unternehmensleitung, sondern für jeden Mitarbeiter. Jeder Mitarbeiter muss in seinem Bereich seinen Beitrag leisten, ansonsten ein Beitrag nicht geleistet ist. Also führen wir unsere Auseinandersetzung fort.

8 DER INNERBETRIEBLICHE UND DER AUSSERBETRIEBLICHE MENSCH

Wir sind es gewohnt, von beruflichen und privaten Dingen zu reden. Wir reden von Freizeit im Unterschied zu Arbeitszeit, als wenn wir in der Freizeit keine Arbeiten verrichten würden und während der Arbeitszeit Gefangene wären. Wenn wir außerhalb der Arbeitszeit über berufliche Dinge reden, werden wir manchmal aufgefordert, damit aufzuhören, weil das nicht hierhergehört. Umgekehrt passiert dies sowieso. Wir sollen private Probleme außerhalb der Arbeitszeit regeln und betriebliche Probleme am Arbeitsplatz zurücklassen. Wir scheinen zu glauben, dass es uns zweimal gibt. Erstens ist das nicht so und zweitens ist es auch nicht sinnvoll, diese Trennung vornehmen zu wollen.

Von meinen Freunden erwarte ich, dass sie sich auch dann für mich interessieren, wenn ich einen beruflichen Sachverhalt nicht am Arbeitsplatz liegen lassen will. Das muss ja nicht immer ein Problem sein. Es kann sich auch um grenzenlose Begeisterung handeln. Vielleicht wird im Gespräch zu einem Thema ein Beispiel gesucht und ich habe eines, das allerdings von meiner beruflichen Tätigkeit handelt, weshalb ich nicht darauf verzichte, das Beispiel vorzutragen. Wenn ich von diesem spannenden Fußballmatch erzähle, ist ja auch nicht immer gesichert, dass sich alle Anwesenden gleichermaßen dafür interessieren. So ist das nun mal. Solange ich von meiner beruflichen Tätigkeit begeistert bin, was jedenfalls wünschenswert ist, werde ich gegebenenfalls auch am Samstag um 21:37 Uhr eine Idee, eine Intuition dazu haben. Arbeiten nach 20:00 Uhr unterliegen aber der Anordnung bzw. Bewilligung eines Direktionsmitgliedes. Nun kann ich aber kein Direktionsmitglied anrufen und um die Bewilligung bitten, meine Intuition jetzt aufschreiben und ein bisschen ausarbeiten zu dürfen. Ich hätte Spaß daran, dieser Intuition jetzt ein wenig nachzugehen. Auf diesen Spaß muss ich nun verzichten, weil ich Berufliches von Privatem trennen soll? Das ist weder in meinem noch im Interesse meines Arbeitgebers; das ist einfach nur unsinnig.

Wer den Tod eines lieb gewonnenen Menschen zu verarbeiten hat, wird dadurch, für eine hoffentlich vorübergehende Zeit, innerhalb derselben aber den ganzen Tag beeinflusst sein. Ob die verstorbene Person ein Arbeitskollege oder eine Bezugsperson außerhalb der beruflichen Umgebung war, ist völlig unerheblich. Wer kurz vor dem erfolgreichen Abschluss eines Mega-Projektes steht, wird auch dadurch ganzheitlich beeinflusst. Ob es sich dabei um ein berufliches Projekt oder um die Fertigstellung meines Eigenheims handelt, ist wieder unerheblich. Mit „unerheblich" meine ich hier nicht nur, dass es nicht so wichtig ist, sondern dass es sich unserem Einfluss entzieht.

8.1 Das Filtersystem

Der einzelne Mensch existiert nur einfach und nicht mehrfach. Er existiert aber in unterschiedlichen Ausprägungen. Gehen wir an eine Beerdigung, sind wir kulturbedingt ernsthaft, unabhängig davon, wie nahe uns der Verstorbene stand. Besuchen wir eine Komödie, sind wir bereits in der Erwartung heiter. Wir verfügen über ein Filtersystem, mit welchem wir auf uns einwirkende Eindrücke der gegebenen Situation entsprechend sortieren, was unsere Reaktion beeinflusst. Das funktioniert meistens sehr gut, falls nicht, wird es bisweilen schwierig. Wenn jemand an der Beerdigung einen Witz macht, finden wir dies, wegen der gegebenen Situation, nicht lustig. Funktioniert das nicht und wir erleiden einen Lachkrampf, so ist das unangenehm.

Kehren wir für einen Moment zurück zu Martins und Karlas Waldspaziergang: Karla fragte: „Hörst du diese Geräusche?", und wir haben festgestellt, dass es Martin unmittelbar klar war, dass Karla nicht irgendwelche, sondern ungewöhnliche Geräusche meinte. Dies müssen sie nicht explizit besprechen, da ihre Realitätsmodelle genügend kompatibel sind. Ja gut, aber woher wissen sie das unmittelbar, also ohne darüber nachzudenken? Weil ihre Filtersysteme dieses Resultat aus der Summe aller möglichen Varianten herausfiltern.

Das Filtersystem ist ein Ergebnis unseres Erfahrungspools, also ein Ergebnis unserer Wahrnehmung, unseres Wissens und unserer Emotionen und unterliegt einem starken kulturellen, gesellschaftlichen Einfluss. Anstand und Höflichkeit sind bedeutende Ausprägungen unseres Filtersystems. Aus der Menge aller uns zur Verfügung stehenden Aktions- oder Reaktionsmöglichkeiten wählen wir die, welche wir in Abhängigkeit der gegebenen Situation für angebracht halten. Für angebracht halten wir das, was nicht durch einen Negativ-Filter zurückgehalten wird, oder das, was einen Positiv-Filter durchläuft. Ein Negativ-Filter ist beispielsweise ein verneinendes Dogma. „Ich tue niemandem körperliche Gewalt an, egal was geschieht." „Ich bin immer anständig" ist dementsprechend ein Positiv-Filter. Unser Filtersystem lässt sich in drei Teilsysteme unterteilen.

8.1.1 Das primäre Filtersystem: Willensunabhängige oder unmittelbare Filter

Wenn wir uns einer Situation gegenüber sehen, haben wir unmittelbar eine Haltung dazu. Diese Haltung ergibt sich in Millisekunden und ist nicht das Ergebnis einer willentlichen Auseinandersetzung mit der aktuellen Situation. Ohne einen willentlichen Einfluss darauf zu haben, bewerten wir die aktuelle Situation auf der Basis unseres Erfahrungspools. Wir haben uns ein Filtersystem gebaut, das wir nun auf die aktuelle Situation anwenden. Mit diesem unmittelbaren Filtersystem bewerten wir die aktuelle Situation dreistufig. Positiv, negativ, gleichgültig, ist die daraus minimal entstehende Differenzierung. Mit zunehmender Differenziertheit des Filtersystems bewerten wir differenzierter. Positiv kann „Ja, warum nicht" oder „Hurra, ja natürlich" sein; negativ reicht beispielsweise von „lieber nicht" bis „abscheulich"; gleichgültig bleibt gleichgültig. Dies bestimmt die Ausgangshaltung, mit welcher wir uns im Weiteren mit der aktuellen Situation auseinandersetzen.

8.1.2 Das sekundäre Filtersystem: Bedingt willensabhängige Filter

Nachdem wir gegenüber einer Situation auf der Basis des primären Filtersystems eine Haltung eingenommen haben, fangen wir an, uns willentlich mit der Sache auseinanderzusetzen. Dadurch bestätigen, modifizieren oder verwerfen wir die ursprüngliche Haltung. Das ist der erste Moment in der Auseinandersetzung mit einer Situation, in welchem Fragen auftauchen. Beispiel: Zwei Pazifisten reden miteinander. Während des Gesprächs meint einer, eine kriegsbejahende Aussage des anderen zu hören. Im ersten Moment ist er perplex; das primäre Filtersystem führt zum Resultat: „Nein, das kann nicht sein." Nun fängt er an zu überlegen: „Kann es sein, dass mein Gegenüber die grundsätzlich pazifistische Haltung abgelegt hat?" „Habe ich etwas falsch verstanden?" Es sucht eine Filterstellung, welche zum Resultat führt: „Ach, so macht das Sinn." Er findet diese Filterstellung nicht und fragt: „Was ist los mit dir, bist du plötzlich für Krieg?" Antwort: „Nein. Du hast mich falsch verstanden. Ich habe jemanden zitiert." „Ach so, jetzt verstehe ich." Nun besteht eine Filterstellung, die im Moment keine weiteren Fragen aufwirft, und das Gespräch kann fortgesetzt werden. In dieser Situation wurden die Filter also willentlich eingestellt.

Nun kann man behaupten, dass es dem Pazifisten möglich ist, aus freiem Willen zum Kriegstreiber zu werden. Das wird aber kaum bedingungsfrei geschehen. Leicht können wir uns aber eine Biografie vorstellen, in der ein Pazifist zum Terroristen wird; nicht einfach so, sondern durch entsprechende Ereignisse, also bedingt. Immer dann, wenn Filter durch tief in der Person verankerte Dinge wie Erziehung, Biografie, Ur-Triebe und Ähnliches bestimmt sind, handelt es sich um bedingt willensabhängige Filter. Bedingt willensabhängige Filter unterliegen potenziell dem freien Willen, werden in der Realität jedoch nur dann verändert, wenn dazu Vorbedingungen erfüllt sind. Ablegen eines Suchtverhaltens ist ein weiteres Beispiel.

8.1.3 Das tertiäre Filtersystem: Willensabhängige Filter

Das rein willensabhängige Filtersystem ist beispielsweise dann maßgebend, wenn die zu gestaltende Realität durch Banalität gekennzeichnet ist. Ich gehe mit einem Freund ins Restaurant. Wir lesen die Speisekarte. Ich habe noch nicht entschieden, was ich bestellen werde, da sagt mein Freund: „Nimm doch die Nr. 35. Das wird nur für mindestens zwei Personen serviert und ich habe große Lust darauf." Okay, nehmen wir also Nr. 35 und ab diesem Moment freue ich mich auch darauf. Hätte er die Nr. 37 gewählt, die auch nur für mindestens zwei Personen serviert wird, dann würde ich mich jetzt auf die 37 freuen.

Nun kann der Psychologe vermuten, dass tief in meinem Innern ein anerzogener Positiv-Filter existiert, der sagt: „Zeige dich immer kompromissbereit und mache deiner Umgebung Freude." So kann er herleiten, dass die Entscheidung, mich dem Bestellwunsch meines Freundes anzuschließen, nicht durch einen rein willensabhängigen, sondern durch einen bedingt willensabhängigen Filter beeinflusst ist. Machen wir noch einen Schritt in diese Richtung, können wir zur Schlussfolgerung kommen, dass es gar keinen rein willensabhängigen Filter gibt. Dies zu klären, ist im gegebenen Zusammenhang nicht entscheidend. Wichtig ist, Folgendes zur Kenntnis zu nehmen:

Es genügt nicht, seinem Gegenüber eine Angelegenheit sachlogisch darzulegen, um zu erreichen, dass er sich tatkräftig beteiligt. Es könnte sich um einen Jasager handeln. Auch ein primäres Nein muss nicht das Ende der Kommunikation sein. Wenn das sekundäre und tertiäre Filtersystem zu einem einheitlichen Resultat führen, sind gute Voraussetzungen dafür geschaffen, dass Worte auch zu entsprechenden Taten führen. Beispiel Stellenbewerbungsgespräch: Man sollte einem Bewerber nicht in allen Einzelheiten erklären, was Sache ist, um ihn dann zu fragen, ob er sich vorstellen kann, daran beteiligt zu sein. Man erkläre ihm die Zielsetzung und frage, wie er die Zielerreichung angehen würde. Wichtig für eine positive Evaluation ist, dass die Qualität seiner Antwort, auch unabhängig vom Sachinhalt, der gewünschten Qualität entspricht. Wie steht das Unternehmen und wie der Bewerber zu Kontrollsystemen? Entsprechen sich die Ansichten, ist es gut, völlig unabhängig davon, ob der Bewerber ein System beim Namen nennt und dabei ins Schwarze trifft oder nicht.

8.2 Die dem Filtersystem entspringenden Konsequenzen

Für eine neu zu gründende Abteilung wurde mir eine Mitarbeiterin zugewiesen, weil sie Erfahrung in der zu verrichtenden Tätigkeit habe. Es handelte sich um eine des „Ich mache, was ich kann"-Typus. Sie nimmt sich ein Dossier, schreibt dies oben rechts mit roter Farbe hin und jenes unten rechts mit schwarzer Farbe. Kurz: Ich habe in meiner Laufbahn noch keine Person angetroffen, die es geschafft hätte, auch nur ansatzweise so umständlich und dementsprechend ineffizient zu arbeiten wie diese Mitarbeiterin. Wir gerieten in einen Engpass und sollten etwas Gas geben. „Ich mache, was ich kann" und sie konnte nun mal nichts anderes. Sie zeigte sich völlig außerstande, auf eine besondere Situation besonders zu reagieren. Eines Tages steht diese Mitarbeiterin vor folgender Situation: Eine Woche vor dem letzten Arbeitstag der Kindergärtnerin ihrer Tochter sind noch keinerlei Abschiedshandlungen seitens der Elternschaft geplant. Sie beschließt, dies zu ändern: Geldsammlung, Abschiedskarte mit Gedicht, Geschenk und Versammlung der Elternschar, innert

4 Tagen. Sie ist durchaus in der Lage, auf eine besondere Situation besonders zu reagieren. Warum geht das plötzlich? Wie kann ein und dieselbe Person in der einen Situation Arbeitsbiene und in der nächsten Bienenkönigin sein?

Ich habe für eine 17-köpfige Abteilung eine Büroplanung gemacht. Wir hatten viel Platz in einem Großraumbüro und so habe ich Arbeitsplätze konzipiert, welche hohen Ansprüchen genügen konnten. 11m² für jeden Arbeitsplatz, günstigste Positionierung der Möbel, Pflanzen, nun einfach schöne und zweckmäßige Arbeitsplätze. Geld hätte das Ganze nicht gekostet. Der Platz stand ohnehin zur Verfügung und Möbel hatten wir zu viele, es handelte sich so betrachtet um eine Reduktion. Diese Büroplanung wurde abgelehnt mit einer Begründung, die eigentlich nur ein dummer Spruch war: „Das sind wohl alles kleine Könige." Ich habe darauf aufmerksam gemacht, dass 11m² ein empfohlener Wert ist. Antwort: Ich würde falsch rechnen. Gesamtfläche durch Arbeitsplätze soll 11m² ergeben und nicht die Fläche jedes einzelnen Arbeitsplatzes; ich müsse die Gänge und die WCs dazurechnen. Diese Antwort ist nicht ganz falsch und nicht ganz richtig, was aber unerheblich ist. Wer würde bei der Konzipierung des Eigenheims auf die Einsprache des Ehegatten, sein Zimmer sei zu klein, antworten, dass die Gänge und WCs dazugerechnet werden müssten? Derjenige, der die Scheidung sucht, würde das vielleicht tun, sonst keiner. Und wieder wird innerhalb der Arbeitsumgebung so gehandelt, wie es außerhalb keinem in den Sinn käme. (Den Vergleich mit dem Ehegatten halte ich für angebracht, da der Mitarbeiter schließlich das höchste Gut ist.)

Nun gut. Es gibt den einzelnen Menschen also nur einmal und es ist nicht realitätsnah, den innerbetrieblichen und den außerbetrieblichen Menschen als zwei unterschiedliche Wesen zu betrachten. Dem gegenüber steht, dass sich unsere Filtersysteme beim Passieren der Schnittstelle Innerbetrieblich-Außerbetrieblich derart verändern, dass man glauben könnte, zwei unterschiedlichen Wesen gegenüberzustehen.

8.3 Die Schnittstelle Innerbetrieblich-Außerbetrieblich

Was geschieht beim Übertritt vom außerbetrieblichen Menschen zum innerbetrieblichen Menschen; in welcher Art verändert sich das Filtersystem? Welche Rahmenbedingungen wirken?

In jedem Fall hat das Ganze etwas mit Überstellung und Unterstellung, also mit Hierarchie zu tun. Der Unterstellte trägt zu wenig Verantwortung, bis hin zur Ausprägung, dass er das Mitdenken verweigert. Es wird das gemacht, was der Chef sagt, und wenn er nichts sagt, hat er versagt. Der Überstellte glaubt, dass die Dinge so sein sollten, als wenn er sie selber gemacht hätte, bis hin zum Glauben, dass er über umfangreicheres Wissen verfügt, weil er eine höhere hierarchische Stellung hat. Das entspringt der irrigen Ansicht, dass sich der Ausspruch „Wissen ist Macht" einfach umkehren lässt, ohne an Wahrhaftigkeit zu verlieren. Solche Dinge ergeben sich in Unternehmungen, wenn sie eine gewisse Größe überschreiten.

Drei Freunde, die gemeinsam ein Unternehmen gründen, gehen direkter, offener, ehrlicher miteinander um, oder gehen schnell wieder unter. Alles ist für alle offenkundig. Es gibt keine Möglichkeit, eine Lüge aufrechtzuerhalten, und es macht somit keinen Sinn, dies zu versuchen. Das Wissen fließt und entwickelt sich besser, wenn man einfach sagen kann, was man denkt, ohne ständig befürchten zu müssen, sich eine Blöße zu geben oder sich politisch ungünstig zu äußern. Das Können wirkt besser, wenn jeder das tut, was er am besten kann, ohne dass Kompetenzen mit der Goldwaage gegeneinander abgewogen werden. Die sich daraus ergebende Arbeitsstimmung bleibt erhalten, auch wenn sich die drei Freunde noch zwei Mitarbeiter ins Unternehmen holen. Es ist einfach, eine Arbeitsstimmung zu verbreiten, aufrechtzuerhalten und bei Unstimmigkeiten aktiv zu bearbeiten, wenn sich die von der Stimmung betroffenen Menschen jeden Tag treffen und dementsprechend kennen. Inzwischen sind unsere drei Freunde aber die Chefs von 2.000 Mitarbeitern und die Sache sieht ganz anders aus. Nur ein winziger

Bruchteil der Belegschaft kennt die Chefs persönlich. Als Mitarbeiter Nummer 1.452 kann ich der Ansicht sein, dass die Chefs nur deshalb gute Stimmung zu verbreiten suchen, weil sie in einem Buch gelesen haben, dass sie dann coole Manager sind, aber in Wirklichkeit wollen sie gar nichts mit uns zu tun haben; alles nur Show. Ob sich andere Mitarbeiter dieser Ansicht anschließen, wird zur Glaubenssache, denn keiner kennt die Chefs und keiner hat gesichertes Wissen in diesem Punkt. Jetzt wird es bedeutend schwieriger für unsere drei Freunde. Früher konnten sie einfach so sein, wie sie sind, und mit der Freude, die sie an der Sache haben, zur Arbeit erscheinen. Heute müssen sie das Corporate Government wahrnehmen, daraus, mittels Code of Conduct, eine Strategie zur Corporate Culture umsetzen, um der definierten Compliance gerecht zu werden, und die Mitarbeiter denken nur: „Blablabla …" Dabei ist es unseren drei Freunden hoch anzurechnen, dass sie Corporate Culture überhaupt zu einem Compliance-Thema gemacht und dem Compliance-Officer entsprechenden Handlungsspielraum eingeräumt haben, was längst nicht selbstverständlich ist.

Es geht also um Hierarchie und um Größe. Oder geht es um Hierarchie in der Größe? Oder geht es nur um Größe und Hierarchie ist einfach eine Ausprägung, wie die Lohnsumme? Hmm …

Kehren wir zurück zu unseren drei Freunden in die Zeit, als ihr Unternehmen noch 5 Personen umfasste: Wir haben also 3 Chefs und zwei Mitarbeiter und somit haben wir eine Hierarchie. Okay, es gab nur Mitarbeiter und Geschäftsleitung und für diese eine Führungsspanne von 0.666 pro Chef, aber das ist eine Hierarchie. Es handelte sich sogar um eine komplexe Hierarchie, da sich eine Matrixorganisation – ein Mitarbeiter hat mehrere Vorgesetzte – ergab. Es gab nicht einmal ein Organigramm und trotzdem hat die Zusammenarbeit prima funktioniert. Heute, mit 2.000 Mitarbeitern, umfasst die Hierarchie zwar mehr als eine Stufe, ist aber weniger komplex, da es sich um ein Einliniensystem – jeder hat nur einen Vorgesetzten – handelt. Das Problem ist also nicht die Hierarchie an sich.

Wir wissen, dass ein einzelner Mensch sich meist so verhält, dass er zu seiner direkten Umgebung kompatibel ist. Das kann sich ändern, wenn Menschen in Gruppen auftreten. Max mutiert jeden Samstag zu einem sich herumprügelnden Hooligan. Doch wenn er montags bis freitags auf seinem Arbeitsweg beim Bäcker Brötchen kauft, ist er ein Kunde wie jeder andere auch. Vergrößert sich die Gruppe weiter, so ist es möglich, Menschen unterschiedlicher Volksstämme aufeinander schießen zu lassen, weil sie unterschiedlichen Volksstämmen angehören. Es scheint also so zu sein, dass das vernünftige, gesunde Individuum potenziell an Bedeutung verliert, je größer die Gruppe ist, in welcher es sich jeweils befindet. Das nennen wir Gruppendynamik oder so.

Wie geschieht es aber, dass ein Individuum innerhalb einer Gruppe anders agieren kann, als wenn es für sich alleine steht? Wir haben festgestellt, dass wir auf der Basis unseres Erfahrungspools leben. Dieser Erfahrungspool verändert sich doch aber nicht in Abhängigkeit der Größe der Gruppe, in welcher ich mich momentan aufhalte. Das ist sicher richtig, aber nicht der Punkt. Das, was uns gegebenenfalls der Gruppendynamik unterliegen lässt, ist bereits in unserem Erfahrungspool enthalten. Es geht dabei um die Frage: Wer bin ich oder wie definiere ich mich?

9 IDENTIFIKATION UND IDENTITÄT

Wenn wir gedanklich einige Schritte in die Vergangenheit tun, stellen wir fest, dass der Mensch nur als Mitglied einer Gruppe, eines Stammes, überhaupt überlebensfähig war. Die Jäger gingen auf die Jagd und was sie brachten, wurde mit dem Stamm geteilt. Andere Stammesmitglieder stellten Kleidung her usw. usw. Das Individuum war ohne den Stamm nicht überlebensfähig. Es ist einsichtig, dass sich das Individuum in dieser Situation über seine Stammeszugehörigkeit und seine Funktion innerhalb des Stammes definiert. Das Individuum hat sich also dem Stamm untergeordnet, um überleben zu können.

Wir könnten annehmen, dass diese Unterordnung des Individuums vollständig unbewusst, als unausweichlicher Automatismus, gelebt wurde. Dies ist mit Sicherheit falsch: Wir wissen, dass der Mensch sich auch aus sich selber heraus, also ohne von außen dazu gezwungen zu sein, entwickelt. Entwicklung ist Ausbruch aus Gewohntem. Um aus dem Gewohnten ausbrechen zu können, muss ich zwischen Gewohntem und Ungewohntem unterscheiden können. Somit besitze ich Wissen über meinen Zustand, über mein Sein. Die Tatsache, dass sich der Mensch intrinsisch entwickelt, ist also der Beweis dafür, dass er seinem Sein nicht unbewusst unterliegt.

Vielleicht findet ein einzelner Mensch nie den Mut oder vermeintlich nie die Gelegenheit, tatsächlich etwas willentlich zu verändern oder auch nur eingehend darüber nachzudenken. Trotzdem weiß er, dass er es könnte. Die Eingliederung in den Stamm ist also eine bewusste Entscheidung, auch wenn es gar keine andere, das Überleben ermöglichende Alternative gibt. Ein Mensch kann die Entscheidung treffen, sich selber zu töten.

Jetzt aber mal ganz langsam: Jeder hat schon erlebt, dass ein Mensch die Frage „Warum tust du das?" nicht schlüssig beantworten kann. Standardbeispiel ist die Frage: „Warum hast du zu rauchen angefangen?" Als Raucher muss ich gestehen, dass ich diese Frage nicht beantworten kann. Und trotzdem will ich behaupten, dass der Mensch bewusst entscheidet, ich also bewusst entschieden habe, mit dem Rauchen anzufangen? Ja klar, denn ich hatte jedenfalls die Alternative, nicht mit dem Rauchen anzufangen.

Wenn wir hören, dass jemand etwas bewusst entschieden hat, implizieren wir, dass der so getroffenen Entscheidung Tiefgang, Intelligenz, einfach uns wertvoll erscheinende Qualitätsmerkmale zugrunde liegen und daraus Nachhaltiges entstanden ist. Wir gehen z. B. davon aus, dass ein Mensch, der an drei aufeinanderfolgenden Tagen dreimal unterschiedlich auf dieselbe Sache reagiert, nicht bewusst, sondern impulsiv handelt und dass somit „impulsiv" in einer Art das Gegenteil von „bewusst" ist.

Wer „Bewusstsein" als Suchbegriff bei Wikipedia eingibt, wird erfahren, dass dieser Begriff nicht allgemeingültig geklärt und definiert ist. Ich möchte mir nicht zumuten, diese offene Menschheitsfrage zu beantworten. Trotzdem möchte ich diesen Begriff benutzen und definiere ihn somit zu diesem Zweck:

Wenn ich „be-trunken" bin, bedeutet dies, dass ich „getrunken" habe. Wenn ich „be-wusst" bin, bedeutet dies, dass ich „ge-wusst" habe. Es geht also um Wissen. Welches Wissen? Das Bewusst-Sein, also das Wissen um das Sein. Wenn ich also weiß, dass ich bin, dann habe ich Bewusstsein. Jeder gesunde Mensch weiß, dass er ist, und hat somit Bewusstsein. So hergeleitet, ist Bewusstsein also nicht direkt mit Begriffen wie Tiefgang, Intelligenz, Nachhaltigkeit oder ähnlichen verbunden. Dies passt auch im Umkehrschluss: Wenn ich sage: „dessen war ich mir nicht bewusst", dann heißt das ja ausdrücklich nicht, dass ich mich für oberflächlich, naiv und kurzsichtig halte, sondern dass mir in einem Kontext Wissen gefehlt hat. Es kann sein, dass mir dieses Wissen grundsätzlich gefehlt hat, dieses Wissen in meinem

Erfahrungspool also nicht enthalten war. Es kann aber auch sein, dass dieses Wissen zwar in meinem Erfahrungspool existierte, was mir aber nicht bewusst war; es fehlte mir also das Wissen um das Wissen. Um diese Differenzierung auszudrücken, behelfe ich mir mit Begrifflichkeiten wie „aktives Tagesbewusstsein" und meine damit den Teil des Erfahrungspools, auf den ich hier und jetzt willentlich zugreifen kann. Diese Definition scheint mir im Moment genügend zu sein.

Wir haben uns entwickelt. Wir – ich meine hier die westlich orientierte, sogenannte zivilisierte Gesellschaft – gehören keinem Stamm mehr an und auch die Familienbande werden immer dünner; wir sind Individualisten geworden. Wir beanspruchen Wohnfläche pro Kopf, die für zwei Stämme großzügig ausgereicht hätte, wir können 24 Stunden pro Tag im Supermarkt Beute machen. Wir können unseren Standort fast überall auf dem Globus hin verschieben und das in noch vor hundert Jahren unvorstellbaren Geschwindigkeiten und zu noch vor 20 Jahren unvorstellbaren Preisen. Auf der Basis individueller Profile können wir unseren Lebenspartner aus Tausenden von „Angeboten" aussuchen. Wir können aus Hunderten von Bildungswegen denjenigen beschreiten, der unseren individuellen Vorlieben und Talenten entspricht. Das Individuum ist Trumpf; ich bin der Meister meines Lebens.

Angesichts der Tatsache, dass wir Individualisten sein wollen und mannigfaltige Möglichkeiten haben, dies auszuleben, verliert der Stamm, die Familie oder einfach die übergeordnete Einheit ihre Potenz, identifikationsgebend zu sein. Auf die Frage: „Wer bist du?", antworten wir nicht mehr „der Sohn/die Tochter des/der …" und auch der Hinweis auf unsere berufliche Tätigkeit beantwortet die Frage nur selten: Der Gerichtspräsident wird wohl in beruflichem Kontext, aber nicht am Elternabend als „Herr Gerichtspräsident" angesprochen.

Als Jugendlicher wurde ich einst von meinem Vater gefragt, ob ich glaube, das Zentrum des Universums zu sein. Ja klar: Ich bin hier und alles andere ist um mich herum, ergo stehe ich im

Zentrum; was für eine Frage. Nicht zuletzt die Werbung weist mich immer wieder darauf hin, dass es um mich und nur um mich geht: Warum ist das Putzmittel, mit dem ich nur einmal über den verdreckten Herd wischen muss, um glänzende Reinheit zu erhalten, ein gutes Putzmittel? Weil ich dadurch mehr Zeit für mich habe. Ein bestimmter Werbespot für ein Familienauto argumentiert nicht etwa, dass es für meine Familie gut ist, wenn ich dieses Auto kaufe. Vielmehr ist es gut, eine Familie zu haben, damit ich eine Begründung dafür habe, dieses Auto zu kaufen. Welches Produkt verkauft sich über das Argument, dass es für andere gut ist, wenn ich das Produkt kaufe? Spendenaufrufe bilden eine Ausnahme, wobei wir auch hierbei die Frage stellen können, ob ich spende, um mir mein Gewissen zu erleichtern.

9.1 „Ich bin das Zentrum des Universums" vs. „Ich bin der Schöpfer meines Universums"

Mit Jahrgang 1965 bin ich zu jung, um an der Beatlemania direkt beteiligt gewesen zu sein; ich habe meine persönliche Beatlemania etwas zeitverzögert zelebriert. Ich habe ausschließlich ihre Musik gehört und das ausgiebig. Ich hatte Poster an den Zimmerwänden, ich hatte die Biografien, die Diskografie und aus den Songbooks habe ich die Texte gelernt, die ich heute noch weitgehend auswendig mitsingen kann. Zwischen meinem Vater und mir ergab sich daraus eine viel genutzte Diskussionsgrundlage. Seine intensive Besorgnis bestand darin, dass ich in einer bezüglich Bildung von Werten entscheidenden Lebensphase Idolen folge, die keine wertvollen Inhalte übermitteln. Er war Zeitzeuge, als junge Menschen in Ohnmacht fielen, weil vier Jungs „She loves you, yeah, yeah, yeah" sangen, was seine Besorgnis ausreichend begründet. Angesichts des Seins der Idole verlieren Jünger das Bewusstsein, also das Wissen um das eigene Sein. Das eigene Sein wird dem Sein der Idole geopfert; da kann man schon ins Grübeln kommen. Natürlich habe ich meine Beatlemania standhaft verteidigt.

Dass es gerade diese Auseinandersetzung war, auf deren Basis die Beatles – ich meine hier nicht die vier Protagonisten persönlich, sondern die Beatles als Gesellschaftserscheinung – ihre das Ich bejahende Wirkung transportieren konnten, wurde mir erst später klar. Wie für unzählige andere Jugendliche haben mir die Beatles eine Basis für die notwendige Differenzierung gegenüber den Eltern geliefert. Und über so manches habe ich nur deshalb nachgedacht, weil es Gegenstand eines Beatlessongs ist.

(Auszüge aus „All you need is love")
Du kannst nichts tun, das nicht getan werden kann
Du kannst nichts singen, das nicht gesungen werden kann
Du kannst nichts erschaffen, das nicht erschaffen werden kann
Du kannst niemanden retten, der nicht gerettet werden kann
Du kannst nichts tun, außer mit der Zeit zu lernen, du zu sein
Es ist einfach
Du brauchst nur Liebe

Nun gut, dass ich eine Farbe nicht singen kann, erscheint wenig erhellend zu sein. Wer sich ein wenig mit Rocklyrik auskennt, weiß natürlich, dass es um das Bild geht, das uns wieder zurück zur Identifikation führt: Ich kann also nichts hervorbringen oder bewirken, das nicht hervorgebracht oder bewirkt werden kann. Alles, was ich getan und bewirkt habe, hätte auch von jemand anderem getan und bewirkt werden können. Alles, was ich noch tun und bewirken werde, könnte von einem anderen getan und bewirkt werden. Wer bin ich also; einer von Milliarden oder das Zentrum des Universums?

Einerseits müssen wir feststellen, dass wir nichts tun können, was ein anderer nicht auch hätte tun können. Andererseits haben wir ja schon festgestellt, dass wir die Schöpfer unseres Realitätsmodells, unseres Universums, sind.

Die Aussagen „ich bin das Zentrum des Universums" und „ich bin der Schöpfer meines Universums" unterscheiden sich in der zugrunde liegenden Haltung:

„Ich bin das Zentrum des Universums" impliziert eine totalitäre Haltung, da diese Aussage im Gewand der allgemeinen Gültigkeit daherkommt. „Es gibt ein einziges Universum und ich bin dessen Zentrum." Natürlich würde das niemand in dieser Deutlichkeit und in voller Ernsthaftigkeit von sich behaupten. Wenn wir die Aussage aber ein bisschen umformulieren, ändert sich dies: „So wie ich die Dinge sehe, sind sie auch und zwar allgemein gültig. Wer die Sache anders sieht als ich, liegt folglich falsch." Jeder hat schon erlebt, wie ein Gesprächspartner der Überzeugung war, richtigzuliegen, obwohl er das vorgebrachte Gegenargument gar nicht zur Kenntnis genommen hatte. Schon Johann Wolfgang von Goethe soll gesagt haben: „Gegner glauben, uns zu widerlegen, wenn sie ihre Meinung wiederholen und auf die unsrige nicht achten." Ein Gegenargument zu ignorieren bedeutet nichts anderes, als der Überzeugung zu sein, dass dieses Gegenargument für die eigene Meinungsbildung irrelevant ist. Dies ist dann eine sinnvolle Haltung, wenn ich davon überzeugt bin, dass die Dinge so sind, wie ich sie sehe, und dass, wer sie anders sieht, falsch liegt. In dieser Situation kann mir die Analyse des Gegenargumentes lediglich Hinweise dafür liefern, in welcher Art mein Gegenüber falsch liegt. Es ist für meine eigene Meinungsbildung aber nicht relevant, zu wissen, wie mein Gegenüber zu seiner falschen Ansicht kommt. Die Aussage lautet: „Es gibt nur eine einzige Wahrheit und ich bin im Besitz derselben", oder: „Ich bin das Zentrum des Universums."

„Ich bin der Schöpfer meines Universums" entspringt der Erkenntnis, dass ich mein Realitätsmodell individuell bilde. Dies schon deshalb, weil ich gar keine andere Möglichkeit habe, wie wir das im entsprechenden Kapitel festgestellt haben. Das ist keine totalitäre Haltung und sie erzeugt auch keine Konkurrenzsituation, im Gegenteil: Weil ich keine andere Möglichkeit habe, als der Schöpfer meines Universums zu sein, hat auch mein Gegenüber keine andere Möglichkeit, als der Schöpfer seines Universums zu sein. In dieser Haltung entstehen Diskussionen aus Spaß oder aus der Notwendigkeit, mit meinem Gegenüber eine gemeinsame Handlungsbasis zu erstellen. Dazu ist es zwingend notwendig, ein Gegenargument zu analysieren, denn ich muss ergründen, wo Gemeinsamkeit und wo Widerspruch in der Ansicht über die aktuelle Angelegenheit zwischen mir und meinem Gegenüber besteht. Ich muss eine möglichst genaue Vorstellung von der zukünftigen Handlungsweise meines Gegenübers haben, um mit ihm eine gemeinsame Angelegenheit bearbeiten zu können. Es ist meine Aufgabe, diese erwartete Handlungsweise in mein Realitätsmodell einzubauen, denn ich gestalte dieses Realitätsmodell: „Ich bin der Schöpfer meines Universums."

Der bewertende Vergleich ergibt, dass „Ich bin das Zentrum des Universums" keine schlüssige Haltung ist. Sie ist aus der Sicht des Systemanalytikers falsch: „Ich bin das einzig relevante Element des Systems", ist eine offensichtlich fehlerhafte Systemanalyse. Wir sind Individualisten und können, wann immer wir wollen, im Supermarkt Beute machen. Ja, supercool, aber wer hat denn die Beute in den Supermarkt gebracht? Sind wir denn wirklich so weit entfernt vom Stamm, der seine Jäger schickt, um Beute zu machen? Wieder einmal müssen wir die Sache nur ein bisschen anders formulieren: Die Gesellschaft befriedigt ihre Bedürfnisse dadurch, dass mittels Arbeitsteilung in der Summe aller Tätigkeiten die Summe der zur Bedürfnisbefriedigung dienenden Leistungen erbracht wird. Das gilt für den Stamm und gleichermaßen für die globalisierte Gesellschaft. Nicht einmal Robinson Crusoe hat es geschafft, das einzige Element seines Systems zu sein.

Wir kommen also nicht umhin, anzuerkennen, dass es das menschliche Super-Individuum, im Sinne eines autarken Systems, nicht geben kann. Auf der Suche nach der Identifikation müssen wir also unsere Umgebung, die Umsysteme, mit in die Betrachtung einbeziehen. Dies bedeutet im Umkehrschluss schlechte Nachrichten für Egomanen: Wir finden nur dann zu uns, wenn wir uns als Teil eines Größeren, als Teilsystem verstehen und betrachten.

9.2 Das einzigartige Individuum

Ich dachte, ich wäre einzigartig und nun stellt sich heraus, dass ich nichts bewirken kann, was nicht auch ein anderer hätte bewirken können, dass ich für mich alleine gar nicht überlebensfähig bin; wie deprimierend. Ich bin so klein und wenig wertvoll. Aber da war doch noch etwas, das ich tun kann:

Du kannst nichts tun, außer mit der Zeit zu lernen, du zu sein
Es ist einfach
Du brauchst nur Liebe

Ich kann also lernen, ich zu sein. Also wer bin ich? Ich bin zum Beispiel der, welcher meiner Lebenspartnerin gestern mit einem Strauß Rosen Freude bereitet hat. Ich bin der, welcher dieses Buch schreibt. Ich bin der, welcher mit einem Freund eine Lebensfrage diskutiert. Usw. Selbstverständlich hätte dies auch jemand anderes tun können. Es bleibt aber unumstößliche Tatsache, dass ich meiner Lebenspartnerin gestern mit einem Strauß Blumen Freude bereitet habe; kein anderer hat dies getan. Ich schreibe genau dieses Buch, das kein anderer schreibt. Usw.

Es gibt keinen Grund, meinen Errungenschaften einen geringeren Wert beizumessen, nur weil ein anderer diese theoretisch auch hätte erzielen können, was aber gar nicht geschehen ist. Der Eiffelturm in Paris ist zweifelsfrei der beste Eiffelturm der Menschheitsgeschichte, der beste Eiffelturm des Universums.

Du kannst nichts tun, außer mit der Zeit zu lernen, du zu sein

Also geben wir doch einfach unser Bestes, seien wir stolz auf die eigenen Errungenschaften und bewerten diese mit Maßstäben, die unsere eigenen sind. Die Frage, was ein anderer in unserer Situation hätte erreichen können, wenn er es denn versucht hätte, ist nicht maßgebend. Es geht darum, dass ich lerne, ich zu sein.

Es ist einfach

Es ist tatsächlich einfach, wenn wir darauf verzichten, uns das Leben auf der Basis irrealer Gedankenspiele künstlich schwer zu machen. Wenn wir nicht darauf verzichten, finden wir einen sicheren Weg, uns selber fertigzumachen: Wenn wir jede unserer Fähigkeiten isoliert betrachten, so können wir zu jeder einzelnen jemanden finden – virtuell oder tatsächlich –, der uns überlegen ist.

Auszug aus dem Refrain des einzigen Hits der „Dorfcombo" (deutsche Band), den ich kenne:

Es ist immer einer besser, ganz egal, was du tust
Es ist immer einer besser und der gibt dir den Blues („den Blues geben" = niedergeschlagen machen)

Stellen wir uns vor, dass wir einen Mitmenschen so behandeln: Jedes Mal, wenn wir etwas erfahren, was nach einer Leistung seinerseits tönt, weisen wir ihn darauf hin, dass es möglich gewesen wäre, es besser zu machen. Wenn wir dann noch behaupten, unsere Gefühle ihm gegenüber seien von Liebe geprägt, haben wir definitiv Prügel verdient.

Du brauchst nur Liebe

Ja, wir brauchen nur Liebe. Zuerst einmal Liebe uns selber gegenüber. Keine unserer Eigenschaften macht uns für die Menschheit unentbehrlich. Die Summe unserer Eigenschaften macht uns jedoch tatsächlich einzigartig und für die, welche uns lieben, offensichtlich liebenswert.

(Auszug aus „Jesse" von Billy Joel)
Mache das, was gut für dich ist, oder du bist für niemanden gut.

9.3 Maßstäbe und Umwelt

Ich liebe mich also und messe mit meinen eigenen Maßstäben: Ich bin ein guter Autofahrer. Kaum begebe ich mich in den Verkehr, entsteht ein Hupkonzert um mich herum, Menschen laufen lieber 4 km um 02:00 Uhr morgens, als von mir gefahren zu werden, und meine Versicherungsprämie ist astronomisch hoch. Aber ich messe ja mit meinen eigenen Maßstäben und nach denen bin ich ein ganz toller Autofahrer.

Hmm ... na ja; so geht's wohl auch wieder nicht.

Einerseits bin ich ein Element der Gesellschaft und stehe in einer Abhängigkeit zu meinen Umsystemen. Andererseits bin ich ein einzigartiges Individuum mit eigenen Maßstäben. Wenn ich mein Realitätsmodell als das für mich einzig maßgebende betrachte, werde ich scheitern: Es mag sein, dass mein Realitätsmodell ergibt, dass es richtig ist, innerorts mit dem Auto mit Tempo 70 km/h zu fahren. Die Gesellschaft wird mich büßen, mir die Fahrerlaubnis entziehen und mich, bei noch weiter reichender Uneinsichtigkeit meinerseits, ins Gefängnis oder in eine psychiatrische Anstalt stecken. Die Gesellschaft wird mit Gewalt verhindern, dass ich in diesem Punkt (Tempo 70 km/h innerorts) mein Realitätsmodell zum Maßstab nehme und auslebe. Wenn ich das Realitätsmodell anderer zum Maßstab nehme, werde ich auch scheitern: Wer in einem Stellenbewerbungsgespräch die Frage „warum sollen wir uns für Sie entscheiden" abschließend mit „weil andere sagen, dass ich ein toller Mitarbeiter bin" beantwortet, hätte sich die Bewerbung sehr wahrscheinlich sparen können. Ja, aber was denn nun?

Machen wir doch einfach eine Systemanalyse vom Groben ins Detail und suchen die relevanten Maßstäbe.

9.3.1 Die Menschheit

Da wir noch keinen Kontakt zu außerirdischen Wesen hatten – Area 51 ist hier nicht wirklich relevant –, können wir „die Menschheit" als System im gröbsten Detaillierungsgrad betrachten. Für die überwiegende Mehrheit der Menschen ist es aber nicht notwendig, die Menschheit als System zu betrachten. Ich brauche keine Strategie für die Begegnung mit einem Urvolk, das noch keinen Kontakt zu dem hatte, was ich Zivilisation nenne. Ein solches Urvolk und mich würde einzig verbinden, dass wir Mitglieder der Menschheit sind. So würden ein Individuum des Urvolkes und ich uns auf Anhieb als Menschen erkennen, ohne jede weitere Kenntnis voneinander zu haben. Für die meisten Menschen hat das System Menschheit aber keine praktische Relevanz.

9.3.2 Die Gesellschaft

Das System „die Gesellschaft", als Teilsystem der Menschheit, liefert Maßstäbe in Form von Wertesystemen, welche in zwei Gruppen unterteilt werden können: die geschriebenen und die ungeschriebenen Gesetze. In den geschriebenen Gesetzen, der Rechtsordnung einer Gesellschaft, spiegeln sich deren Ansichten über erwünschtes, geduldetes, unerwünschtes und ungeduldetes menschliches Wirken. Wie ungeduldet ein bestimmtes Wirken ist, lässt sich leicht daran ablesen, wie hoch die Bestrafung bei entsprechendem Handeln ist und wie viel Aufwand betrieben wird, dieses zu verfolgen. Die geschriebenen Gesetze liefern einen sicheren, langfristig geltenden und leicht verständlichen Satz an Maßstäben, der jedem Individuum leicht zugänglich ist. Demjenigen, der sich nun mit dem Finger an die Stirn tippt, muss ich natürlich erklären, dass ich bei dieser Beurteilung von meinem Standpunkt ausgehe.

Natürlich weiß ich, dass es Gesellschaften gibt, in denen sich die, welche es sich leisten können, nicht um die Gesetze scheren. Es geht hier aber lediglich um das Prinzip und dabei gehe ich von mir als Einwohner der Schweiz aus. Leicht verständlich ist das geschriebene Recht aber auch in der Schweiz nicht. Doch, das ist es und nicht nur in der Schweiz. Es geht hier ja nicht darum,

Jurist zu sein. Wir sind vielmehr auf der Suche nach Maßstäben für unser alltägliches Verhalten als Individuum in einer Gesellschaft. Ich darf keine Selbstjustiz üben. Ein Vertrag kommt nur zustande, wenn mein Gegenüber damit einverstanden ist. Wer ein Auto fahren will, muss eine Fahrprüfung ablegen. Ich muss unter Umständen Steuern bezahlen. Usw. usw. usw. D. h.: In dem Umfang, in welchem wir die Gesetze in unserem alltäglichen Sein zu berücksichtigen haben, sind sie uns auch bekannt. Man mag einwenden, dass es weniger Gerichtstermine gäbe, wenn das wirklich so einfach wäre. Umgekehrt ist richtig: Es gäbe viel mehr Gerichtstermine, wenn es nicht so einfach wäre. Wenn wir uns vergegenwärtigen, dass das Überqueren einer Straße potenziell zu einem Gerichtstermin führen kann, so sehen wir, dass in unserer Gesellschaft täglich millionenfach potenziell gerichtsrelevante Handlungen vollzogen werden, von denen ein verschwindend kleiner Anteil tatsächlich zu einem Gerichtstermin führt.

Das geschriebene Recht liefert also in der Anwendung taugliche Maßstäbe. Sind diese aber auch gut, in dem Sinne, dass sie uns angemessen sind und unserem Rechtsempfinden entsprechen? Ja, das sind sie. Das Schweizerische Obligationenrecht (OR) beginnt mit der Aussage, dass ein Vertrag nur zustande kommt, wenn die Vertragspartner den gegenseitig übereinstimmenden Willen zum Abschluss des Vertrages äußern. Schön und gut, nun ist aufgeschrieben, was jedem Kleinkind völlig klar ist: Ein Kleinkind fragt seine Mutter, ob es Schokolade haben kann. Die Mutter äußert sich nicht dazu. Was tut das Kind? Es nervt die Mutter so lange, bis sie sich äußert, oder es verzichtet auf Schokolade. Es wird aber nicht erwarten, dass die Mutter die Schokolade holt. Sagt die Mutter „Nein", hört das Kleinkind vielleicht nicht auf zu nerven, interpretiert den aktuellen Stand der Dinge aber doch so, dass die Mutter (noch) keine Schokolade aus dem Kühlschrank holt. Sagt die Mutter „Ja", läuft das Kind zum Kühlschrank und erwartet, Schokolade zu bekommen, und zwar sofort. Die Mutter holt aber keine Schokolade und sagt: „Ich habe gesagt, dass du Schokolade bekommst und du bekommst auch

Schokolade, morgen oder übermorgen." Wir sind uns wohl einig darüber, dass dieses Verhalten der Mutter eine inakzeptable Gemeinheit gegenüber dem Kind darstellt. Weil dies unserem natürlichen Empfinden entspricht, steht im Obligationenrecht in Artikel 75: „Ist die Zeit der Erfüllung weder durch Vertrag noch durch die Natur des Rechtsverhältnisses bestimmt, so kann die Erfüllung sogleich geleistet und gefordert werden." Das Kind braucht noch weit über ein Jahrzehnt, um einen solchen Satz verstehen oder gar formulieren zu können, doch dessen Sinninhalt ist ihm heute schon völlig eigen. Ich habe einem Kind einmal ein Bilderbuch geschenkt und wir haben uns die Bilder angeschaut. Dabei ist mir aufgefallen, dass die Bilder eine textfreie Geschichte erzählen, und ich erzähle diese Geschichte. Das Kind merkt dies und sagt: „Mama, das ist zum Erzählen. Erzählst du's mir?" Die Mutter sagt „Ja", unternimmt aber nichts. Das Kind ist damit völlig zufrieden und versorgt das Buch in der Tasche der Mutter. Was ist hier los? Ich habe die Geschichte ja soeben erzählt. Selbstverständlich meinte das Kind, dass die Mutter die Geschichte später, z. B. als Gutenachtgeschichte nochmals erzählen soll und nicht sofort. Entsprechend Artikel 75 OR: „Die Natur des Rechtsverhältnisses hat bestimmt, dass keine sofortige Erfüllung gefordert ist."

Selbstverständlich sind die Dinge nicht immer so eindeutig. Ich wage aber durchaus die Behauptung, dass die Gesetze in dem Ausmaß und Detaillierungsgrad, in welchen wir ihnen in unserem gewöhnlichen Tagesablauf begegnen, eindeutig sind. Wenn ich aus einem Laden etwas haben will, muss ich das bezahlen. Dazu brauche ich nicht zu wissen, welchem Artikel aus welchem Gesetz ich zuwiderhandle, wenn ich nicht bezahle, auf welcher Rechtsgrundlage die entsprechende Anzeige des Ladenbesitzers beruht usw. Ich wage weiter die Behauptung, dass die Gesetze in diesem groben Detaillierungsgrad der Betrachtung in der gesamten westlich zivilisierten Welt identisch sind. Wer z. B. als Tourist in der westlich zivilisierten Welt umherreist und sich dabei entsprechend seinem z.B. schweizerischen Rechtsverständnis verhält, wird kaum rechtliche Probleme bekommen, selbst dann nicht, wenn er sich zwischen römischen und anglikanischen Rechtssystemen bewegt. Georg Christoph Lichtenberg wird mit folgender Aussage zitiert: „Um sicher Recht zu tun, braucht man sehr wenig von Recht zu wissen. Allein um sicher Unrecht zu tun, muss man die Rechte studiert haben."

Das geschriebene Recht der westlich zivilisierten Gesellschaft wird uns also nicht von außerhalb unseres menschlichen Empfindens aufgezwungen. Es ist das Resultat, der juristische Niederschlag unseres menschlichen Empfindens. Dass die ungeschriebenen Gesetze das Resultat unseres menschlichen Empfindens sind, braucht keine Herleitung. Ein wesentlicher Unterschied zwischen dem geschriebenen und dem ungeschriebenen Gesetz besteht also darin, dass dem ungeschriebenen Gesetz die formaljuristischen Elemente fehlen. Bezüglich der Bestrafung bei Zuwiderhandlung gegen ungeschriebene Gesetze ergibt sich das Gleiche: Sie kommt auf nicht formalisierten Wegen zustande, ist deshalb aber nicht zwingend weniger hart. So mancher, der von einer Dorfgemeinschaft wegen Verletzung ihrer ungeschriebenen Gesetze gemieden wird, hätte wohl lieber eine Buße bezahlt. Ein weiterer wichtiger Unterschied zwischen den geschriebenen und den ungeschriebenen Gesetzen ist, dass die geschriebenen statisch und die ungeschriebenen dynamisch sind. Im Rahmen der geschriebenen Gesetze gibt es bei der Festlegung des Strafmaßes eine Möglichkeit, dynamisch auf die konkret zu beurteilende Situation zu reagieren. Im Rahmen der ungeschriebenen Gesetze bewegen wir uns aber sehr dynamisch. Das können wir z. B. anhand von Gaunerkomödien beobachten: Obwohl die Helden gegen geschriebenes Recht verstoßen, was wir, wären wir betroffen, überhaupt nicht lustig fänden, haben sie unsere Sympathie. Wir freuen uns, wenn es ihnen schlussendlich gelingt, der Justiz zu entkommen, und sprechen sie von jeder Schuld frei. Wir gönnen es ihnen, dass sie sich mit der Beute ein schönes Leben machen, obschon wir, die wir uns artig an die Gesetze halten, morgen wieder zur Arbeit erscheinen müssen, ob uns das nun gefällt oder nicht. Wem Walter Stürm noch ein Begriff ist, weiß, dass dies auch funktioniert, wenn die Geschichte real ist, obschon sie kein romantisches Ende gefunden hat.

Schön; und was hat das Ganze nun mit Maßstäben für die eigene Identifikation zu tun?

Vor der Antwort auf obige Frage möchte ich zu zwei Dingen in kleinen Exkursen Stellung nehmen:

Kleiner Exkurs zu „gut und böse": Der Einfachheit halber benutze ich im weiteren Verlauf die vergleichende Wertung „gut und böse". Es sind jedoch alle entsprechenden Wertungen, wie „recht und unrecht", „wertvoll und wertlos", „erwünscht und unerwünscht", „achtenswert und verachtenswert" usw. gemeint. **Ende Exkurs.**

Kleiner Exkurs zu Glauben und Religion: Berechtigterweise kann sich der Leser fragen, warum ich die geschriebenen und ungeschriebenen Gesetze als Basiswertesystem von Gesellschaften betrachte und den religiösen Glauben dabei unerwähnt lasse. Tatsächlich ist festzustellen, dass der religiöse Glaube als Lieferant eines Wertesystems grundlegender und älter ist als die Gesetze. So beginnt die Schweizerische Bundesverfassung, also die Basis aller geschriebenen schweizerischen Gesetze, mit dem Wortlaut *„Im Namen Gottes des Allmächtigen! Das Schweizer Volk und die Kantone in der Verantwortung gegenüber der Schöpfung … geben sich folgende Verfassung"*: und das ist in anderen Grundgesetzen entsprechend. Ich hole nicht so weit aus, weil ich der Ansicht bin, dass dies keinen Einfluss auf die schlussendliche Aussage hat. Auch möchte ich nicht der Frage nachgehen, warum ein Atheist ebenfalls den sich auf religiösen Glauben beziehenden Gesetzen unterliegt und ob es daher überhaupt möglich ist, tatsächlich als Atheist zu leben, und was dies gegebenenfalls in Bezug auf das Recht der freien Religionsausübung bedeutet, falls bezüglich Atheismus überhaupt von Religionsausübung die Rede sein kann. Das gehört in ein anderes Buch. **Ende Exkurs.**

Gut; und was hat nun das Ganze mit Maßstäben für die eigene Identifikation zu tun? Allerhand:

Die Einteilung der Welt in Gut und Böse geschieht auf der Basis der geschriebenen und ungeschriebenen Gesetze der Gesellschaften und ist Grundlage des Wertesystems. Zu jedem politischen Konflikt auf unserer Erde gibt es mindestens zwei Gesellschaften, welche den Konfliktparteien ihre Position zwischen Gut und Böse konträr zuschreiben. Die Figuren einer erzählten Geschichte qualifizieren wir dadurch, dass wir ihnen eine Position zwischen Gut und Böse zuweisen, was individuell geschieht. Entscheidend ist nun zweierlei: Erstens ist nichts für sich alleine gut oder böse. Es ist erst der Bezug auf ein Wertesystem, woraus sich die Gut-Böse-Positionierung ergibt. Zweitens ist es der Betrachter, der für die Gut-Böse-Positionierung, auf der Basis seines Wertesystems, zuständig ist, denn wir sind die Erbauer unseres Realitätsmodells. Daraus folgt, dass die Gut-Böse-Positionierung weniger eine Qualifizierung dessen darstellt, das positioniert wird. Es ist vielmehr der Betrachter, der sich mittels seines Wertesystems selber positioniert und damit identifiziert.

Es macht beispielsweise keinen Sinn, vor dem Kinobesuch eine wildfremde Person zu fragen, ob dieser oder jener Film gut ist. Aus der Antwort „ja" oder „nein" können wir nicht schlussfolgern, ob wir den Film auch so beurteilen würden. Das stimmt nun nicht ganz: Weil wir Menschen sind, qualifizieren wir die Antwort schon alleine auf der Basis des Aussehens der wildfremden Person. In einem Kino laufen drei Filme, einer davon ist ein Western. Drei wie Cowboys gekleidete Kerle kommen aus dem Kino und spucken auf den Boden. Sie haben sich den Western angesehen und haben sich prächtig amüsiert; das wissen wir, ohne sie auch nur anzusprechen. Falls wir dieses Westernfeeling suchen, können wir nun getrost den Film auswählen. In einer weniger eindeutigen Situation würden wir wahrscheinlich nachfragen, warum die befragte fremde Person den Film so beurteilt. Was tun wir mit den auf diese Frage folgenden Erläuterungen? Wir qualifizieren die Person, setzen das Ergebnis ins Verhältnis zu uns selber. Finden wir dabei Übereinstimmung, so schließen wir uns der fremden Filmbeurteilung an. Finden wir keine Übereinstimmung, kommen wir zum gegenteiligen Schluss oder beurteilen nicht. Auf dieser Basis entscheiden wir, uns den Film anzuschauen oder nicht.

Nochmals in aller Deutlichkeit: Alles ist für sich alleine wertfrei. Eine Bewertung entsteht erst durch den Betrachter auf der Basis seines Wertesystems. Die Bewertung gibt also ausschließlich Auskunft über das Wertesystem des Betrachters. Es ist somit der Betrachter, der sich durch die Bewertung positioniert und damit identifiziert. Das Wertesystem einer Gesellschaft entsteht auf der Basis ihrer geschriebenen und ungeschriebenen Gesetze. So sind die geschriebenen und ungeschriebenen Gesetze entscheidend bei der Identifikation des Individuums.

Kleiner Exkurs zum Thema „Ich bin anders": Wem gesellschaftliche Konformität ein Gräuel ist, der bildet sich ein Wertesystem, das nicht dem der Gesellschaft entspricht. Abgesehen davon, dass dies nur bis zu einem gewissen Grad möglich ist, ohne aus der Gesellschaft verstoßen zu werden, ergibt sich Folgendes: Ein Wertesystem A, das maßgeblich darin besteht, nicht dem Wertesystem B zu entsprechen, richtet sich nach dem Wertesystem B aus. Was ist die Qualität von A? Die Qualität von A ist, nicht gleich B zu sein. B ist also die Bewertungsbasis. Es ist also wieder das Wertesystem der Gesellschaft, woraus sich das Wertesystem des Individuums ergibt; entweder durch Entsprechung oder durch Widerspruch.

9.3.3 Das soziale Umfeld

Da das soziale Umfeld ein Teilsystem der Gesellschaft ist, ergeben sich die identischen Betrachtungen, wie wir sie zur Gesellschaft angestellt haben. Abgesehen von der Wahrnehmung eines demokratischen Wahlrechtes, agieren wir aber kaum als Mitglieder der Gesellschaft. Wir agieren hauptsächlich als Mitglieder unseres sozialen Umfeldes. Das soziale Umfeld ist also die Basis, auf welcher sich die Dinge hauptsächlich realisieren, auf welcher das Wertesystem seinen realen Niederschlag findet. Hier nehmen wir auf der Basis unseres Wertesystems unsere Position ein und werden auf der Basis des Wertesystems unseres Umfeldes positioniert. Ich möchte dies nun nicht mehr Gut-Böse-Position nennen, denn je näher wir in der Betrachtung zu uns selber kommen, desto verfänglicher wird diese Bezeichnung. Es geht schlussendlich um Konformität zu den in meinem jeweils aktuellen sozialen Umfeld angewandten Spielregeln, um die Position zwischen den Extremen superkonform und gar nicht konform. Diese Positionierung ist dynamisch und mehrschichtig.

Da wir bekanntlich die Erbauer unseres Realitätsmodells sind, ist die zwischenmenschliche Verständigung eine hochkomplexe Angelegenheit. Deshalb besteht die soziale Regel, dass wir uns nur so weit um die Klärung von Verständnisfragen kümmern, als uns dies für das Verständnis der aktuellen Situation notwendig erscheint. Wenn jemand zu uns sagt: „Ich wünsche Ihnen einen schönen Tag", dann antworten wir: „Danke, dass wünsche ich Ihnen auch", oder ähnlich. Wir wissen zwar nicht, was unser Gegenüber unter einem schönen Tag versteht, und er weiß das von uns auch nicht, doch wir setzen uns nun nicht zusammen, um dies auszudiskutieren, weil es für das Verständnis der aktuellen Situation nicht notwendig ist, bzw. weil wir gar kein Interesse daran haben, die aktuelle Situation in voller Tiefe zu verstehen. So verhalten wir uns zu unserem Gegenüber konform, indem wir eine Floskel Floskel sein lassen, was auch seiner Intention entspricht.

An Sitzungen fällt mir auf, dass ein Kollege den Begriff „Terminologie" wiederholt falsch benutzt. Er sagt Dinge wie „um die Terminologie kümmern wir uns später". Aus dem Zusammenhang geht hervor, dass er damit ausdrücken will, dass zu einem späteren Zeitpunkt noch Termine zu vereinbaren sind. Alle haben verstanden, was er meint, und da keiner in die Position des

Besserwissers hineinrutschen will, macht ihn keiner auf seinen Irrtum aufmerksam. Es war für das Verständnis der akuten Situation nicht notwendig, den Kollegen zu korrigieren. So verhielt sich jeder einzelne Sitzungsteilnehmer zu seinem aktuellen sozialen Umfeld, den Sitzungsteilnehmern, konform. Ihm zu helfen, den Begriff „Terminologie" zukünftig richtig einzusetzen, wurde offenbar als eine andere, nicht akute Situation gewertet, zu der keiner der Anwesenden gewillt war, eine offensive Position einzunehmen.

Wir können uns leicht Individuen vorstellen, die sich völlig konträr zu den oben geschilderten Reaktionen verhalten. Ich hatte einen Jugendfreund, der wurde deswegen schier unerträglich. Ich kann mich nicht mehr so genau erinnern, aber er hätte auf die Äußerung „Ich wünsche dir einen schönen Tag" mit „Bist du dir dessen wirklich sicher?" antworten können. Er definierte sich selber maßgeblich dadurch, grundsätzlich ein Antikonformist zu sein, egal wie, egal wo, egal was. Noch leichter können wir uns Individuen vorstellen, die jede sich bietende Möglichkeit wahrnehmen, die Position des Besserwissers zu erobern, und je peinlicher für den Verbesserten, desto besser. Wieder ein anderer hätte die Mittelposition gesucht und den Kollegen unter vier Augen auf seinen Fehler aufmerksam gemacht.

Jeder von uns hat auf dem Weg zum Erwachsenwerden mindestens eine, wahrscheinlich mehrere Trotzphasen durchlaufen. Die Trotzphase dient dazu, durch Widerstand gegen das soziale Umfeld, gegen Konformität, sich seiner Individualität bewusst zu werden, sich zu identifizieren. In jungen Jahren fehlt uns die Lebenserfahrung, der Konformität etwas anderes positiv gegenüberzustellen, also sind wir einfach dagegen. Gegen was genau? Egal; hauptsächlich dagegen.

Wenigstens zu meiner Schulzeit teilten sich die Klassen noch in drei Gruppen auf: Die Streber, die alle Regeln befolgen, die Coolen, welche es mit den Regeln nicht immer so genau nehmen und die anderen. Besonders die Streber und die Coolen haben sich dadurch identifiziert, zu ihrer Gruppe zu gehören.

Auf der Suche nach Identifikation positionieren wir uns ebenfalls gegenüber den geschriebenen Gesetzen: Bin ich stolz darauf, als Autofahrer stets alle Regeln zu befolgen, oder drücke ich auch mal kräftiger auf das Gaspedal? Der Fahrstil ist Ausdruck eines Lebensgefühls und damit Maßstab zur Identifikation. Das ist ja auch der Ursprung der Aggression im Straßenverkehr. Kaum ein Raser ist wirklich zu dumm, um einsehen zu können, dass gewagte Überholmanöver keine relevante Zeitersparnis bringen. Kaum ein Anständigfahrer ist wirklich zu dumm, um einsehen zu können, dass einen Raser zu einem Bremsmanöver zu zwingen, die größere Gefahr hervorruft, als ihn passieren zu lassen. Doch darum geht es ja gar nicht. Es geht darum, dass sie sich gegenseitig an der Entfaltung ihrer Persönlichkeit hindern, was natürlich eine unglaubliche Unverschämtheit ist und einen inakzeptablen Eingriff in die Persönlichkeitsrechte darstellt. Die nicht aus Kleptomanie sich ergebenden Ladendiebstähle dienen vielmehr zur Realisierung des Lebensgefühls, ein Outlaw zu sein, als zur Linderung einer real existierenden Not. Auch der Konsum illegaler Drogen ist eine Möglichkeit, sich in seinem sozialen Umfeld zu positionieren, bzw. sich durch Integration in einem bisher unbekannten sozialen Umfeld wieder zu finden.

Das soziale Umfeld ist also das Gebiet, auf welchem wir uns dadurch identifizieren, dass wir unsere Konformität oder Nicht-Konformität zu der Vielzahl der bestehenden Spielregeln ausleben. Dies tun wir auf zwei Ebenen: In der Meinungsbildung und der Handlung. Es ist nämlich nicht immer so, dass wir unserer Meinung entsprechend handeln. Die Diskrepanz zwischen Meinung und Handlung entsteht manchmal unbeabsichtigt. Dies geschieht dann, wenn wir uns die betroffene Meinung mit zu wenig Tiefgang gebildet haben, um darin eine Handlungsgrundlage vorzufinden, die der Realität standhält. Wie oft haben wir schon Dinge gehört, wie: „Wenn das mir passiert wäre, dann hätte ich ...", und sollte es wirklich passieren, dann sieht die Sache doch etwas anders aus. Manchmal sind wir uns der Diskrepanz zwischen Meinung und Handlung aber durchaus bewusst, ohne daran etwas zu ändern. Nicht jeder, der glaubt, zu viel Steuern zu bezahlen, engagiert einen Steuerberater, der eventuell eine Steuerersparnis herausholen könnte.

9.3.4 Die Familie

Die Familie ist wiederum ein Teilsystem des sozialen Umfeldes. Sie ist das erste soziale Umfeld, das wir kennenlernen; eine geschützte Zone, in der wir Schritt für Schritt lernen, ein soziales Wesen zu sein. Geschützt ist diese Zone, weil die Elternliebe alles überbietet, was uns sonst in der Gesellschaft an Zuneigung, Sympathie, Großzügigkeit usw. entgegengebracht werden kann. Die Familie ist die Lehrstube der Gesellschaft. Deshalb führt eine Veränderung in den Familienstrukturen, z. B. der Wandel von der Großfamilie zur Kleinfamilie, zu einer Veränderung der Gesellschaft. Da eine Veränderung der Familienstrukturen nicht aus sich selber heraus, sondern aus gesellschaftlichen Umständen geschieht, stehen Gesellschaft und Familie in einer wechselseitigen Entwicklungsbeziehung: Veränderungen in der Gesellschaft ergeben Veränderungen in den Familienstrukturen und diese führen wiederum zu einer Veränderung in der Gesellschaft usw. Die Frage nach dem Huhn und dem Ei beantworte ich hierzu folgendermaßen: Zuerst war die Familie und dann ergab sich daraus die Gesellschaft. Dies deshalb, weil die Stämme der Urmenschen die Größe einer Familie und nicht die Größe einer Gesellschaft hatten. Das ergibt sich natürlich aus heutiger Sicht, da unsere Gesellschaften Millionen von Individuen beheimaten. Dieser Größenvergleich bezieht sich nicht einfach auf die betragsmäßige Anzahl der Individuen, sondern auf die sich aus der Anzahl der Individuen ergebenden Konsequenzen, was die Kenntnis übereinander, die gegenseitig bewusst er- und gelebten Abhängigkeiten, kurz, die Intensität der Beziehungen betrifft.

Wir haben festgestellt, dass wir nur dann zu uns finden, wenn wir uns als Teil eines Größeren erkennen. Dieses Größere, die

Gesellschaft, tritt uns vor allem in der Form des sozialen Umfeldes gegenüber. Das soziale Umfeld hat sowohl für die Menschheit als auch für das einzelne menschliche Individuum seinen Ursprung in der Familie und/oder in deren Ersatzinstitution (Pflegefamilie, Tagesheime, Waisenheime). Die Familie ist damit der Kern, die Basis der Identifikation, der Identitätsfindung des einzelnen menschlichen Individuums als soziales Wesen.

9.3.5 Das Individuum

Ich möchte die Systembetrachtung hier beenden, indem ich das Individuum nun nicht wieder als Teilsystem, sondern als Element betrachte. Selbstverständlich wäre es möglich und je nach Absicht des Autors auch sinnvoll, weiter zu untergliedern und das Individuum als Teilsystem und z. B. seine körperliche Konstitution als Element dieses Teilsystems zu betrachten. Dabei ergeben sich aber zwei Schwierigkeiten. Erstens: Wo soll die Gliederung enden? Wir wissen, dass der Chemiehaushalt in unserem Gehirn unser Befinden beeinflusst und somit identifizierend ist. Es ist mir nicht möglich, diesen Chemiehaushalt in meine Betrachtungen mit einzubeziehen, weil ich keine Ahnung davon habe. Zweitens ergibt sich aus einer feineren Gliederung eine Gefahr, die der Identitätsfindung zuwiderläuft: Das Individuum existiert nur einmal. Natürlich hat jeder von uns verschiedene Gesichter, Ausprägungen oder Facetten, doch diese isoliert als das Individuum identifizierend zu betrachten, kann leicht zu groben Missverständnissen führen. Da haben wir z. B. die hochrangigen Mitglieder einer Organisation, die nur diese Position als identifizierend betrachten und sich daher verhalten, als wenn sie allgemeingültig höhere Wesen wären, was sie tatsächlich zu Dummköpfen macht. Da haben wir den Übergewichtigen, der sein Übergewicht fokussiert und nun von seinem Fitnesstrainer erwartet, ihn zu einem vollends glücklichen Menschen zu machen, was garantiert schiefgeht. Bis zu einem gewissen Alter ist es in Ordnung, den Herrn Lehrer als allwissend zu betrachten; später wird es unsinnig und noch später krankhaft. Gleiches gilt für den Herrn Pfarrer, der schlussendlich auch ein Mensch ist.

So komme ich zum Schluss, dass wir einen guten Ausgangspunkt für die Suche nach unserer Identität einnehmen, wenn wir uns ganzheitlich als Individuum betrachten, wenn wir uns bewusst machen, dass wir alle unsere Eigenschaft überallhin mitnehmen. An einer Beerdigung fokussieren wir unsere Ernsthaftigkeit, am Grillfest unsere Geselligkeit, in einer Diskussion unser Wissen und unsere Intelligenz usw. Je nach Situation gewichten wir unsere Eigenschaften unterschiedlich. Diese Gewichtung bezieht sich auf das, was wir nach außen tragen, es ist dies also eine Auswahl, die wir für unsere Umgebung treffen und wahrnehmbar machen. Für die Suche nach unserer Identität ist es aber dienlich, erst mal von uns auszugehen und uns klarzumachen, dass wir zu jeder Zeit und an jedem Ort eine Person sind. Das ist der Ausgangspunkt.

9.4 Die Suche nach der Identität; die Selbstidentifikation

Wir nehmen also unseren Ausgangspunkt ein und machen uns klar, dass wir eine Person sind. Davon ausgehend fragen wir, welche geschriebenen und ungeschriebenen Gesetze, welche Spielregeln in unserer Familie existieren, und machen eine Liste davon. Zu jedem Punkt auf der Liste machen wir zwei Rubriken: Meinung und Handlung. Zu jeder Rubrik machen wir beliebig viele, aber mindestens zwei Abstufungen zwischen Ja und Nein oder von 0 bis 10 oder ähnlich. Wir betrachten die erste Spielregel auf der Liste und beantworten die Frage, wie sehr wir in unserer Meinung dieser Regel entsprechen oder nicht. Diesen Wert markieren wir als Abstufung in der Rubrik Meinung. Wir bleiben bei der ersten Spielregel und beantworten die Frage, wie sehr wir in unseren Handlungen dieser Regel entsprechen oder nicht.

Diesen Wert markieren wir als Abstufung in der Rubrik Handlung. Gleiches tun wir nun mit allen Spielregeln in unserer Liste.

Sind wir damit fertig, machen wir eine neue Liste und schreiben auf, welche geschriebenen und ungeschriebenen Gesetze, welche Spielregeln in unserem sozialen Umfeld existieren. Mit dieser neuen Liste verfahren wir genau gleich und gewichten unsere Entsprechung zu den einzelnen Spielregeln bezüglich Meinung und Handlung.

Sind wir damit fertig, machen wir eine dritte Liste und schreiben auf, welche geschriebenen und ungeschriebenen Gesetze, welche Spielregeln in unserer Gesellschaft existieren. Und wieder gewichten wir unsere Entsprechung in Meinung und in Handlung.

Ehh … Moment mal: Wie soll das denn gehen? Es gibt z. B. Tausende von geschriebenen Gesetzesvorschriften, von denen ich die meisten gar nicht kenne. Ja, natürlich ist das so, aber: Wie immer im Leben sollen Instrumente so gewählt und eingerichtet werden, dass dies für den, welcher sie einsetzt, Sinn macht. Es macht wahrscheinlich keinen Sinn, eine Regel, die ich nicht kenne, auf ihre mich identifizierende Wirkung hin untersuchen zu wollen, weshalb es keine Rolle spielt, dass dies gar nicht möglich ist. Es gibt für solche Übungen kein Richtig oder Falsch. Man kann sich für die ganze Übung zwei Stunden oder ein halbes Jahr Zeit nehmen. Man kann sie als Gesellschaftsspiel oder als Teil einer Ich-Findungs-Therapie betrachten. Alles ist gut und richtig, solange es mich zu dem Ziel bringt, das ich mir gesetzt habe. Es gibt auch kein Raster, in welches ich meine Listenergebnisse übertragen könnte, um danach ablesen zu können, was für ein Mensch ich bin. Darum geht es nicht.

Es geht darum, dass wir nach Maßstäben zur eigenen Identifikation gesucht haben. Natürlich kann man sich einfach hinsetzen, um darüber nachzudenken; Achtung, fertig, los: Denk, denk, denk … Man kann sich die Sache aber auch weniger schwer machen und sich eines Instrumentes bedienen, um den Anfang zu finden, den Weg zu gehen und zum Ende zu kommen, und unsere Listen sind ein solches Instrument. Die Erkenntnisse ergeben sich nicht aufgrund der Betrachtung der fertig ausgefüllten Listen. Vielmehr fülle ich durch die strukturierte Auseinandersetzung mit den Maßstäben zur eigenen Identifikation meinen Erfahrungspool und begünstige somit, dass mein Erfahrungspool entsprechende Erkenntnisse freigibt. „Der Weg ist das Ziel."

Nehmen wir an, es ist tatsächlich gelungen, uns neue Erkenntnisse über uns selber zu erarbeiten. Was fangen wir damit an? Um doch langsam wieder zum eigentlichen Ursprung dieses Buches zurückzufinden, schlage ich vor, dass wir z. B. folgenden Fragen nachgehen:

Welcher ist der für mich ideale oder wenigstens richtige Job? Ich kann mir eine Fantasieperson ausmalen, welche die Idealbesetzung für den Job XY wäre. Wie würde diese Person die Punkte auf meinen Listen gewichten und entspricht deren Gewichtung der meinigen einigermaßen?

Habe ich den für mich richtigen Job? Wo sind die größten Schwierigkeiten, die ich mit meinem aktuellen Job habe? Kann ich diese Schwierigkeiten einem Punkt auf einer meiner Listen zuordnen und was sagt mir das bezüglich der Möglichkeit, diese Schwierigkeiten zu bearbeiten und zu lösen?

Bin ich beim für mich richtigen Arbeitgeber beschäftigt? Ich kann mir meinen Arbeitgeber als Person vorstellen und fragen, wie würde diese Person die Punkte meiner Listen gewichten? Stimmen wir einigermaßen überein oder nicht?

Habe ich als Führungskraft die richtigen Mitarbeiter? Ich lasse meine Mitarbeiter – in meiner Fantasie natürlich – meine Punkte auf den Listen gewichten und hinterfrage die Resultate.

Bin ich für meine Mitarbeiter die richtige Führungskraft?
Usw.

Schön und gut; nur was soll es in Bezug auf die Realität bringen, wenn ich mich in einen Zusammenhang mit Personen stelle, die ich mir in meiner Fantasie ausmale? Eigentlich ist es doch so, dass ich alle diese Personen selber bin, wieso sollten sich die Gewichtungen also überhaupt unterscheiden?

Es braucht natürlich eine gewisse Fähigkeit, seinen Standpunkt willentlich zu verändern und Dinge auch aus einer zweiten, dritten oder vierten Perspektive heraus zu betrachten. Selbstverständlich ist das immer meine Perspektive. Wer aber daraus schließt, dass ich nicht gültig interpretieren kann, hat ein Problem: Da ich der Erbauer meines Realitätsmodells bin, beruht alles, immer und überall auf meiner Perspektive. Würde ich das sich daraus ergebende Resultat als ungültige Interpretation bezeichnen, könnte ich zu nichts und niemandem eine mir gültig erscheinende Haltung entwickeln. Wir interpretieren unablässig auf der Basis unserer Perspektive und müssen dabei ein vernünftiges Maß finden. Eine Person auf den ersten Blick und ohne ein Wort mit ihr gewechselt zu haben, als Mitarbeiter einzustellen, ist wohl weniger vernünftig. Eine Person für die ersten 5 Jahre auf Probe einzustellen, ist aber auch nicht möglich. Wir müssen einen Weg finden und laufen immer Gefahr, uns getäuscht zu haben. Menschliches Leben ist einfach so und wer sich dagegen wehrt, hat ein gewaltiges Problem. „Irren ist menschlich" ist Weisheit und kein blöder Spruch.

Wenn wir unsere Identifikationslisten ausfüllen oder uns ohne methodische Unterstützung auf der Basis unserer Identität eine Meinung, eine Haltung zu irgendetwas bilden, schöpfen wir aus unserem Erfahrungspool. Da unser Erfahrungspool sich dynamisch verhält, trifft dies auch auf unsere Identität zu. Die Selbstidentifikation ist also eine Aufgabe, welche uns, so wir sie denn überhaupt wahrnehmen, das ganze Leben begleiten kann.

9.5 Die Systemkonformität

Die Identität eines Menschen resultiert in mannigfaltigen Ausprägungen und Facetten seines Fühlens, Denkens und Handelns. Da das Ganze auch noch dynamisch ist, ergibt sich wieder, dass es völlig unmöglich ist, ein vollständiges Identitätsprofil eines Menschen zu erstellen. Das macht nichts, da es nicht notwendig ist, für jede nur erdenkliche Situation im Voraus zu wissen, wie ein Mensch reagieren wird, auch dann nicht, wenn es sich bei diesem Menschen um uns selber handelt. Man stelle sich eine Welt vor, in dem es schon theoretisch nicht möglich ist, eine Überraschung zu erleben; nein, lieber nicht. Wir brauchen nicht im feinsten vorstellbaren Detaillierungsgrad zu wissen, wer wir sind. Es reicht ein sehr viel gröberer Detaillierungsgrad, um uns in der Welt zu positionieren, um unser Leben mit Haltungen, mit Meinungen und durch daraus resultierende Handlungen zu leben. Okay; aber wie grob darf der Detaillierungsgrad denn sein? Das muss jeder für sich selber und für die einzelne Lebenssituation beantworten. Beispielsweise muss ein Spezialist den Dingen seines Faches in einem feineren Detaillierungsgrad gegenüberstehen als ein Nichtspezialist.

Eine Frage sollte uns die Selbstidentifikation aber jedenfalls beantworten und das ist die Frage nach der Systemkonformität. Bin ich systemkonform; ja oder nein? Ojemine, was für ein schreckliches Wort: „Systemkonformität"; bin ich ein Roboter, ein Androide oder was? Nein, ein Mensch und als Menschen sind wir Elemente verschiedener Systeme wie Familie, Freundeskreis, Erwerbstätigkeit, zu denen wir uns konform verhalten oder nicht.

Ein System ist eine Menge von Elementen, die zueinander in Beziehung stehen. Ein Element ist also dann systemkonform, wenn es in einer gültigen Beziehung zu anderen Elementen steht und mit diesen zusammen ein System bildet. Die gültige Beziehung ist die, welche das System definiert. Ganz langsam: Es ist Weihnachten und die Familie Junker sitzt beim Weihnachtsbaum und singt Lieder bei Kerzenschein. Da klingelt es an der Türe, Max Kramer kommt rein und wünscht frohe Weihnacht. Max verhält sich nicht systemkonform. Max Kramer ist zwar ein Freund von Tim Junker und steht damit in einer Beziehung zu den Junkers. Dies ist bezüglich des Systems „Weihnachtsfest bei Junkers" eine ungültige Beziehung, denn für die Junkers ist

Weihnachten ein Familienereignis und damit ist Familienzugehörigkeit die gültige Beziehung. Das bedeutet nun aber nicht, dass nur derjenige systemkonform sein kann, der schön brav das tut, was die anderen von ihm wünschen. Sollte Max Kramer seine unangebrachten Weihnachtsbesuche bei den Junkers einige Jahre wiederholen, dann entstünde die Situation, dass die Junkers bereits erwarten, von Max in ihrer Weihnachtsfeier gestört zu werden. Somit ist die Störung durch Max ein fester Bestandteil der Weihnachtsfeierlichkeiten der Junkers und somit zu einem Element des Systems „Weihnachtsfest bei Junkers" geworden. Damit verhält sich Max nun systemkonform, wenn er die Junkers bei der Weihnachtsfeier stört. Sollte er eines Jahres nicht zur Weihnacht auftauchen, würden sich die Junkers fragen, was los ist. Vielleicht würden sie der Sache nachgehen und somit das Element „Störung durch Max" selbstständig in ihre Weihnachtsfeier einbauen.

Systemkonformität hat nichts damit zu tun, ob das untersuchte Element für sich alleine betrachtet positiv oder negativ wirkt. Es gibt in menschlichen Systemen beispielsweise das Element „Querschläger". Den Querschläger zeichnet aus, jeweils gegen die durch die Mehrheit vertretene Ansicht zu argumentieren, sich also unkonform zu verhalten. Obschon dieses Verhalten im ersten Moment nervt, kann das System, z. B. die betroffene Arbeitsgruppe, erkennen, dass ihr das Querschlägerverhalten von Nutzen ist. Der Nutzen ist offensichtlich: Durch die Bearbeitung der Gegenargumente des Querschlägers setzt sich die Arbeitsgruppe stärker mit der eigenen Ansicht auseinander. Die Meinungsbildung ist so profunder und die daraus entspringenden Handlungen sind nachhaltiger, als wenn alle Beteiligten von Anfang an und diskussionslos einverstanden sind. Wenn die Arbeitsgruppe diesen Nutzen erkennt und die Diskussionen führt, um den Nutzen auch konsumieren zu können, dann ist der Querschläger durch seine Unkonformität systemkonform. Ein Problem entsteht erst dann, wenn die Arbeitsgruppe nicht willens oder nicht in der Lage ist, den Nutzen zu schaffen und zu konsumieren. So können Diskussionen entstehen, deren einziger Inhalt darin besteht, den Querschläger zum Schweigen zu bringen. Diese Diskussionen leisten keinen Beitrag zur Meinungsbildung und kosten nur Nerven und Zeit. In dieser Situation ist der Querschläger nicht systemkonform, denn er zelebriert sein Querschlägertum nur um seiner selbst willen. Das System wird dadurch entfremdet, bzw. es entstehen zwei sich widersprechende Systeme: Die Arbeitsgruppe sieht sich als System mit dem Output, die Angelegenheit XY bearbeitet zu haben. Der Querschläger sieht die Arbeitsgruppe als System mit dem Output, als seine Bühne für Querschlägertum zu funktionieren. Das sind zwei völlig unterschiedliche Systeme, die sich bekämpfen. Die Arbeitsgruppe bekämpft das System Querschlägerbühne und der Querschläger bekämpft das System Arbeitsgruppe. Eine solche Situation aufrechtzuerhalten ist unsinnig, da daraus ausschließlich Aufwand, aber kein Nutzen resultiert. Die Arbeitsgruppe macht den Querschläger unglücklich und der Querschläger macht die Arbeitsgruppe unglücklich; sie sollten sich trennen. Trennen sie sich nicht, stellt sich lediglich die Frage, wer gewinnt. Schafft es die Arbeitsgruppe, den Querschläger so weit zu besiegen, dass sie ihren eigentlichen Zweck weiter verfolgen kann, oder schafft es der Querschläger, die Arbeitsgruppe zu besiegen und sie zu seiner Bühne zu machen? So überlebt das eine oder das andere System und die Systemkonformität ist wiederhergestellt. Gewinnt keiner, pervertiert das System zu irgendetwas Ungewolltem, z. B. zu völligem Leerlauf. Wird dieses Leerlaufsystem nicht aufgelöst, stellt sich die Systemkonformität dazu ein. Da sowohl die Arbeitsgruppe als auch der Querschläger aktiv dafür sorgen, dass Leerlauf besteht, verhalten sie sich konform zum Leerlaufsystem. Das führt uns zu einer Erweiterung der Überlegungen zur Systemkonformität: Es herrscht immer Systemkonformität; es stellt sich lediglich die Frage, zu welchem System. Es reicht also nicht, die Frage „Bin ich systemkonform?" zu beantworten. Wir müssen uns auch fragen, ob das System, welches wir durch unser Verhalten begünstigen, das System ist, das wir haben wollen.

Wir kehren noch mal zurück zur Systemdefinition: Ein System ist eine Menge von Elementen, die zueinander in Beziehung stehen. Mit der Fragestellung „Bin ich systemkonform?" gehen wir davon aus, dass das System und damit die Beziehung der Elemente definiert sind. Anders formuliert lautet die Frage: Entspricht die Art und Weise, wie ich als Element die Beziehung zu den anderen Elementen des fraglichen Systems lebe, der Definition des Systems? Diese Fragestellung ist zwar unvollständig, aber nicht falsch: Wir erleben es oft so, dass vorgängig definierte Anforderungen an uns gestellt werden, dass das System also unabhängig von unserem Dazutun bereits definiert ist, bevor wir ein Element desselben werden. Die Fragestellung „Definiert die Art und Weise, wie ich meine Beziehung zu den anderen Elementen lebe, das System, das ich haben will?" geht offensichtlich davon aus, dass die Beziehung das System definiert. Das ist auch richtig.

Es gibt einen Ausspruch, der in etwa wie folgt lautet: „Wir müssen die Dinge so nehmen, wie sie kommen. Wir sollten aber darauf achten, dass die Dinge so kommen, wie wir sie nehmen wollen." So kann man es auch auf den Punkt bringen.

Es gibt Lebenssituationen, in denen wir mehr Konsumenten der Umstände sind. In diesen Situationen ist es angebracht, prioritär zu fragen: „Bin ich systemkonform?" In anderen Lebenssituationen sind wir mehr Gestalter der Umstände und dabei ist die Frage nach der Gestaltung der Beziehung und damit des Systems prioritär. Schlussendlich sollten wir aber jeweils beide Fragestellungen beantworten, um ganzheitlich vorzugehen. Falls ich in einer Sache die Frage „Bin ich systemkonform?" mit „Nein" beantworte, bedeutet das ja nicht zwingend, dass ich mich aus dem System verabschieden sollte. Ich sollte erst mal der Frage nachgehen, ob ich durch eine Veränderung der Beziehung zur Sache Systemkonformität erreiche und ob mir das Ganze dann noch Spaß macht. Ist die Antwort dazu ebenfalls „Nein", dann sollte ich meinen Verbleib in dem System ernsthaft infrage stellen. Falls ich die Frage „Bin ich systemkonform?" in einer Sache auf die lange Bank schiebe, beeinflusst dies meine Beziehungen innerhalb des betroffenen Systems. Daraus ergibt sich wieder Systemkonformität, aber ich weiß nicht, zu welchem System, da ich die Sache ja nicht untersucht habe. So gebe ich ein Stück aktive Lebensgestaltung aus der Hand. Das kann beispielsweise der Hergang sein, wenn eine Ehe wegen Entfremdung geschieden wird: Die Eheleute haben darauf verzichtet, ihre Beziehung aktiv zu gestalten, und eines Tages stellen sie fest, dass sie Konformität zu einem System hergestellt haben, in dem sie gar kein Element sein wollen. Aus einer Liebesverbindung wurde eine WG-plus und keiner weiß so genau, wie das geschehen konnte.

Es gibt nun viele Dinge in einem Menschenleben, die würdig sind, eingehend betrachtet zu werden, und ich habe nicht mein ganzes Leben Zeit, Dinge zu betrachten, ich sollte auch noch etwas tun. Es stellt sich also die Frage nach der Menge, nach der Tiefe der Betrachtung und der Reihenfolge. Auch hierbei kann eine Systemanalyse helfen: Unser Leben ist das übergeordnete System. Woraus besteht mein Leben, was tue ich, während ich lebe? Die Antwort führt uns zu den Teil- oder Untersystemen wie Lebenspartnerschaft, Freunde, Erwerbstätigkeit, Hobbys und anderes. Falls ich verschiedenartige Freundschaften unterhalte, ist es wohl zweckmäßig, die einzelnen Freundschaften als Teilsysteme des Teilsystems Freunde zu definieren. So können wir uns einen Überblick verschaffen, wobei wie immer der Grundsatz zu beherzigen ist, dass nichts falsch ist, was Sinn macht, und alles falsch ist, was keinen Sinn macht. Es ist meist nützlich, bei solchen Dingen schnell vorzugehen, denn was mir auf die Schnelle in den Sinn kommt, ist wahrscheinlich auch das Wesentliche. Ähnliches gilt für den Tiefgang, den Detaillierungsgrad der Betrachtung: Es macht wahrscheinlich wenig Sinn, ein Teilsystem „Freundschaft zu Max" zu bilden und jede Begegnung mit Max als Teilsysteme zu definieren, um darin nun die einzelnen Elemente einer jeden Begegnung mit Max zu finden. Wenn wir dies auch zu den Teilsystemen „Freundschaft zu Marie", „Freundschaft zu Thomas" usw. machen und feststellen, dass es Begegnungen mit der Beteiligung von Max und Thomas, andere mit Beteiligung von Thomas und Marie usw. gibt, sehen wir schnell, dass wir Komplexität potenzieren, anstatt uns einen Überblick zu verschaffen. Die Betrachtung soll so detailliert sein, wie es für den Betrachter Sinn macht.

Etwas tiefer möchte ich auf die Frage nach der Reihenfolge, der Priorisierung der zu betrachtenden Teilsysteme eingehen.

9.5.1 Schwächen abbauen vs. Stärken stärken

Wir haben nun die uns wesentlich erscheinenden Punkte in unserem Leben als Teilsysteme definiert. In welcher Reihenfolge, mit welcher Priorisierung sollen wir diese Punkte betrachten? Diese Frage kann nach zwei konträren Grundsätzen beantwortet werden: Will ich prioritär meine Schwächen abbauen und gegebenenfalls zu Stärken umwandeln oder will ich meine Stärken kultivieren, um in diesen Punkten noch stärker zu werden?

Vielfach wird der Weg gegangen, Schwächen abbauen zu wollen. So fokussiert man die Dinge, welche nicht so toll laufen. Dies in der Ansicht, dass wir durch Abbau der Schwächen gesamthaft stärker werden. Das Endziel besteht darin, keine Schwächen mehr zu haben. Dieser Ansatz ist sehr schwierig und zu vermeiden, wo immer dies möglich ist. Warum? Stellen wir uns zwei Eheleute vor, die sich ständig damit beschäftigen, dem Partner zu erklären, mit was sie nicht zufrieden sind und in welchen Punkten sie sich Verbesserungen wünschen. Stellen wir uns das Mitarbeiterqualifikationsgespräch vor, in dem der Chef dem Mitarbeiter in 30 Sekunden erklärt, dass er grundsätzlich zufrieden ist, und die restliche Stunde damit verbringt, dem Mitarbeiter Schwächen aufzuzeigen. Stellen wir uns den Menschen vor, der über sich nachdenkt und dabei Berge von Schwächen und Fehlern vor sich auftürmt. Und das wozu? Um einem Ziel näher zu kommen, das unerreichbar ist, denn wir werden den Zustand, keine Schwächen mehr zu haben, nicht erleben. Es ist wahrscheinlicher, dass wir frustriert aufgeben, als dass wir tatsächlich Erfolge erzielen.

Konstruktiver, erfreulicher und damit erfolgversprechender ist der Ansatz, Stärken zu stärken. Stellen wir uns zwei Eheleute vor, die sich stets mitteilen, dass sie dies und jenes freut, und sich darüber unterhalten, warum dem so ist. Stellen wir uns das Mitarbeiterqualifikationsgespräch vor, in dem der Chef die Stärken des Mitarbeiters hervorhebt, seinen Dank ausspricht und Möglichkeiten bietet, genutzte Stärken mittels Weiterbildungsmaßnahmen zu kultivieren und nicht oder wenig genutzte Stärken durch Veränderung des Aufgabenpaketes nutzbar zu machen. Stellen wir uns den Menschen vor, der über sich nachdenkt und sich dabei klarmacht, was er schon alles erreicht hat, und daraus Möglichkeiten ableitet. Und das wozu? Um auf einem Weg, auf dem bereits Erfolge erzielt sind, weitere Erfolge zu erzielen.

Man kann nun einwenden, dass Schwächen abbauen neue, bisher unbekannte Möglichkeiten schaffen kann, während Stärken stärken eher dazu dienen kann, bisher beschrittene Wege weiter zu beschreiten. Natürlich sollten wir beides tun, aber dem Stärken der Stärken eine höhere Bedeutung beimessen. Wenn ich vor einer Fachprüfung stehe, im Grunde gut vorbereitet bin, aber beim Punkt XY noch Verständnisschwierigkeiten habe, dann schaue ich mir den Punkt XY natürlich noch mal an und versuche, diese Schwäche abzubauen. Wenn ich aber vor der Auswahl einer Studienrichtung stehe, werde ich doch nicht den Weg wählen, welcher mit meinen Schwächen gepflastert ist, um diese Schwächen abzubauen. Ich werde den Weg wählen, den zu beschreiten mir meine Stärken helfen. Natürlich schränkt dies meine Möglichkeiten ein, doch gemessen an allen Möglichkeiten, die es gibt, sind die Möglichkeiten des einzelnen Individuums ohnehin extrem eingeschränkt. Die Zeit, da wir sämtliche Wege offen haben, endet vor der Pubertät und das ist gut so, denn es geht im Leben auch darum, Nägel mit Köpfen zu machen.

Ein weiterer Aspekt: Schwächen abbauen führt in die Breite. Stärken stärken führt in die Tiefe. Nehmen wir an, es gäbe

20 Dinge, welche eine Schwäche oder eine Stärke mit der Wertung −10 bis +10 sein können. Es wird mir nicht gelingen, alle 20 Positionen auf den Wert +10 zu bringen, denn dafür reicht ein Menschenleben nicht aus. Konzentriere ich mich darauf, Schwächen abzubauen und für alle Positionen einen Wert von mindestens 0 zu erreichen, entwickle ich mich in die Breite; ich werde zum Allrounder. Wähle ich den Weg, Stärken zu stärken, lasse ich die Positionen mit negativen Werten außer Acht und konzentriere mich darauf, für zwei oder drei Positionen die Wertung +10 zu erreichen. Damit entwickle ich mich in die Tiefe; ich werde zum Spezialisten. Ich muss meinen Regler zwischen Stärken stärken und Schwächen abbauen so einstellen, dass dies meine Ziele begünstigt. Will ich ein Forscher in der Medizin sein, ist es wohl weniger wesentlich, die Hauptstädte der Welt zu kennen, was sich ändert, wenn ich ein Journalist sein will. Selbstverständlich gelten diese Überlegungen nicht nur für den Bildungsweg, sondern gleichsam für alle Dinge, die eine Stärke oder eine Schwäche sein können.

Ein Wort zum Internet: Das Internet ist die neue Bibliothek von Alexandria, in welcher das Wissen der Menschheit zur Verfügung steht. Was Wissensinhalte betrifft, erlaubt uns das Internet, den Regler weniger extrem auf Stärken stärken einzustellen und trotzdem über Spezialistenwissen zu verfügen. Falls ich zu einem Thema überhaupt keine Ahnung habe, nützen auch die Internetinhalte wenig, da ich sie gar nicht verstehe und somit nicht verwerten kann. Es kann aber genügen, in einem Wissensgebiet über den Wert +7 zu verfügen. Stellt sich mir nun eine Aufgabe, die Superspezialistenwissen erfordert, so kann ich mir zu dieser konkreten Sachfrage so viel aus dem Internet ziehen, dass ich zu einem Wert von +10 komme. Dies erlaubt es, eine größere Anzahl von Stärken zu stärken, als dies ohne Internet möglich war. Dies bezieht sich auf Wissensinhalte. Das Internet hilft mir höchstens via Wissensinhalte dabei, meine Fitness zu verbessern, weil ich ein tolles Fitnessprogramm gefunden habe. Bewegen muss ich mich jedoch ohne Hilfe aus dem Internet.

9.5.2 Systemkonformität und die Schuldfrage

Wenn wir der Frage nachgehen, ob wir systemkonform sind oder nicht, so ist dies eine bewertende Gegenüberstellung. Ich positioniere mich gegenüber dem System, das ja meistens auch aus Personen besteht, und bewerte die Übereinstimmung. Es ist essenziell, hierbei die Schuldfrage in den Hintergrund zu stellen: Es spielt grundsätzlich keine Rolle, ob wir zur Ansicht kommen, dass der Querschläger sich ungut verhält, da er die Gruppe zu Selbstzwecken missbraucht, oder die Gruppe sich ungut verhält, da sie zu dumm ist, den dem Querschläger inhärenten Nutzen zu erkennen, oder zu faul, den Nutzen zu schaffen, oder zu uninteressiert in der eigenen Sache, um den Nutzen konsumieren zu wollen. Tatsache bleibt jedenfalls, dass fehlende Systemkonformität zur Pervertierung des Systems führt, und das ist der Punkt, den es zu beachten gilt.

Beispiel: Wenn eine Fußballmannschaft keine positiven Resultate mehr erzielt, wird früher oder später der Trainer entlassen. Es macht wenig Sinn, darüber diskutieren zu wollen, dass doch eher die Mannschaft schuld ist an der Negativserie. Trainer und Mannschaft ergeben keine Systemkonformität mehr und der Verein kann nicht die ganze Mannschaft entlassen. Also wird der Trainer entlassen in der Hoffnung, dass sich mit dem neuen Trainer wieder Systemkonformität einstellt. Der Vereinspräsident und der entlassene Trainer können trotzdem Freunde bleiben.

Die Schuldfrage ins Zentrum zu stellen, führt zu Stagnation bis hin zum Verlust der Entwicklungsfähigkeit.

10 DAS UNTERNEHMEN ALS SOZIOTECHNISCHES SYSTEM

Auch wenn ich mich bemüht habe, immer wieder zum betrieblichen Kontext zurückzufinden, haben wir uns bisher vor allem dem Menschen an sich gewidmet. Wir haben uns Gedanken darüber gemacht, wie wir funktionieren, handeln und wirken. Ab hier konzentrieren wir uns auf das soziotechnische System in Form der Unternehmung.

Ein soziotechnisches System besteht dann, wenn die Systemelemente Mensch und Technik sind, was auf jede Unternehmung zutrifft. Selbst eine vollautomatische Fabrikation verfügt über Prüfprozesse, die von Menschen zu verrichtende Tätigkeiten beinhalten. Den technikfreien Prozess gibt es ab dem Moment nicht mehr, in dem ich einen Stein als technisches Gerät bezeichne. Mit fortschreitender technischer Entwicklung haben wir technischem Gerät Aufgaben gegeben, deren Ergebnis ohne Zutun des Menschen produziert wird. Dies ist beispielsweise bei einer Klimaanlage der Fall, die durch Temperaturmessung Informationen schafft und diese selbstständig mittels Wärmen oder Kühlen verarbeitet. Das Ergebnis, dass die Raumtemperatur stets zwischen 19 und 21 Grad Celsius liegt, wird also ohne menschliche Aktivität produziert. Natürlich hat der Mensch dazu Vorbedingungen geschaffen. Solche Vorbereitungsprozesse in die Betrachtung mit einzubeziehen ist überflüssig, da es immer menschlich getriebene Vorbereitungsprozesse gibt, denn auch das Rad hat sich ja nicht selber erfunden. Im soziotechnischen System haben wir also die beiden Produktionsfaktoren Mensch und Technik.

10.1 Der Produktionsfaktor

Ich musste schon absurde Reaktionen darauf vergegenwärtigen, dass ich Mitarbeiter, also Menschen, als Produktionsfaktoren bezeichnet habe. Eine Managerin hat mich ermahnt, die Mitarbeiter nicht Produktionsfaktoren zu nennen. Sie glaubte, die Mitarbeiter dadurch zu beschützen. „Menschen sind Wesen, haben eine Seele, fühlen und vertrauen dir." Weshalb sie deshalb keine Produktionsfaktoren sind, konnte sie allerdings nicht sagen.

Der Produktionsfaktor ist ein Faktor bei der Produktion des Outputs. Menschen sind ein mächtig wichtiger Faktor bei der Produktion des Outputs einer Unternehmung. In Anerkennung seiner zentralen Rolle und Leistung müssen wir den Menschen als Produktionsfaktor erkennen. Diese Erkenntnis führt dazu, dass es nicht das Geringste mit Herabsetzung oder Unwürdigkeit zu tun hat, den in einer Unternehmung arbeitenden Menschen als Produktionsfaktor zu bezeichnen.

Der gleichen Managerin habe ich einmal mitgeteilt, dass ich mir Sorgen über einzelne Mitarbeiter mache. Mehr als den Spruch, dass jeder ersetzbar ist, konnte ich bei ihr nicht abholen. Wenn das Überleben der Unternehmung der Fokus ist, kann man tatsächlich jeden darin beschäftigten Menschen als ersetzbar bezeichnen; nur ersetzen muss man ihn gegebenenfalls, was sie vergessen zu haben schien. Hätte ich einen Bildschirm kaputt geschlagen, hätte sie sich bedeutend mehr aufgeregt, obwohl dieser sehr viel schneller, kostengünstiger und ohne Qualitätseinbuße zu ersetzen wäre.

Es ist wichtig, die Mitarbeiter als Produktionsfaktoren wahrzunehmen, was an so manchem Ort eine Aufwertung des Menschen bedeuten würde. Wenn alle Unternehmungen dem Menschen ebenso viel Aufmerksamkeit, Bemühung und Sorgfalt schenken würden, die sie ihrem technischen Gerät und ihrem Kapital angedeihen lassen, dann ginge es der Arbeitnehmerschaft bedeutend besser.

Im weiteren Verlauf werde ich die Produktionsfaktoren Mensch und Technik fokussieren, ohne z. B. das Kapital entsprechend zu würdigen. Dies geschieht in der Fokussierung auf das soziotechnische System und aus diesem Blickwinkel ist alles außer Mensch und Technik lediglich Rahmenbedingung. Wir nehmen damit die Haltung eines Unternehmers ein, der ein Produkt oder eine Dienstleistung herstellen will. Natürlich weiß er, dass dazu Kapital benötigt wird. Der Einfachheit halber gehen wir davon aus, dass sich ein anderer mit der Kapitalgeschichte befasst und diese Aufgabe mit Bravour erledigt.

10.2 Der Produktionsfaktor technisches Gerät

Ich bin kein Techniker und gehe daher nicht auf konkrete technische Details, wie eine IT-Architektur oder Ähnliches, ein. Seit jeher ist technisches Gerät dafür gedacht, dem Menschen zu helfen, ein von ihm gewünschtes Ergebnis zu erzielen. Der Beitrag des technischen Geräts ist in dem Sinne entscheidend, dass der Arbeitsvorgang ohne dieses Gerät nicht mit ähnlichem Resultat vollzogen werden kann, was ja der Grund ist, warum es dieses Gerät gibt.

Der Mensch stellt sich einen Arbeitsvorgang mit einem bestimmten Ergebnis vor. Innerhalb dieses Prozesses erkennt er Tätigkeiten, die er eigenhändig nicht wie gewünscht verrichten kann; er erkennt eine eigene Schwäche. Nun entwickelt er ein Werkzeug oder eine Maschine, deren Aufgabe darin besteht, die vorher erkannte menschliche Schwäche innerhalb des Prozesses bedeutungslos zu machen. Der Mensch wandelt Schwächen also dadurch in Stärken, dass er sich eines Hilfsmittels bedient. Werkzeug und Maschinen sind solche Hilfsmittel, die dem Menschen ihre Funktionen zur Verfügung stellen.

Wenn wir uns die Entwicklung eines Werkzeugs oder einer Maschine betrachten, ergibt sich folgender Entwicklungsprozess, der sich beim Einsatz des Werkzeugs oder der Maschine im Grunde wiederholt: Zuerst steht das Ziel: Wir wollen ein Bild aufhängen. Dann folgt die Aufgabe: Wir wollen nageln und nicht bohren. Dann folgt das Werkzeug: Wir brauchen also den Hammer. Weil sie in Bezug auf eine bestimmte Aufgabe eine bestimmte Funktion erfüllen sollen, sind Werkzeuge und Maschinen aufgabenspezifisch funktional beschränkt. Das merken wir dann ziemlich deutlich, wenn wir ein Werkzeug oder eine Maschine, weil wir nichts Besseres zur Hand haben, zweckentfremdet einsetzen. Das kann ziemlich mühsam bis sehr gefährlich werden. Ein Staubsauger saugt auch Wasser, aber es hat den oben beschriebenen Grund, dass das Teil Staubsauger und nicht Allzwecksauger heißt; er ist auf seine Aufgabe, Staub zu saugen, funktional beschränkt.

10.2.1 Welches ist das richtige technische Gerät?

Wenn wir für unsere Unternehmung neues technisches Gerät anschaffen, müssen wir folgende Fragen beantworten: In welchem Prozess haben wir eine Schwäche, sei es eine menschliche oder eine des veralteten Geräts, erkannt? Welche Aufgaben sind betroffen? Welche Funktionen müssen zur Verfügung stehen, um die erkannte Aufgabe schneller, besser oder kostengünstiger erfüllen zu können? Danach bewerten wir die Steigerung der Geschwindigkeit, der Qualität oder der Kosteneffizienz monetär; wir brauchen nämlich eine einheitliche Wertigkeit. Wenn es dabei um weiche Faktoren wie die Schönheit eines Gerätes geht, machen wir es uns im betrieblichen Leben manchmal schwer, eine monetäre Bewertung zu finden. Für unser Heim kaufen wir aber ohne Weiteres die teurere Lampe und die Begründung, „weil sie schöner ist", genügt uns völlig. Wenn wir die weichen Faktoren berücksichtigen, aber nicht bewerten, fehlen uns Grundlagen, was die Situation verschlechtert. Also bewerten wir die weichen Faktoren, denn es scheint nur manchmal so, als ob wir das nicht könnten; wir können es. Ich muss nur so sicher sein in meiner Bewertung, dass ich keine Bedenken habe, auch dem Verwaltungsratspräsidenten die Mehrkosten mit „weil es so schöner ist" zu begründen und ihm den daraus entstehenden Nutzen zu erläutern. Kann ich das nicht, so hält meine Bewertung nicht stand und ich sollte noch mal darüber nachdenken oder von dieser Bewertung Abstand nehmen, wodurch der betroffene weiche Faktor ganz aus der Betrachtung fällt.

Ich habe es oft erlebt, dass weiche Faktoren durchaus ins Gewicht fallen, dass man aber darauf verzichtet, dies monetär zu werten. Das ist der schlechteste aller Fälle, weil der Eindruck entsteht, die Sache sei gratis oder man verfüge über unbeschränkte finanzielle Mittel. Natürlich glauben das die Beteiligten nicht tatsächlich. Wer sich aber im betrieblichen Umfeld, wo Kosteneffizienz ein stetiges Ziel ist, keine monetäre Vorstellung verschafft, handelt, als glaubte er, dass Geld keine Rolle spielt. Das Unternehmen, in welchem häufig und/oder weit verbreitet so gedacht wird, hat mit Sicherheit ein Kostenproblem.

Die Aufgabe: Ein schnellerer Drucker druckt schneller. Doch was spielt das für eine Rolle bei einem Einzelarbeitsplatzdrucker? Ob die meistens ein-, manchmal zwei- oder dreiseitigen Dokumente in 30 oder in 20 Sekunden ausgedruckt sind, ist völlig egal. Der monetäre Wert dieser Geschwindigkeitszunahme ist 0. Das ändert sich, wenn es darum geht, die Druckkapazität des Rechenzentrums, wo chronische Engpässe bestehen, zu erhöhen. Was ist es dem Unternehmen wert, dass Dokumente termintreuer gedruckt werden? Wie viele Druckaufträge mussten, um Termine zu halten, extern vergeben werden und was hat das gekostet? Man rechne und bilde sich eine Meinung über die Wertigkeit.

Nochmals zu den weichen Faktoren: Vielleicht will man einen neuen Superdrucker für Herrn Meier kaufen, um ihm, als Dank für seinen Einsatz, eine Freude zu machen. Das ist einwandfrei, nur hat sich das Aufgabenpaket des neuen Druckers um die Aufgabe, Herrn Meier eine Freude zu bereiten, erweitert. Kann der

Drucker diese Aufgabe bestmöglich erfüllen oder hätte Herr Meier mehr Freude, wenn man ihm das Geld, das der Drucker kosten würde, in die Hand drückt? Was ist es uns wert, Herrn Meier eine Freude zu bereiten?

Auch hierbei sollte man sich an den Grundsatz halten, dass alles richtig ist, was Sinn macht, und alles falsch ist, was keinen Sinn macht. Keinen Sinn macht in jedem Fall, Faktoren ein Gewicht geben zu wollen, ohne sie zu gewichten. Dies ist anzutreffen, wenn Dinge in hohem Maße beziehungspolitisch angegangen werden. Man glaubt, dies oder jenes tun zu müssen, damit einem dieser oder jener weiterhin oder wieder lieb hat. Dass dies Geld kostet, will man ignorieren.

Die Funktion(en): Wir haben erkannt, in welcher Aufgabe eine Schwäche besteht, die wir mittels technischen Geräts in eine Stärke umwandeln wollen. Nun müssen wir die Frage beantworten, welche Funktionen dieses technische Gerät erfüllen muss, um der Aufgabe gerecht zu werden. Dabei müssen wir grundsätzlich davon ausgehen, dass das technische Gerät die beste Kosteneffizienz ergibt, das genau die benötigten Funktionen, keine mehr und keine weniger, zur Verfügung stellt. Wir können uns leicht vorstellen, dass es Situationen geben kann, in denen sich dieses technische Gerät gar nicht finden lässt. Von den käuflich zu erwerbenden Geräten decken einige vielleicht nicht ganz alle gewünschten Funktionen ab, während andere über zusätzliche, auf den ersten Blick nicht benötigte Funktionen verfügen. Vielleicht erkennen wir, dass wir diese zusätzlichen Funktionen nutzbringend einsetzen können, auch wenn sie ursprünglich nicht Gegenstand der Überlegungen waren. Andernfalls müssen wir nun die nicht erfüllten Funktionen dem Preis für die zusätzlichen nicht benötigten Funktionen gegenüberstellen.

Nehmen wir an, es geht um die Funktionen A, B, C, D und E, welche wir in dieser Reihenfolge gewichtet haben; A ist also die wichtigste, E die am wenigsten wichtige Funktion. Auf dem Markt finden wir ein Gerät, das die Funktionen A bis D abdeckt und

5.000 kostet. Ein umfangreicheres Gerät deckt die Funktionen A bis E ab, hat aber die zusätzlichen Funktionen F, G und H und kostet 9.000. Wir müssen uns im Klaren darüber sein, dass wenn wir die Funktionen F bis H nicht nutzen, wir 4.000 für die Funktion E ausgeben, falls wir das umfangreichere Gerät mit dem Argument kaufen, dass es alle benötigten Funktionen abdeckt. Das Gleiche müssen wir natürlich bezüglich Wartungs- und Unterhaltskosten tun. Danach müssen wir die Frage beantworten, ob uns die Funktion E so viel wert ist.

Ich zweifle daran, dass diese Überlegungen genügend gründlich vorgenommen wurden, wenn ich mir die teilweise in der Büroorganisation vorhandenen Multifunktionskopierer anschaue. Diese Geräte können kopieren, sortieren, zusammenheften, als PC-Drucker und Scanner dienen, Faxnachrichten versenden und empfangen und das Ganze schwarz-weiß oder farbig. Kann ich diese Funktionen nutzen? Nein, denn ich nehme mir nicht die Zeit, eine 200-seitige Bedienungsanleitung zu studieren. Was nützt es mir, dass ich ein 20-seitiges Original zehnmal kopieren, sortieren und zusammenheften lassen kann, wenn während dieses Vorgangs garantiert mindestens ein Papierstau entsteht und ich den Überblick darüber verliere, was nun tatsächlich bereits kopiert wurde und was nicht? Wahrscheinlich wäre ich ohne Automatismus schneller gewesen und hätte mich weniger genervt.

Der Sonderfall Technologieentwicklung: Manchmal müssen Unternehmen Geld ausgeben, obwohl dies im Moment unnötig erscheint, um später nicht noch mehr Geld ausgeben zu müssen. Da technisches Gerät sich schnell und stark entwickeln kann, muss eine Unternehmung darauf achten, keinen allzu großen Technologierückstand zu erleiden. Man muss technologisch nicht immer an der Spitze liegen. Wenn man sich aber einmal einen gravierenden Technologierückstand eingehandelt hat, kann es richtig teuer werden. Deshalb ist es manchmal notwendig, einen Technologiefortschritt mitzumachen, obwohl dies mit isoliertem Blick auf die eigenen Arbeitsvorgänge als nicht notwendig erscheint.

Dabei stets die richtige Wahl zwischen nicht zu viel und nicht zu wenig zu treffen, ist die Kunst der damit Beschäftigten.

10.2.2 Mensch und Computer sind ebenbürtige Arbeitskollegen

Mit dem Computer haben wir uns einen ebenbürtigen Arbeitskollegen geschaffen. Mensch und Computer sind nicht deshalb ebenbürtige Arbeitskollegen, weil beide identische Qualitäten haben, was offensichtlich nicht der Fall ist. Mensch und Computer sind deshalb ebenbürtige Arbeitskollegen, weil ihr Prozessbeitrag identische Qualitäten hat.

Kleiner Exkurs zum Begriff „Computer"

Mit „Computer" ist natürlich die ganze Informationstechnologie gemeint. Die Millenniums-Wechsel-Problematik hat uns in Erinnerung gerufen, dass viele Dinge computergesteuert sind, die wir nicht als Computer wahrnehmen. Die Kaffeemaschine mag ja von einem Chip gesteuert werden, doch ist sie funktional auf die Aufgabe, Kaffee zu machen, beschränkt; ich betrachte sie hier also als Maschine und nicht als Computer. Wenn wir einen Computer kaufen, geht es ja eigentlich nicht um die Hardware, sondern eher um die Software. Ich kaufe mir deshalb einen neuen Computer, weil die aktuellen PC-Games auf meinem alten nicht richtig oder gar nicht laufen. Um die Vogelperspektive zu wahren, differenziere ich hier nicht und nenne einfach alles „Computer". **Ende kleiner Exkurs.**

Während Werkzeuge und Maschinen uns bestimmte, jeweils auf den Arbeitsvorgang beschränkte Funktionen zur Verfügung stellen, trägt der Computer Fähigkeiten bei. Der Computer hat keine vorbestimmte Funktion, er hat Fähigkeiten. Er hat die Fähigkeit, Rechenoperationen in einer gigantischen Geschwindigkeit zu vollziehen, und es ist ihm dabei völlig egal, wie komplex diese sind. Es ist die Anzahl der Vorgänge, welche die Zeit bis zum Vorliegen des Ergebnisses bestimmt, und nicht der mathematische Schwierigkeitsgrad der Aufgabe; Flüchtigkeitsfehler kennt der Computer nicht. Der Computer hat die Fähigkeit, sich unzählige Dinge ganz genau zu merken und sich genau dann zu erinnern, wenn er die Information braucht; er kann nicht nachvollziehen, was „es liegt mir auf der Zunge" bedeutet. Aus diesen Grundfähigkeiten ergeben sich, gleich einem Fähigkeitssystem mit Teil- und Untersystemen, weitere Fähigkeiten, die ihn auf seinem Spielfeld unbesiegbar machen. Der Computer potenziert seine Grundgeschwindigkeit dadurch, dass er ein Meister der Koordination ist. Er kann einer anstehenden Arbeit in dem Moment die passenden Ressourcen zuweisen, in der diese frei sind, und erreicht damit eine Ressourceneffizienz, von der wir nur träumen können. Alle seine Fähigkeiten stellt uns der Computer in konstanter Qualität, zu jedem Zeitpunkt und so lang wir wollen, zur Verfügung. Okay, manchmal kommt es vor, dass einer abstürzt oder kaputtgeht. Was ich meine, ist, dass er keinem Zyklus, wie Wachsein und Schlafen, unterliegt, der seine Fähigkeiten beeinflusst.

Wie wir die Fähigkeiten des Computers einsetzen, ist uns überlassen. Die Fähigkeiten sind vorgegeben, das Ergebnis ist es nicht. Das ist der Unterschied zu anderem technischen Gerät und führt zur Ebenbürtigkeit mit dem Menschen. Auch wir Menschen sind nicht funktional aufgabenspezifisch beschränkt. Wir haben Fähigkeiten, die wir so einsetzen, wie es uns richtig erscheint. Der Prozessbeitrag des Menschen und der des Computers haben also identische Qualität; er besteht übereinstimmend darin, Fähigkeiten zur Verfügung zu stellen.

Wenn also der Computer das betrachtete technische Gerät ist, müssen wir, neben Aufgabe und Funktion, auch die Fähigkeit einbeziehen. Die Fragestellung lautet dann: Welche Aufgabe ist betroffen, welche Funktionen werden benötigt und was sind die hinter den Funktionen stehenden Fähigkeiten? Dieser Zusatz führt zur Fragestellung, ob diese Fähigkeiten auch für andere Prozesse, an die ich vorerst gar nicht gedacht habe, von Nutzen sein können. Dank Vernetzung und Multitasking können diese Fähigkeiten nämlich relativ orts- und aufgabenunabhängig mehrfach genutzt werden. Die Fähigkeit, Datenpakete in kurzer Zeit mit Inhalten großer Datenbanken zu vergleichen, kann für die Aufgabe, Adressen auf Richtigkeit zu prüfen, eingesetzt werden. In einem Unternehmen kann es in verschiedenen Prozessen sinnvoll sein, Adressen zu prüfen. Wenn wir in vier verschiedenen Prozessen die Adressen von einem Computer prüfen lassen, dann haben wir die Kosteneffizienz bezüglich der Aufgabe „Adressen prüfen" erhöht. Das darf selbstverständlich nicht dazu führen, dass wir die Adressen, nur weil es möglich ist, in 50 Prozessen prüfen. Wie immer: Es muss Sinn machen.

10.2.3 Wartung und Unterhalt

Auf der Basis der Aufgabe und der zur Erledigung derselben notwendigen Funktionen haben wir also ein technisches Gerät angeschafft. Nun ist es unser Bestreben, dass dieses Gerät seine Aufgabe so lange möglichst störungsfrei verrichtet, bis wir es ersetzen wollen. Wir pflegen dieses Gerät dadurch, dass wir ihm geben, was es braucht. Was das ist, steht in der Bedienungsanleitung. Vielleicht schließen wir einen Wartungsvertrag mit dem Lieferanten ab, um dem Gerät spezialisierte, professionelle Pflege zukommen zu lassen. Wir lassen Sorgfalt walten und das derart, dass der unsorgfältige Umgang mit technischem Gerät ein Grund sein kann, Arbeitsverträge zu künden.

10.3 Der Produktionsfaktor Mensch

Auf dem Spielfeld des Computers sind wir hoffnungslos unterlegen, doch haben wir eigene Spielfelder, auf denen es dem Computer gleich geht: Während der Computer stets eine Arbeitsanleitung braucht, ohne die er nur Material ist, verfügen wir über die Fähigkeit, einen Weg aus zunächst aussichtslosen Situationen zu finden. Wir können Dinge finden, die wir gar nicht gesucht haben. Unser Erinnerungsvermögen ist zwar interessen- und zeitdynamisch, doch hat der Computer keine Chance gegen uns, wenn es darum geht, Informationen aufzunehmen, mittels Erfahrung zu bewerten, daraus Schlussfolgerungen zu ziehen und entsprechend zu handeln, was wir selbst in uns unbekannten Situationen in Sekundenschnelle können. Wir sind kreativ.

Eine zentrale Fähigkeit, die uns dem Computer überlegen macht, ist unsere Informationsverarbeitung. Während der Computer den reinen Informationswert kennt, kennen wir auch dessen Bewertung und damit dessen Bedeutung, wir kennen Rahmenbedingungen, Ähnlichkeiten usw.; wir schöpfen aus unserem Erfahrungspool. Wenn wir uns beispielsweise aufgrund einer an uns gerichteten Frage an etwas erinnern, tut sich eine ganze Welt auf. Deshalb sind wir so schnell dabei, Informationen zu würdigen und daraus Handlungen abzuleiten. „Haben Sie Fragen zu …, dann drücken Sie die 1" usw. Erst wenn wir das Kommunikationsereignis auf eine derart banale Ebene bringen, ist der Computer in der Lage, daraus eine Handlung seinerseits abzuleiten. „Ja, ich habe eine Frage zur Adresse; nämlich die, warum ich diese dreimal bekannt geben muss und Sie immer noch nicht in der Lage sind …" Uns ist sofort klar, dass dieser Anrufer in der Reklamationsannahme und nicht in der Adressverwaltung richtig ist. Der Computer wüsste nicht, wie wir zu dieser Schlussfolgerung kommen, denn der Anrufer hat doch gesagt, dass er eine Frage zur Adresse habe.

Die Aufgabe: Der Mensch ist ein teurer Produktionsfaktor, was richtig ist, da ihn seine Fähigkeiten und Eigenschaften, denen wir uns auch in den vorangegangenen Kapiteln gewidmet haben, zu einem Produktionsfaktor machen, der eine unersetzbare Qualität aufweist: Der Mensch kann, unabhängig von der Regelungsdichte, Ziele erreichen. Erinnern wir uns an Martins Wohnungsumzug, mit dem er sich so viel Mühe und Arbeit gemacht hat. Er hätte auch ein Umzugsunternehmen beauftragen können. Er hätte zwei Adressen und einen Termin angegeben, zwei Schlüssel übergeben und den Auftrag erteilt. Danach hätte er in die Ferien fahren können, der Umzug hätte funktioniert. Dies hätte natürlich einiges mehr gekostet als die paar Brötchen und die paar Flaschen irgendwas, die er für seine Umzugshelfer bereitgestellt hat.

Wer sich den teuren Produktionsfaktor Mensch leistet, sollte diesen selbstverständlich für die Aufgaben einsetzen, zu deren Erfüllung seine Qualität von Nutzen ist. Wer seinen Mitarbeitern jeden Handgriff vorschreiben möchte und sie behandelt, als wären sie Roboter, der unterhält sich zwar den teuersten, gleichzeitig aber auch den unfähigsten Roboter, den man sich vorstellen kann. Das ist schlicht dumm.

Die Funktion: Es gibt Prozesse, die man nicht bis in das letzte Detail planen kann. Das ist meistens dann der Fall, wenn der Input des Prozesses menschlicher Natur ist, was bedeutet, dass wir den Input im Voraus nicht genau definieren können. Der Prozess lässt sich somit gleichsam nicht genau definieren. In dem Moment, in welchem das Kundencenter den Telefonanruf entgegennimmt, weiß noch niemand, welche Folgeaktivitäten sich ergeben werden. Gleiches gilt für Prozesse, deren Output starke emotionale Anteile hat. Der Architekt muss auch spüren, was der Bauherr des Einfamilienhauses wünscht, denn Letzterer wird kaum in der Lage sein, dies technisch ganz genau zu beschreiben. Wenn wir den Sachinhalt extrahieren, bleibt Folgendes übrig: Die menschliche Funktion in Arbeitsprozessen besteht darin, einen menschlichen Input in eine zu bearbeitende Aufgabenfolge umzuwandeln, aus der sich ein menschlicher Output ergibt. Wenn man technische Unterstützungsprozesse isoliert betrachtet, stimmt diese Aussage nicht. Der Output des Prozesses Druckerwartung ist der gewartete Drucker. Wenn wir aber in der Vogelperspektive bleiben, ist klar, dass der Drucker nicht um seiner selbst willen gewartet wird, sondern dafür, dass weiterhin Druckerzeugnisse hergestellt werden können, die von Menschen benötigt werden.

10.3.1 Wartung und Unterhalt

Auf der Basis der Aufgabe und der zur Erledigung derselben notwendigen Funktionen haben wir also einen Menschen angestellt. Nun ist es unser Bestreben, dass dieser Mensch seine Aufgabe so lange möglichst störungsfrei verrichtet, bis dies nicht mehr notwendig ist. Wir pflegen diesen Menschen dadurch, dass wir ihm geben, was er braucht. Was das ist, steht zwar nicht in einer Bedienungsanleitung, da wir aber auch Menschen sind, wissen wir, was das ist. „Was du nicht willst, das man dir tu, das füg auch keinem anderen zu." „Liebe deinen Nächsten wie dich selbst." Es gibt auch Unternehmen, die beispielsweise mit einem Verhaltenskodex eine menschliche „Betriebsanleitung" zur Verfügung stellen. Vielleicht schließen wir einen „Wartungsvertrag" mit einem Betriebspsychologen ab, um dem Menschen spezialisierte, professionelle Pflege zukommen zu lassen. Wir lassen Sorgfalt walten und das derart, dass der unsorgfältige Umgang mit dem Humankapital ein Grund sein kann, Arbeitsverträge zu künden.

So weit die Theorie, die von jedem Unternehmen in dieser oder anderer Form unterzeichnet würde, bzw. worden ist. Dies ist sehr leicht zu prüfen: Man besuche den Internetauftritt einer beliebigen Unternehmung, klicke die Rubrik „Wir über uns" oder „Das Unternehmen" oder ähnlich. Dort lassen sich mit Leichtigkeit entsprechende Stellungnahmen finden.

10.4 Die Produktionsfaktoren Mensch und Technik im Vergleich

Seit Jahrzehnten hören wir, dass sich die Unternehmungen darüber im Klaren seien, dass die Mitarbeiterschaft das höchste Gut ist. Daher sollte davon ausgegangen werden können, dass die Unternehmungen mit dem Produktionsfaktor Mensch mindestens ebenso gewissenhaft umgehen wie mit dem Produktionsfaktor Technik. Ich bin mir durchaus im Klaren darüber, dass es Unternehmen gibt, die das tatsächlich auch so handhaben, doch war es mir bisher nicht vergönnt, ein solches kennenzulernen. Meine Erfahrungen und Geschichten aus meinem Umfeld zeigen ein anderes Bild.

Die Aufgabe: Vor der Anschaffung eines technischen Gerätes findet eine sachliche Evaluation statt, anhand welcher die Übereinstimmung der Qualifikation des Gerätes mit der zur Aufgabenerfüllung notwendigen Qualifikationen geprüft wird. Mit zunehmender Bedeutung des Gerätes nimmt die Sorgfalt bei der Evaluation zu. Ein Taschenrechner ist schnell bestellt, ein neues Computersystem nicht. Beim Produktionsfaktor Mensch ist es erstaunlicherweise genau umgekehrt: Je wichtiger, d.h. hierarchisch höher die zu besetzende Position ist, desto mehr tritt die sachliche Qualifikation in den Hintergrund und desto mehr gewinnt die Beziehung, die Seilschaft an Bedeutung. Mir ist eine Unternehmung bekannt, in der es Filialleitern möglich ist, ihre Position an ihre Söhne zu „vererben", und das ist keine Erzählung aus dem vorletzten Jahrhundert.

Für die unteren hierarchischen Stufen und den Sachbearbeiter ergibt sich hingegen Folgendes: Je mehr Diplome und sonstige zum Aufgabenprofil passende Qualifikationen vorgewiesen werden können, desto größer die Chance, angestellt zu werden. Ist man dann aber angestellt, vergisst das Unternehmen die Qualifikation. Nun ist plötzlich nur das zu tun, was der Chef sagt. Dass ich nachweislich dafür ausgebildet bin und Erfahrung darin mitbringe, die Sachfrage XY zu beurteilen und der Chef nicht, ist unerheblich. Qualifikation ist die Basis der Anstellung, nicht die Basis der Zusammenarbeit. Falls beispielsweise ein Projekt ansteht und ein Projektleiter gesucht wird, werden nicht etwa Personaldossiers studiert, um den Qualifiziertesten zu finden. Vielmehr entscheidet der bereits hochrangig besetzte Projektsteuerungsausschuss, wem eine Profilierungsmöglichkeit gegeben werden soll. Wirklich qualifizierte Kandidaten bringen die negative Eigenschaft mit, eine eigene fundierte Meinung zu haben, und wer noch dazu schon Rückgrat bewiesen hat, ist sowieso verdächtig.

Die Funktion: In Bezug auf ein technisches Gerät fragen wir uns, welche Funktionen es hat und wie sehr diese mit der zu verrichtenden Aufgabe übereinstimmen. In Bezug auf den Menschen geschieht dies auch, wobei diese Frage vor und nach der Anstellung des Menschen unterschiedlich beantwortet wird. Vor der Anstellung besteht die gewünschte Funktion darin, diese oder jene Fachperson zu sein. Nach der Anstellung geht es jedoch mehr darum, ein guter Untertan zu sein, damit die Herrscher auch Spaß an ihrer Herrschaft haben. Vor der Anstellung sind Ehrlichkeit, sachliches Kommunikationsvermögen und Beharrlichkeit gesuchte Fähigkeiten und Eigenschaften. Nach der Anstellung soll der Mensch zum Lügner werden, denn das Herrschaftsspiel basiert auf Lüge, da es ja mit der offiziellen Einstellung des Unternehmens – siehe Leitbild, Verhaltenskodex und Ähnliches – nicht zu vereinbaren ist.

10.4.1 Wartung und Unterhalt

Haben wir ein Auto gekauft, das mit bleifreiem Benzin zu betanken ist, dann werden wir bleifreies Benzin tanken. Die Frage, ob Dieseltreibstoff preisgünstiger zu haben ist oder nicht, ist irrelevant. Selbst wenn wir erkennen, dass wir einen Fehler gemacht haben und besser ein Dieselfahrzeug gekauft hätten, werden wir immer noch Benzin tanken. Dies so lange, bis wir den Benziner durch ein Dieselfahrzeug ersetzt haben. Erst danach werden wir Diesel tanken.

Wurde ein Mensch angestellt, hat er nur noch zu gehorchen und persönliche Bedürfnisse irgendwo, nur nicht zulasten der Unternehmung zu befriedigen. Dass ein Mensch gar keinen Bedürfnis-Ein/Aus-Schalter hat, ist unerheblich. Er hat sich mit der

Unternehmung zu identifizieren, die Unternehmung ist sich aber nicht ansatzmäßig darüber im Klaren, dass sie sich über den Mitarbeiter identifiziert. Dass menschliche Beziehungen auf Gegenseitigkeit beruhen – längerfristig funktioniert Vertrauen einseitig einfach nicht –, ist zwar eine unausweichliche Tatsache, doch was im Kontext Mensch nicht sein darf, das ist nicht; so funktioniert die Welt der Herrscher. Wer ein Auto gekauft hat und nun darauf besteht, dass es zu fliegen hat, würde in eine psychiatrische Anstalt eingewiesen. Wenn von einem Menschen verlangt wird, dass er zu zaubern habe, dann hat er gefälligst zu zaubern.

In diesen Tagen wurde im TV wiederholt von Arbeitsvertragskündigungen berichtet, welche mit absonderlichen Begründungen ausgesprochen wurden. Einer Mitarbeiterin wurde gekündigt, weil sie ein nach einem Anlass liegen gebliebenes Brötchen gegessen hat. Einem Mitarbeiter wurde gekündigt, weil er den Akku seines Mobiltelefons im Büro aufgeladen hat und Ähnliches. Das sind vortreffliche Beispiele dafür, mit welcher Absurdität die Herrscher ihre Herrschaft leben und verteidigen.

Solche fadenscheinigen Kündigungen wurden vor Gericht verhandelt und teilweise für rechtmäßig befunden, was uns Folgendes zeigt: Aus der Vogelperspektive, also in einem groben Detaillierungsgrad, entsprechen die Gesetze unserer Ethik und Moral. Im Detail, also in einer konkreten gerichtlichen Beurteilung, ist dies hingegen nicht zwingend der Fall. Ein Gericht hat eine solche Kündigung als rechtmäßig erklärt, weil es keinen Mindestbetrag für Diebstahl gibt. Es spiele also keine Rolle, ob der Mitarbeiter 0,50 Euro in Form eines Brötchens oder 50 Mio. Euro in harter Währung veruntreut. Ich zweifle nicht an, dass dies formaljuristisch so ist. Rein vernünftig beurteilt ergibt sich jedoch Folgendes: Wer ein liegen gebliebenes Brötchen isst, ist sich wahrscheinlich nicht bewusst, damit einen Diebstahl zu begehen. Wer 50 Mio. Euro veruntreut, braucht jede Menge krimineller Energie als Voraussetzung. Und das soll nun das Gleiche sein? Was für ein Unsinn. Weiter wurde ausgeführt, dass die Kündigung dann erfolgreich gerichtlich bekämpft werden könne, wenn der Gekündigte beweist, dass die Kündigung aus einem anderen als dem angegebenen Grund ausgesprochen wurde, der Brötchenklau also nur Vorwand ist. Jetzt wird es aber richtig grotesk: Die Tatsache, dass wegen des Konsums eines liegen gebliebenen Brötchens die Kündigung ausgesprochen wird, ist doch schon der Beweis dafür, dass ein Vorwand vorliegt. Der interviewte Richter argumentiert: Es geht um den Verlust des Vertrauens zum Mitarbeiter und somit um den Verlust einer grundsätzlichen Voraussetzung zur Aufrechterhaltung des Arbeitsverhältnisses. Ich argumentiere: Wer wegen des Verzehrs eines liegen gebliebenen Brötchens das Vertrauen in den Mitarbeiter verliert, der ist nicht vertrauensfähig. Der Herrscher ist also nicht fähig, eine Voraussetzung zu schaffen, die er selber als grundsätzlich definiert, und somit ist ihm, nach seinen eigenen Maßstäben, die Kündigung wegen grundsätzlicher Unfähigkeit auszusprechen.

Was geschieht, wenn ein technisches Gerät eine sachlich unbedeutende, einmalige Fehlfunktion aufweist? Es geschieht gar nichts. Bei wiederholter Fehlfunktion wird der Servicetechniker gerufen. Erst wenn alle Versuche scheitern, das Gerät ordnungsgemäß in Betrieb zu nehmen, wird es ersetzt. Es herrscht mehr Goodwill gegenüber technischem Gerät als gegenüber dem Menschen und trotzdem erwartet der Herrscher, dass ihm geglaubt wird, wenn er betont, dass die Mitarbeiter das höchste Gut sind.

10.4.2 Burn-out

Inzwischen hat das Thema Burn-out etwas an Aktualität eingebüßt, doch bleibt es ein Krankheitsbild unserer Gesellschaft. Manchmal wird das Burn-out auf Arbeitsüberlastung zurückgeführt. Ich widerspreche dieser Ansicht in folgendem Sinne: Es ist nicht die reine Menge an Arbeit, die zum Burn-out führt. Maßgeblich sind die Umstände, in denen diese Arbeit verrichtet wird. Wenn Menschen in einer Raumstation, neben Fitness-programm, Ernährung und Schlafen, nichts anderes tun, als zu arbeiten, dann leisten sie wahrscheinlich mehr Arbeit, als sonst wo geleistet wird. Und dies tun sie unter extrem erschwerten Umständen, erleiden dabei aber kein Burn-out. Die Umstände in einer Raumstation belasten die dort Arbeitenden körperlich, psychisch und seelisch, doch sie erkennen, dass das Sinn macht. Die Arbeit, die sie tun, lässt sich nur in einer Raumstation tun, und das ist es, was sie wollen. Sie dienen der Sache, der sie die-nen wollen. Deshalb zerbrechen sie nicht an den extremen Be-lastungen, denen sie ausgesetzt sind.

Es ist die durch die Herrscher geschaffene, menschenunwür-dige und sinnfeindliche Absurdität und die Auswegslosigkeit der Idiotie, welche das Burn-out zur Gesellschaftskrankheit gemacht haben. Es werden edle Dinge wie Vertrauen, Respekt und Integ-rität als Grundlagen des Schaffens verkündet. Das herrscherische Handeln ist hingegen intrigant, lügengetrieben und dumm. Es werden Wege aufgezeigt, wie dem vorgeblich unerwünschten Zuwiderhandeln gegen die edlen Grundsätze entgegenzutreten ist, und der Mitarbeiter wird aufgefordert, diesen Weg gege-benenfalls zu beschreiten. Doch am Ende eines solchen Weges sitzt ein Herrscher, der in seinem Intrigennetz gefangen ist und sich hüten wird, anderen Herrschern auf die Füße zu treten. Dies mündet in der Kündigung des Mitarbeiters, der das getan hat, wozu er von denen aufgefordert wurde, die nun seine Kündi-gung aussprechen.

Das Schöne am Burn-out ist, dass er Gleichheit unter den Menschen schafft, denn es ist ja mitnichten so, dass die Herrscher kein Burn-out erleiden. Der Herrscher ist existenziell abhängig davon, dass die Lügenwelt, in der er leben muss, Bestand hat. Auch über ihm kann jederzeit ein Lügengebäude entstehen, das ihn bedroht. Er muss wissen, welche Waffen zu welchem Zweck gegen wen eingesetzt werden dürfen, und er muss die Fähigkeit erlangen, diese Waffen auch zu gebrauchen. Gleichzeitig hat er eigene Anteile an Lügengebäuden, um deren Aufbau und Erhalt er sich in seinem eigenen und/oder im Interesse der Seilschaft zu kümmern hat. Das Ganze ist, weil menschlich, auch hochdynamisch. Besonders erschwerend kommt hinzu, dass nicht offen darüber geredet wird und somit alles der eigenen Interpretation unterliegt, die natürlich auch mal falsch sein kann oder über Nacht von einem anderen falsch gemacht werden kann. Existenzielle Angst ist ein ständiger Begleiter. Der Bau und Erhalt der Lügenwelt des Herrschers kostet ihn jede Menge Zeit und Energie. Sollte diese Welt ins Wanken geraten, sei es, dass eine andere Seilschaft die Oberherrschaft erringt, sei es, dass er, von seiner Seilschaft abgeschnitten, ins Tal stürzt, ist der Weg zum Burn-out nicht mehr so weit. Wenn er obendrein nun noch echte Arbeit leisten und dabei echte Ergebnisse erzielen soll, kann es sehr schwierig werden. In diesem Sinne geht es doch um die Menge an Arbeit, die zum Burn-out führen kann.

10.5 Das Unternehmen als Ego-Spielplatz

Jede Führungskraft, die ihre Führungsaufgabe dadurch wahrnimmt, ihre Untertanen zu beherrschen, liegt damit nur dann richtig, wenn die Unternehmung das Beherrschen von Untertanen als den gewünschten Führungsstil betrachtet. Da dies auf praktisch keine Unternehmung zutrifft, liegen die Herrscher praktisch immer falsch. Aber wie kann es sein, dass Herrscher sich einer Unternehmung bemächtigen und dabei den Grundsätzen der Unternehmung entgegenwirken? Natürlich dadurch, dass es „die Unternehmung" als separaten Willensträger gar nicht gibt.

Die Kräfte, welche erkannt haben, dass dem Sozio-Teil des soziotechnischen Systems Rechnung zu tragen ist und wie dies getan werden könnte, sind betriebsextern. Es handelt sich um Buchautoren, Professoren, Referenten, Vordenker. Der eine oder andere dieser Vordenker war oder ist tatsächlich Unternehmer oder Unternehmensberater und hat in Einzelfällen mit seinen

Ideen tatsächlich Erfolge erzielt. Dies ist heutzutage so weit gediehen, dass wohl jeder aktuelle Herrscher oder wenigstens die aktuellen Jungherrscher ihre Ausbildung im Sinne der Vordenker absolviert haben. Solange man aber Studiengänge mit Prüfungswissen erfolgreich absolvieren kann, ohne je lebensnahes Können bewiesen zu haben, ist die Ausbildung natürlich keine Garantie dafür, dass auch in diesem Sinne gehandelt wird oder auch nur gehandelt werden kann. Wir verwechseln Kompetenz leider immer noch sehr mit Wissen und vergessen, dass das Wissen nur der Wegbereiter des Könnens ist. Die echten Ergebnisse sind Resultate des Könnens.

Es ist, den Vordenkern sei Dank, inzwischen klar, dass eine größere Unternehmung, die etwas auf sich hält, sich über die Betriebskultur Gedanken macht; Corporate Culture wird zum Thema. Die Herrscher lassen sich von Spezialisten Leitbilder und andere Schriftstücke entwickeln, die Verhaltenskodex, Führungsrichtlinien und ähnlich genannt werden. Diesen Schriftstücken ist anzusehen, dass deren Verfasser selber Vordenker sind oder die Vordenker wenigstens so weit verstanden haben, dass sie deren Gedankengut auf den Punkt bringen können. Diese Schriftstücke sind geeignet, Hoffnung zu machen. So weit das Wissen.

Die Herrscher mögen glauben, dass sie die genannten Schriftstücke wirklich ernst meinen. Sie unterlassen es aber, Konzepte zu entwickeln, die geeignet sind, die Aussagen der Schriftstücke in die Tat umzusetzen. Diese Schriftstücke werden veröffentlicht und weiter geschieht gar nichts. Man scheint zu glauben, dass der Wille sich realisiert, weil er geäußert wurde. Wenn wir in Betracht ziehen, dass wir schon manchen guten Vorsatz, der nur uns selber betroffen hat und der von uns alleine hätte umgesetzt werden können, schlussendlich nicht dauerhaft realisiert haben, dann ist es doch einfach dumm, anzunehmen, dass sich ein guter Vorsatz, der viele betrifft und nur gemeinschaftlich umgesetzt werden kann, allein dadurch realisieren lässt, dass man ihn kundtut. So weit das Können.

Und so kommt es, wie es nach einem Zitat von Otto von Bismarck kommen muss: *An Grundsätzen hält man nur fest, solange sie nicht auf die Probe gestellt werden; geschieht das, so wirft man sie fort, wie der Bauer die Pantoffeln, und läuft, wie einem die Beine nach der Natur gewachsen sind.*

Wer es wagt, den Herrscher zu kritisieren, der wird zu Gehorsam gemahnt. Vergessen ist alles, was über die Kompetenz des Einzelnen, den Einsatz für die Sache, über den Mut zur Veränderung usw. in den genannten Schriftstücken niedergeschrieben wurde. Das Herrscher-Ego will herrschen, ansonsten wäre es uninteressant, Herrscher zu sein. Das fängt beim Oberherrscher an und setzt sich durch die Hierarchie fort, denn wenn ich schon von oben beherrscht werde, dann will ich doch wenigstens nach unten herrschen. Das endet nicht einmal bei denen, die auf dem Papier über niemanden herrschen. Es gibt Sachbearbeiter, die arbeiten mit denen konstruktiv zusammen, die sie genügend gebauchpinselt haben, und den anderen wird die konstruktive Zusammenarbeit verweigert. Führt dies zu einer offenen Konfrontation, sind nicht diejenigen die Fehlerhaften, welche ihre Zusammenarbeit von Sympathiepunkten abhängig machen. Sie haben zwar nicht die geringste formale Berechtigung dazu, doch spielt das keine Rolle. Sie verhalten sich herrschaftlich und damit konform zum Herrschaftssystem. Nein; die Fehlerhaften sind die, welche ungenügend Sympathiepunkte haben, denn sie haben sich offensichtlich zu wenig um die geeignete Kommunikation gekümmert, ansonsten hätten sie genügend Sympathiepunkte. Logisch oder etwa nicht?

So geschieht es, dass der eigentliche Unternehmenszweck, einem Markt ein Produkt oder eine Dienstleistung entgeltlich zur Verfügung zu stellen, in den Hintergrund tritt. Man kommt morgens nicht zur Arbeit, um dem Unternehmenszweck zu dienen. Man kommt morgens zur Arbeit, um in seinem Reich König zu sein, um seinen Anteil an Geltungsbedürfnis zu leben, um sein Ego zu pflegen. Das Unternehmen ist zum Ego-Spielplatz geworden.

Wenn ich sehe, dass Führungskräfte sich in alle möglichen Dinge einmischen, ohne dass dazu die geringste sachliche Notwendigkeit besteht, nichts delegieren und dann bis 22:00 Uhr nachts im Büro sitzen, dann komme ich auf die Idee, dass sie einfach ihren Thron nicht verlassen wollen. Mit großer Arbeitsbelastung hat dies nur insofern etwas zu tun, als dass sie, auch ihren Ehegatten gegenüber, eine Begründung dafür brauchen, den Thron möglichst lange zu genießen. Es ist nicht so, dass sie betrügen, indem sie beispielsweise im Büro sitzen und gar nicht für die Unternehmung tätig sind. Ihre Belastung mit Sitzungsterminen ist beispielsweise enorm und diese Sitzungen finden auch tatsächlich statt. Nur könnte man einen maßgeblichen Teil von den Sitzungen, an denen ich teilgenommen habe, ersatzlos streichen, ohne dass dies irgendeine sachliche Wirkung hätte, und ich habe keinen Grund zur Annahme, dass dies nur auf die Sitzungen zutrifft, an denen ich teilgenommen habe. Ich habe einmal eine Sitzung abgesagt, weil ich die zu besprechenden Sachverhalte mit einer E-Mail klären zu können glaubte. Oje, schwerer Fehler. Anstatt sich darüber zu freuen, dass ich sie von einem Sitzungstermin befreit habe, sind die Herrscher erbost. Mit der Bemerkung, dass dieser Ton, einfach eine E-Mail zu schreiben, nicht erwünscht sei, wurde mir befohlen, die Sitzung stattfinden zu lassen. Die einzige Erklärung, die ich dafür habe, ist, dass ich den Herrschern mit der Sitzungsabsage einen Ego-Profilierungstermin weggenommen hatte, was eine unerhörte Respektlosigkeit darstellt.

Ab und zu werden betriebliche Organisationen mit Sportmannschaften verglichen, in der jeder in seiner Aufgabe sein Bestes gibt, um das gemeinsame Ziel zu erreichen. Ich halte dies für eine gute Visualisierung. Ein Betriebspsychologe hat mir einmal den Unterschied zwischen einem Team und einer Gruppe aus seiner Perspektive erläutert: Eine Gruppe ist eine Ansammlung von Menschen, die sich mit etwas beschäftigt, das sie den Betrachter als Gruppe erkennen lässt. Aus einer Gruppe wird erst dann ein Team, wenn jedem Teilnehmer bewusst ist, dass das Ziel nur gemeinsam zu erreichen ist. Eine Fußballmannschaft ohne Torhüter wird nur selten ein Spiel gewinnen können. Das ist jedem Mannschaftsmitglied so klar bewusst, dass man lieber mit dem schlechtesten Torhüter spielt als mit gar keinem. Es geht einfach nicht ohne Torhüter und das gilt schlussendlich für jede Position. Das ist ein Team. Wenn wir nun eine erfolgreich funktionierende Mannschaft von Spitzensportlern als Inbegriff des Teams betrachten und dies auf eine betriebliche Organisationseinheit übertragen, ergibt sich, dass das Unternehmen wieder Ego-Spielplatz ist. Warum geben denn die Ruderer, die tatsächlich alle im gleichen Boot sitzen, alles, um an der Olympiade eine Goldmedaille zu erreichen? Weil die Welt dann eine bessere ist? Nein, weil jeder Einzelne Goldmedaillenträger sein will. Das Ego sucht die Selbstverwirklichung und den Eintrag in die olympische Geschichte. „Dabei sein ist alles" gilt für die, welche ohnehin keine Chance auf eine Medaille haben. Die Medaillenanwärter hingegen kämpfen für sich selber, ob sie das nun in einem Team tun oder nicht. In der Olympiavorbereitung unterstellen die Medaillenanwärter ihr ganzes Leben und damit ihr ganzes Umfeld dem Ziel. Kurz: Spitzensportler sind Hyper-Egomanen. Okay; dann wollen wir also keine betrieblichen Organisationseinheiten, die wie Spitzensportmannschaften funktionieren, um das Unternehmen davor zu bewahren, Ego-Spielplatz zu sein? Doch, wir wollen betriebliche Organisationseinheiten, die wie Spitzensportmannschaften funktionieren. Ja, aber was nun; soll das Unternehmen Ego-Spielplatz sein, ja oder nein?

Wir haben gesehen, dass jeder Mensch der Schöpfer seines Realitätsmodells ist. Damit steht alles, was der einzelne Mensch tut oder lässt, auf einer Basis, die er sich selber geschaffen hat, die also aus seinem Ego heraus entstanden ist. Falls ein Mensch dabei so vorgeht, dass er alles, was andere über ihn sagen, höher einstuft als seine eigene Erfahrung, oder falls ein Mensch sich eine Realität schafft, in der er selber immer klein, fehlerhaft und schlecht ist, dann liegen Krankheitsbilder vor. Der gesunde Mensch baut sich ein Realitätsmodell, in welchem das, was er tut und erreicht, gut ist. Wer Automechaniker sein will und dazu eine Ausbildung absolviert hat, der findet es gut, die Berufsprüfung bestanden zu haben. Er wird sich kaum ein Realitätsmodell bilden, in dem er der Helfer des Teufels ist, weil er die bösen Autos, die uns alle vernichten werden, wieder in Gang setzt, nachdem sie zum Wohle der Welt kaputtgegangen sind. Wir richten uns die Welt so ein, dass wir in ihr bestehen können. Alles ist Ego-Spielplatz, auch das Unternehmen, als Teilsystem der Welt.

In diesem Zusammenhang werfen wir einen Blick auf die Maslow'sche Bedürfnispyramide: Abraham Maslow ist der Frage nachgegangen, was den Menschen motiviert. Er kam zur Schlussfolgerung, dass die Grundmotivation des Menschen dadurch entsteht, eigene Bedürfnisse befriedigen zu wollen. Er hat fünf Arten von Bedürfnissen erkannt, die aufeinander aufbauen, wodurch die Bedürfnispyramide oder Bedürfnishierarchie entsteht. Die Aussage lautet, dass solange ein Bedürfnis nicht befriedigt ist, das in der Pyramide nächsthöhere Bedürfnis keine Bedeutung, also keine motivierende Wirkung hat. Beispiel: Wer nichts zu essen hat, begibt sich auch in lebensbedrohliche Gefahr, um das Bedürfnis nach Ernährung zu befriedigen; das Bedürfnis nach Sicherheit hat also noch keine Relevanz. Auch wenn diese Bedürfnisse herkömmlich als fünf Stufen einer Pyramide dargestellt werden, muss man sich das Ganze, weil es menschlich ist, dynamisch vorstellen: Nachdem das Mammut erlegt ist, zieht sich der Mensch in den Schutz seiner Höhle zurück, doch wird er sich wieder in Gefahr begeben, wenn die Vorräte knapp werden. Eine Stufe der Bedürfnispyramide erreicht zu haben, bedeutet also nicht, sich nie wieder darum kümmern zu müssen.

Die 5 Stufen der Maslow'schen Bedürfnispyramide sind die folgenden:
- Körperliche Existenzbedürfnisse: Atmung, Nahrung, Schlaf, Gesundheit und Ähnliches.
- Sicherheitsbedürfnisse: Recht und Ordnung, Schutz vor Gefahr, fester Arbeitsplatz und Ähnliches.

- Soziale Bedürfnisse: Familie, Freunde, Partnerschaft, Kommunikation und Ähnliches.
- Individualbedürfnisse: Status, Respekt, Anerkennung und Ähnliches.
- Bedürfnis nach Selbstverwirklichung: Individualität, Talententfaltung, Erleuchtung und Ähnliches.

Betrachten wir nun die einzelnen Stufen mit den Augen eines Menschen unserer Wohlstandsgesellschaft:

Unsere körperlichen Existenzbedürfnisse können wir als weitestgehend befriedigt betrachten. Natürlich gibt es Situationen, die uns den Schlaf rauben, und wenn unsere Gesundheit stark gefährdet ist, sind wir auch bereit, uns riskanten Operationen auszusetzen. Das sind aber Ausnahmesituationen. Natürlich haben wir immer wieder Hunger, doch es bedarf keiner intensiven Auseinandersetzung mit dem Thema, um essen zu können.

Gleiches gilt für unsere Sicherheitsbedürfnisse. Natürlich wissen wir um die Gefahren des Straßenverkehrs und dennoch bewegen wir uns darin, ohne unser Leben akut bedroht zu sehen. Das ist keine Blindheit, sondern eine realitätsnahe Einschätzung der Unfallgefahr. Auch wenn sie täglich geschehen, sind Unfallereignisse doch Ausnahmeerscheinungen.

Bezüglich Befriedigung der sozialen Bedürfnisse müssen wir nach dem Alter des betroffenen Menschen fragen. Ich halte es nämlich nicht für eine Ausnahmeerscheinung, dass ein junger Mensch im Laufe seines Erwachsenwerdens eine Zeit durchlebt, in welcher er glaubt, von niemandem verstanden zu werden. Das ist der Moment, in welchem sich der Mensch seiner Individualität bewusst wird, und Einzigartigkeit hat auch eine uns von anderen Menschen trennende Komponente. Später im Leben lernen wir, dass es unnötig ist, sämtliche Interessen mit jedem einzelnen Menschen, den wir kennen, zu teilen. Wir finden einen Partner für dieses und einen anderen für jenes. Wir treten vielleicht diesem oder jenem Verein bei oder schließen uns in anderer Art einer

Interessengruppierung an. Ich denke, dass wir so in den Dreißigerjahren unseres Lebens doch in die Lage gekommen sein sollten, unsere sozialen Bedürfnisse zu befriedigen. Sollte dies nicht gelingen, liegt wiederum eine Ausnahmeerscheinung vor.

Weiter zu den Individualbedürfnissen: Hier, auf der Stufe 4 der Bedürfnispyramide, beginnt die Zone, mit der wir uns beschäftigen. Mit „wir" ist der erwachsene Mensch in unserer Gesellschaft gemeint. Niemand kommt mehr auf die Idee, anderen Menschen die Nahrung zu verweigern, um sich selber eine bessere Position zu verschaffen. Die Herrscher kommen aber täglich auf die Idee, ihren Untertanen Anerkennung und Respekt zu verweigern, um den eigenen Status zu festigen. So sehen wir, dass der moderne Mensch hier noch unerledigte Entwicklungsarbeit zu leisten hat. Das gilt allerdings auch umgekehrt, also gesellschaftshierarchisch gesehen von unten nach oben: Zu viele Menschen sind noch allzu leichtfertig bereit, Verantwortung nach oben zu delegieren, als dass wir behaupten könnten, dass unsere Gesellschaft die Stufe 4 der Bedürfnispyramide allgemeingültig erklommen habe.

Gleiches gilt für das Bedürfnis nach Selbstverwirklichung. Wir haben beispielsweise Hobbys, die uns helfen, Facetten unserer Persönlichkeit auszuleben, die sonst zu kurz kommen. Bildungswege sind modular aufgebaut, was die Möglichkeit verbessert, uns genau die Inhalte anzueignen, die wir individuell suchen. Wir schaffen es hier und dort, uns selbst zu verwirklichen, sind gleichzeitig aber weit davon entfernt, unser Leben in Selbstverwirklichung zu leben.

Es sind also die Stufen 4 und 5 der Bedürfnispyramide, mit denen wir uns maßgeblich auseinandersetzen. Dort finden wir die Aufgaben, die wir zur weiteren Entwicklung des Menschen hauptsächlich zu bearbeiten haben. Auf beiden Stufen geht es um Ego-Bedürfnisse. Auf der Stufe 4 geht es mehr um die Außensicht, um die Frage, ob und wie ich von meiner Umgebung wahrgenommen werde. Auf der Stufe 5 geht es mehr um die Innensicht, um die Frage, ob ich das bin, was ich sein will. So darf es nicht erstaunen, dass das Ego das zentrale Thema in unserer aktuellen Geschichte ist. So wie sich das Kind auf dem Spielplatz mit seiner Körperlichkeit auseinandersetzt, so haben wir Erwachsenen unter anderem die Unternehmung, unseren Arbeitsplatz als Spielplatz, um uns mit unserem Ego auseinanderzusetzen. Das Unternehmen ist Ego-Spielplatz und es wäre absurd, dies verhindern oder unterbinden zu wollen, denn es handelt sich um eine Rahmenbedingung des soziotechnischen Systems. Es wäre ja auch der pure Unsinn, den Umstand, dass Computer nur mit elektrischem Strom betrieben werden können, ändern zu wollen.

Wenn wir uns dem Problem stellen, wird schnell klar, dass das unbedingte Vorhandensein des für den Betrieb von Computern passenden elektrischen Stromes erst dann ein Problem darstellt, wenn dieser Strom nicht zur Verfügung steht. Steht dieser Strom hingegen zur Verfügung, verbinden wir den entsprechenden Stecker mit der Steckdose und es existiert kein Problem. Genau gleich verhält es sich mit dem Ego-Spielplatz, der erst dann zu einem Problem wird, wenn die Interessen der Egos nicht mit den Interessen der Unternehmung korrelieren. Liegen hingegen gleich gerichtete Interessen vor, existiert auch kein Problem.

10.6 Über die Verkettung gleich gerichteter Interessen

Wir können also Probleme von vornherein vermeiden oder wenigstens reduzieren, wenn wir dafür sorgen, dass ein Prozess aus einer Verkettung gleich gerichteter Interessen besteht. An einem Donnerstagnachmittag habe ich die Bewilligung erhalten, einen zusätzlichen Mitarbeiter temporär zu beschäftigen. Am darauf folgenden Montagmorgen hatte die inzwischen gefundene Person ihren ersten Arbeitstag. Großes Erstaunen rundherum: „Wie hast du das so schnell geschafft?" Das Erstaunen war völlig unberechtigt. Wie geht denn so etwas? Ich schreibe eine E-Mail an die Personalrekrutierung. Dies tue ich natürlich sofort, also nur Minuten, nachdem ich die Bewilligung dazu erhalten habe, denn ich möchte ja eine Temporärkraft so schnell wie möglich zur Verfügung haben. Die Dame von der Personalrekrutierung leitet die E-Mail an einen Personalvermittler weiter, mit dem laufend zusammengearbeitet wird. Das tut sie, da es keinen Grund gibt, dies aufzuschieben, sofort und schließlich muss sie ja nur den Button „Weiterleiten" drücken und eine E-Mail-Adresse eingeben, was ebenfalls in Minuten zu erledigen ist. Der Personalvermittler ruft eine zu dem Zeitpunkt arbeitslose Person an und überbringt ihr die frohe Botschaft. Er will das in ihn gesetzte Vertrauen bestätigen, um auch weiterhin Provisionen verdienen zu können. Natürlich ruft mich diese Person sofort an und ist auch mit dem Vorstellungstermin „morgen früh" einverstanden. Sie will diese Anstellung, um Geld zu verdienen; je schneller, desto besser, also ist sie auch mit Montag als Arbeitsbeginn einverstanden. Wir haben hier eine Verkettung von gleich gerichteten Interessen, also flutscht die Angelegenheit einfach durch den Prozess durch. Erstaunen wäre angezeigt, falls so etwas Probleme bereiten sollte, obwohl eine Kette gleich gerichteter Interessen vorliegt.

Es ist wesentlich, zur Kenntnis zu nehmen, dass es wohl gleich gerichtete, jedoch nicht direkt entsprechende oder gar identische Interessen sind, die es zu verketten gilt. Das Interesse der Unternehmung besteht ja nicht darin, dem Vermittler eine Provision zahlen zu dürfen, Letzterer will aber eine Provision kassieren. Auf den ersten Blick könnte man hierbei sogar sich widersprechende Interessen vermuten. Es spielt jedoch primär keine Rolle, ob sich die Interessen, wenn man sie isoliert betrachtet, entsprechen oder nicht. Bleiben wir beim Beispiel: Es spielt überhaupt keine Rolle, warum ich das tue, was ich tue, solange das Ergebnis darin besteht, dass ich den Personalbedarf schnellstmöglich bei der Personalrekrutierung anmelde. Vielleicht glaube ich, dass die Dame in der Personalrekrutierung ohnehin überfordert ist, und melde meinen Bedarf in der Absicht, sie noch mehr zu überfordern und ihr damit Leid zuzufügen. Das ist wohl nicht sehr nett, hat aber keinen Einfluss auf das Gelingen, solange die Dame der Personalrekrutierung meine E-Mail sofort weiterleitet. Und wenn sie dabei denkt: „Du Saukerl, glaube ja nicht, dass du mich beeindrucken kannst", ist das auch egal. Der Personalvermittler mag sich denken, dass wir zu doof sind, unsere Personalsituation in den Griff zu bekommen, und schon wieder entstandene Lücken mit Temporäreinsätzen notdürftig schließen müssen. Er wird sich trotzdem über den neuerlichen Auftrag freuen und diesen ausführen. Usw., usw.

Man möge mich nun nicht falsch verstehen: Ich plädiere nicht dafür, dass man in größtmöglicher Gehässigkeit und/oder gegenseitiger Verachtung miteinander arbeiten soll. Im Gegenteil: Je ausgeprägter das Gegeneinander gelebt wird, desto größer ist die Wahrscheinlichkeit, dass der eine gezielt gegen die Interessen des anderen agiert und damit die Gleichrichtung der Interessen aktiv unterbunden wird. Die Dame der Personalrekrutierung könnte nämlich auch so reagieren, dass sie meine E-Mail absichtlich liegen lässt, weil sie weiß, dass ich es eilig habe, und dann ist die schöne Kette kaputt. Was ich meine, ist, dass es die Unternehmung jedem Einzelnen zugestehen kann, auf seinem Ego-Spielplatz zu spielen. Sie muss die einzelnen Interessen lediglich so miteinander verknüpfen, dass eine Verkettung von gleich gerichteten Interessen entsteht, deren Ergebnis der erwartete Output des jeweiligen Teilprozesses ist. Wenn das gelingt, gibt es keinen Anlass für die Unternehmung, sich in die Ego-Spiele einzumischen oder diese gar mitgestalten zu wollen. Wenn die Verkettung gleich gerichteter Interessen hergestellt ist, spielt es keine Rolle, ob der Einzelne seinen Beitrag aus tiefer Einsicht leistet oder weil er sich dabei unheimlich cool vorkommt.

Es ist nicht die Aufgabe dieses Buches, darzulegen, wie diese Verkettung gleich gerichteter Interessen im Einzelnen herzustellen ist. Die dazu erforderliche Disziplin ist das Prozessmanagement. Der kompetente Prozessmanager verfügt über die Kenntnis und die Methoden, einzelne Tätigkeiten zu leistungsfähigen Prozessen zu verknüpfen. Er wird dabei auf die Verkettung gleich gerichteter Interessen achten, weil er weiß, dass es keinen Sinn macht, Aufgaben so zu gestalten, dass sie den Interessen des Aufgabenträgers zuwiderlaufen. Job-Enrichment und Job-Rotation sind bekannte Ansätze, den menschlichen Bedürfnissen auch zum Wohle der Unternehmung entgegenzukommen. Die Aufgabe der Unternehmung besteht darin, Prozessmanagement ernsthaft und nachhaltig zu betreiben und sich dies auch Geld kosten zu lassen; es rentiert auf jeden Fall.

10.7 Die Glaubensgemeinschaft

Herrscher-Unternehmen betreiben kein Prozessmanagement, denn es wäre ja noch das Schönste, wenn ein Prozessmanager ohne Linienverantwortung dem Herrscher sagt, wie die Sache zu handhaben ist. Das kommt überhaupt nicht infrage.

Kleiner Exkurs zu Administration vs. Maschinenbau: Ich muss hier ein wenig einschränken. Mein Fokus ist die Administration. Speziell ist in der Administration, dass so agiert werden kann, als wenn jeder ein Administrationsfachmann wäre, bzw. als wenn Administration derart banal wäre, dass es kein Fachwissen braucht, um Administrationsfachmann zu sein. Ich habe zwar keine Erfahrung aus dem Maschinenbau, doch gehe ich von Folgendem aus: Wenn die Maschinenbauingenieure sagen, dass die Sache so und so zu bauen ist, mag es wohl sein, dass der Chefbuchhalter eine andere Meinung dazu hat, doch ist dies irrelevant. In der Administration ist es hingegen möglich, dass die Relevanz einer Meinung alleine von der politischen Position des Meinungsträgers und nicht von seiner Kenntnis und/oder seiner Aufgabe abhängt. **Ende kleiner Exkurs.**

Anstatt sich die Mühe zu machen, die immer vorhandenen Einzelinteressen so miteinander zu verknüpfen, dass eine Kette gleich gerichteter Interessen entsteht, versuchen die Herrscher, ein Wir-Gefühl zu erzeugen. Sie scheinen zu glauben, dass die Dinge der täglichen Arbeit sich vollautomatisch richtig zusammenfügen, wenn alle aus dem gleichen Wir-Gefühl heraus zur Arbeit erscheinen. Das ist die Sache mit der Corporate Culture, der Betriebskultur. Die Herrscher sind dabei die Behüter des Wir-Gefühls. Wir haben es dabei mit der Struktur einer Glaubensgemeinschaft zu tun. Da sind die Hohepriester, die den Kodex definieren und hüten, und die Jünger, die folgen. Das Problem ist nicht, dass man sich Gedanken zur Betriebskultur macht, das ist eine gute Sache. Wenn dies allerdings nicht in umsetzbaren Konzepten mündet, dann kann man es auch lassen. Es kann nichts bringen, in ein entsprechendes Schriftstück hineinzuschreiben: „Wir sind gefragt, weil wir sympathisch wirken." Die Anweisung lautet also, sympathisch zu wirken. Diese Anweisung wird erlassen, ohne ein Wort darüber zu verlieren, was das konkret bedeuten soll. Offenbar denken sich die Herrscher, dass ja schließlich jeder das Wort „sympathisch" kennt, sich also jede weitere Erläuterung erübrigt.

Die Schriften zur Corporate Culture sind in der Gegenwartsform geschrieben und tönen daher so, als wenn das Niedergeschriebene aktuell gelebte Realität wäre. Das Problem scheint dabei zu sein, dass sich der Irrglaube festsetzt, dass dies tatsächlich gelebte Realität ist und es sich somit erübrigt, einen Weg zu gehen. Es fehlt jegliches Wort über einen zu gehenden Weg. Es fehlt jeglicher Ansatz eines Konzeptes, wie man den Weg zum Ziel beschreiten könnte. So macht sich auch niemand auf den Weg und es bleibt alles beim Alten. Die erfahrenen Mitarbeiter kennen das schon vom letzten und vorletzten Mal und winken gleich von Anfang an ab.

Den Herrschern ist dies genehm, denn sie sind zufrieden mit der Situation, sich als Hohepriester der Glaubensgemeinschaft zu wähnen, und Veränderungsprozesse sind unerwünscht, weil gefährlich. Das kann man natürlich nicht so laut sagen, dass es in der Zeitung stehen könnte. „Das einzig Stete ist der Wandel" und ähnliche Sprüche ertönen und ein mancher Herrscher glaubt ehrlich, für Fortschritt zu stehen. Doch sie tun es nicht, sie reden nur davon.

Ich habe einen CEO erlebt, der eine Mitarbeiterumfrage hat durchführen lassen. Diese ergab unter anderem, dass die Botschaften der Geschäftsleitung nicht bei den Mitarbeitern ankommen. Er stellt sich an einer Managementkonferenz vor die Leute und sagt: „Ich verstehe das nicht. Die Botschaften sind doch klar." Wenn ich ihn so sehe, dann glaube ich ihm, dass er dies ernsthaft und ehrlich meint. Gleicher CEO beschwört mit einem Verhaltenskodex, Vertrauen, Respekt und Integrität als Basiswerte der Zusammenarbeit. Gleicher CEO gibt eine Restrukturierung des Unternehmens per Intranet bekannt, von der nicht einmal alle Geschäftsleitungsmitglieder vorgängig orientiert waren. Ja, die Botschaften sind klar, nur stehen Wort und Tat in eklatantem Widerspruch zueinander. Welches ist nun die Botschaft, die er verstanden haben will: Wir arbeiten zusammen in Vertrauen, Respekt und Integrität oder es geschieht, was er sagt, und es ist ihm egal, was andere dazu meinen?

Dass der Mensch in seinen Gedanken und Worten sehr viel leichter edel, gut und weise ist als in seinen Taten, ist uns inhärent; das ist einfach der Faktor Mensch. Entscheidend ist, wie wir damit umgehen. Wissen wir, wie wir funktionieren, und versuchen, bestmöglich damit umzugehen, oder rennen wir mit dem Kopf gegen die Wand und geben den anderen die Schuld für unsere Schmerzen.

Es gibt Unternehmen, in denen berechtigterweise ein Gemeinschaftsgefühl besteht, das an eine Glaubensgemeinschaft erinnert. Man hat vielleicht schon einiges miteinander erlebt. Eine Krise wurde bewältigt, ohne dass gleich reihenweise Mitarbeiter entlassen wurden; die Mitarbeiterschaft hat es mit freiwilligem Verzicht gedankt, nach einem Erfolg hat sich das Management nicht damit begnügt, sich selber zu belohnen, oder ähnliche Geschichten können zu einem echten Wir-Gefühl geführt haben. Jeder Einzelne sieht sich als Teil des Ganzen und ist stolz, dies zu sein. In solchen Unternehmen können die Organisation und damit auch das Prozessmanagement tatsächlich etwas weniger dominierend sein. Das auf einem echten Wir-Gefühl basierende Unternehmen kann davon ausgehen, dass die Mitarbeiter in einer Situation auch dann eine sinnvolle Lösung finden, wenn kein Prozess dazu definiert ist. Sollten die direkt betroffenen Mitarbeiter in einer Situation überfordert sein, werden sie Wege vorfinden und beschreiten, Unterstützung zu erhalten, weil sie wissen, deshalb nicht als Versager abgekanzelt zu werden.

Alle anderen Unternehmen sollten sich darüber klar werden, dass es Gründe gibt, warum sie nicht auf einem echten und tagtäglich gelebten Wir-Gefühl basieren. Diese Gründe bestehen mit absoluter Sicherheit nicht darin, dass die Wir-Gefühl-Schriftstücke bisher ungenügend waren. Mit gleicher Sicherheit kann das Ausfertigen eines neuen Wir-Gefühl-Schriftstückes keine Lösung darstellen. Diese Unternehmen sollten sich darauf konzentrieren, sich gründlich zu organisieren und Prozessmanagement zu betreiben. Sollte der gesunde Menschenverstand wieder zur bestimmenden Größe werden, ist der erste Schritt getan, wenigstens eine Willensgemeinschaft zu werden.

11 DAS UNTERNEHMEN ALS ORGANISATION

Jegliches menschliche organisatorische Vorgehen beinhaltet drei Phasen: Die Idee, das Konzept und die Umsetzung. Annemarie kommt auf die Idee, ihr Geburtstagsfest in Form einer Grillparty zu feiern. Sie wird nun festlegen, wer eingeladen wird, wie viele Getränke und Grillgut demzufolge einzukaufen sind usw. Sie erstellt das Konzept. Danach schreibt sie Einladungen, geht einkaufen usw.; sie setzt das Konzept um. Im unternehmerischen Kontext ist das genau gleich, nur dass die Idee „Strategie" heißt und für die drei Phasen unterschiedliche Ebenen zuständig sind. Wir haben die Geschäftsleitung, welche die Strategie festlegt, das mittlere Management, welches aus der Strategie Konzepte ableitet, und die operative Ebene, welche die Dinge in die Tat umsetzt. In einer kleinen Unternehmung hat eine Person vielleicht Aufgaben auf verschiedenen Ebenen. Das ist so lange kein Problem, als der Betroffene stets weiß, ob er sich gerade mit der Strategie, mit der Konzeption oder mit der Umsetzung beschäftigt.

Es ist zwingend, Strategie, Konzeption und Umsetzung in einer hierarchischen Struktur zu definieren. Ein Konzept kann nur dann ein gutes Konzept sein, wenn es geeignet ist, einen strategischen Ansatz in die Tat umzusetzen. Es ist somit die strategische Ebene, welche Konzepte in Auftrag gibt, diese auf ihre Strategietauglichkeit prüft und gegebenenfalls bewilligt. Es ist die konzeptionelle Ebene, welche Umsetzungsaufträge erteilt und deren Konzepttreue prüft.

11.1 Strategie und Prozess

Der Sinn und Zweck einer jeden Unternehmung besteht darin, etwas zu unternehmen, also etwas zu tun. Wir haben schon festgestellt, dass menschliches Tun immer motivationsgetrieben ist, dass also ein Auslöser, ein Input vorliegt und dieses Tun darauf ausgerichtet ist, ein Ergebnis, einen Output zu erzielen. Es liegt eine Verknüpfung von Input – Tätigkeit – Output vor. Wir haben es also mit einem Prozess zu tun. Auf der strategischen Ebene ist festzulegen, was der Zweck der Unternehmung ist. Es wird der Prozess im gröbsten Detaillierungsgrad definiert. Der Zweck einer Bäckerei besteht darin, Backwaren herzustellen und zu verkaufen. Der Input ist der Bedarf an Backwaren, die Tätigkeit ist die Herstellung und der Verkauf von Backwaren und der Output besteht in verkauften Backwaren. Das ist der Prozess im gröbsten Detaillierungsgrad.

Es ist essenziell zu verstehen, dass der so definierte übergeordnete Prozess sämtliche Tätigkeiten des Unternehmens umfasst. Jeder Vorgang, welcher in der Unternehmung stattfindet, ist ein Subprozess dieses übergeordneten Prozesses.

Nehmen wir an, dass im weiteren Verlauf der Unternehmensentwicklung entschieden wird, dass auch die Ausgangsprodukte der Backwaren (Eier, Milch, Mehl) verkauft werden sollen. Dies ist kein Subprozess des übergeordneten Prozesses „Herstellung und Verkauf von Backwaren", denn Eier, Milch und Mehl sind keine Backwaren. Das bedeutet, dass der übergeordnete Prozess neu zu definieren ist. Er könnte „Herstellung und Verkauf von Backwaren und deren Ausgangsprodukten" heißen. Danach ist der Verkauf von Eiern, Milch und Mehl wieder ein Subprozess des übergeordneten Prozesses.

11.2 Konzeption und Prozess

Wenn wir nun den übergeordneten Prozess „Herstellung und Verkauf von Backwaren" detaillierter betrachten und Subprozesse definieren, kommen wir in einen Detaillierungsgrad, auf dem es nicht mehr um die Frage „Was ist zu tun?", sondern um die Frage „Wie ist es zu tun?" geht. Selbstverständlich wird es beispielsweise den Subprozess „Einkauf" geben. Der Einkauf ist kein Unternehmenszweck, denn wir haben das Unternehmen nicht gegründet, um einkaufen zu können. Wir haben das Unternehmen gegründet, um Backwaren herzustellen und zu verkaufen. Der Einkauf ist eine Voraussetzung, den Unternehmenszweck erfüllen zu können. Somit lautet die Frage: „Wie ist es (es = Herstellung und Verkauf von Backwaren) zu tun?" Teilantwort: „Indem die dazu erforderlichen Dinge eingekauft werden." Wir befinden uns damit auf der Ebene der Konzeption, denn es ist unsinnig, sich zu überlegen, ob es strategisch günstig ist, Dinge einzukaufen; es gibt keine Alternative.

Okay, man könnte einen eigenen Bauernhof, ein eigenes Wasserwerk, ein eigenes Elektrizitätswerk usw. betreiben, um nicht einkaufen zu müssen, nur dann wäre der übergeordnete Prozess, der Unternehmenszweck, wiederum anders zu definieren.

11.3 Umsetzung und Prozess

Bei der weiteren Detaillierung des Subprozesses Einkauf wird es darum gehen, abhängig von der Lagerfähigkeit der Produkte und der Lagerkapazität des Unternehmens den Vorgang Einkauf auszulösen, also eine Bestellung abzusetzen. Wir befinden uns somit auf der Ebene der operativen Umsetzung. Auf dieser Ebene werden auch die Brötchen gebacken, die Verkaufsregale befüllt usw. Auf der operativen Ebene wird der Unternehmenszweck tatsächlich erfüllt und dessen Rahmenbedingungen (Zahlungsverkehr, Steuererklärung, Versicherungen usw.) bewirtschaftet. Auf der operativen Ebene und durch die operative Ebene wird das Unternehmen für die Umwelt sichtbar. Die Strategie mag genial sein und die Konzepte sensationell; wenn es auf der operativen Ebene nicht klappt, ist alles für die Katz.

11.4 Abgrenzung Strategie, Konzeption, Umsetzung

Die Abgrenzung zwischen Strategie, Konzeption und Umsetzung ist durch den Detaillierungsgrad der Prozessbetrachtung definiert und es ist unerlässlich, sich dessen stets bewusst zu sein. Wir betrachten immer das Gleiche, nur der Detaillierungsgrad der Betrachtung ändert sich. Das muss sonnenklar sein, ansonsten haben die Bemühungen, im Unternehmen eine Einheit zu bilden („Wir ziehen alle am gleichen Strang", „Wir sitzen alle im gleichen Boot" und Ähnliches), keine Basis. Alleine die Tatsache, dass der Arbeitgeber für alle Mitglieder einer Belegschaft den gleichen Namen trägt, kann nicht genügen.

Es ist nicht sinnvoll, die Abgrenzung zwischen Strategie, Konzeption und Umsetzung allgemeingültig definieren zu wollen. Es ist vielmehr die Aufgabe der strategischen Ebene, diese Abgrenzung für die eigene Unternehmung festzulegen. Ist sie definiert, muss daran festgehalten werden, bis sich die Situation oder die Ansichten ändern. Geschieht dies, muss neu beraten und die Abgrenzung neu definiert werden. Danach ist sie wieder festgeschrieben.

Es kann beispielsweise geschehen, dass unsere Bäckerei Konkurrenz bekommt. Wir könnten so reagieren, dass wir auf reine Bio-Produktion umstellen, um uns gegenüber dem Konkurrenten zu differenzieren. Diese strategische Maßnahme hat einen bisher nicht bestandenen Einfluss auf den Subprozess Einkauf. Die Wahl der Lieferanten war bisher frei, was nun nicht mehr der Fall ist, da nur noch Bio-Lieferanten berücksichtigt werden dürfen.

Unbedingt zu vermeiden ist Folgendes: Ein Mitglied der strategischen Ebene geht in die Ferien und lernt jemanden kennen, der zufälligerweise Lieferant von Mehl ist. Weil sie so schön Margheritas am Strand trinken, verspricht er ihm, den nächsten Lieferauftrag über zwei Tonnen Mehl zu erhalten. Wieder daheim, befiehlt er dem Einkäufer, seinen Ferienkumpel beim nächsten Bestellvorgang zu berücksichtigen. Das ist Herrscherverhalten und führt zum Verfall der Betriebsmoral. Die Arbeitsanweisungen für die operative Ebene ergeben sich nicht mehr aus der detaillierten Betrachtung des Prozesses, sondern aus dem Boss-Gehabe des Chefs, was mit Sicherheit kein Subprozess von „Herstellung und Verkauf von Backwaren" ist. Der Chef muss verstehen, dass es ihm genügen muss, die Visitenkarte seines Ferienkumpels entgegenzunehmen, um sie seinem Einkäufer aushändigen zu können, oder dem Ferienkumpel die Anschrift des Einkäufers anzugeben, damit ihm eine Offerte für Mehllieferungen unterbreitet werden kann. Es ist durchaus die Aufgabe des Chefs, Kontakte zu knüpfen. Es ist nicht die Aufgabe des Chefs, den Job des Einkäufers zu machen, wann immer ihm das gerade so gefällt.

11.5 Prozess und Struktur oder „structure follows process"

Welche Arbeiten auf der strategischen, konzeptionellen und operativen Ebene anfallen, ergibt sich aus der Betrachtung des Prozesses in den verschiedenen Detaillierungsgraden. Welche Stellen auf welcher Ebene einzurichten sind, ergibt sich nach Maßgabe der Arbeiten, die zu erledigen sind. Die Struktur des Unternehmens ergibt sich also auf der Basis des Prozesses. „Structur follows process", „die Struktur folgt dem Prozess" ist der dazugehörige Leitsatz. „Weil der Prozess dies so verlangt" ist somit die einzig gültige Begründung dafür, eine Stelle einzurichten.

Es ist tunlichst zu vermeiden, Stellen aus Goodwill gegenüber Personen zu bilden. Beförderungen als Belohnung zu behandeln ist Unsinn: Eine Belohnungsbeförderung motiviert den einen, der befördert wird. Sie demotiviert nicht nur die, welche glauben, unverdientermaßen nicht belohnt worden zu sein, sondern auch die, welche eine andere Person als die beförderte als belohnungswürdig betrachten. Belohnungsbeförderungen führen, im Ganzen betrachtet, also zu Demotivation. Auch eine neue Führungsstelle wird erst dann gebildet, wenn sich im Prozess etwas derart verändert, dass es eine neue Führungsstelle braucht. Bei der Besetzung dieser aus Prozesssicht notwendigen neuen Führungsstelle kann man gerne Goodwill walten lassen: Anstatt diese Stelle auszuschreiben, um einen Kandidaten zu gewinnen, der genau die verlangte Qualifikation aufweist, kann man einen langjährigen Mitarbeiter befördern und ihm eine Zusatzausbildung angedeihen lassen, damit auch er über alle notwendigen Qualifikationen verfügt. Das löst das Problem nicht, dass die Auswahl der betroffenen Person vielleicht nicht überall auf Zustimmung stößt. Dieses oder andere Probleme kann es immer geben. Wesentlich ist, dass wir uns nicht unsinnigerweise Probleme schaffen. Dem möglichen Problem steht also ein adäquater Nutzen gegenüber.

11.5.1 Die Hierarchie

Es hat sich in der grundsätzlichen Betrachtung weitgehend durchgesetzt, dass es günstig ist, über flache Hierarchien zu verfügen. „Zu viele Köche verderben den Brei" oder so ähnlich. Es geht um kurze Entscheidungswege und um Lohnkosteneffizienz. Doch wie viele Stufen hat eine flache Hierarchie? Eine flache Hierarchie hat drei Stufen:

Jeder Prozess wird aus drei Perspektiven betrachtet: der strategischen, der konzeptionellen und der operativen Perspektive.

Die Strategie ist der konkretisierte Sinn und Zweck des Unternehmens und so muss alles Weitere zwingend strategiekonform sein. Deshalb ist die strategische Ebene die hierarchisch höchste Stufe. Sie beantwortet die Fragestellungen: Warum betreiben wir das Unternehmen, wozu gibt es das Unternehmen überhaupt, was wollen wir erreichen, wo wollen wir hin?

Die konzeptionelle Ebene ist der strategischen unterstellt. Sie beantwortet die Frage: Was ist zu tun, um die strategischen Vorgaben zu erreichen? Sie beantwortet diese Frage, indem sie Konzepte erstellt. Wer auf der konzeptionellen Ebene tätig ist und sich mit den strategischen Vorgaben nach bestem Wissen und Gewissen nicht identifizieren kann, muss das Unternehmen verlassen. Wer auf der konzeptionellen Ebene gegen die Strategie arbeitet, schadet dem Unternehmen, völlig unabhängig von der Frage, ob er in der Sache recht hat oder nicht.

Die operative Ebene geht von den erstellten Konzepten aus, ist also der konzeptionellen Ebene unterstellt und beantwortet die Frage: Wie setzen wir die Konzepte um? Nach der Beantwortung dieser Frage werden Dinge umgesetzt. Auf der operativen Ebene erfüllt sich der Unternehmenszweck. Hier entscheidet sich, ob die Konzepte umsetzungstauglich sind und ob sich die Strategie erfüllt.

In kleinen Unternehmen kann es sein, dass die strategische, die konzeptionelle und die operative Sichtweise von den gleichen Personen wahrgenommen wird. Das ist dann der Fall, wenn drei Freunde z. B. ein Beratungsunternehmen gründen, das aus ihnen und einem Sekretariat besteht. Sie sind die Betriebsinhaber (Strategie), sie sind das ganze Management (Konzept) und sie erbringen die Beratungsleistung (Umsetzung). Diese Situation stellt hohe Anforderungen an unsere drei Freunde: Es ist leicht geschehen, dass man in Verkaufsverhandlungen den Vorstellungen des potenziellen Käufers entgegenkommt, um verkaufen zu können, und zu wenig beachtet, dass diese Vorstellungen der eigenen Konzeption widersprechen. Bei zwei Kunden ist das noch kein Problem. Wenn sie aber 30 Kunden und 20 verschiedene Konzeptionen haben, werden sie früher oder später erhebliche Probleme bekommen. Man sollte Dinge, die man mit dem ersten Auftrag geschaffen hat (z. B. ein Projekthandbuch), für den zweiten Auftrag wieder nutzen. Wenn man mit jedem Auftrag wieder von vorne anfängt, ergeben sich Effizienz- und damit Kostenprobleme. Weiter kann es geschehen, dass sie ein ganz tolles Konzept finden und aus lauter Begeisterung vergessen, dass die Strategiekompatibilität verletzt ist. Sie könnten sich beispielsweise außerhalb ihrer Kernkompetenz befinden, woraus sich Qualitätsprobleme ergeben.

Selbstverständlich hat nicht jeder Teilprozess einen separaten Konzeptverantwortlichen, was auch unnötig wäre, denn so oft wird ein Prozess nicht neu konzipiert. Es ist einem Konzeptverantwortlichen ohne weiteres möglich, mehrere Prozesse in seinem Verantwortungsbereich zu haben. Es geht hier also um die Frage nach dem Arbeitsaufwand.

Nehmen wir an, ein Konzeptverantwortlicher hatte bisher sechs Prozesse in seiner Obhut und es ergibt sich aus einem Grund, dass er dies nicht mehr bewältigen kann. Wir organisieren uns neu, indem wir die Prozesse auf der konzeptionellen Ebene neu sortieren und einen zusätzlichen Konzeptverantwortlichen einstellen. Es ist wesentlich, zur Kenntnis zu nehmen, dass unsere Hierarchie dadurch in die Breite und nicht in die Höhe wächst. So können wir feststellen, dass Arbeitsaufwand nie ein zwingendes Argument dafür sein kann, eine Hierarchie in die Höhe wachsen zu lassen.

Gleiches gilt für das Know-how: Natürlich kann es sein, dass wir ein Paket an Prozessen haben, das zu beherrschen so viel verschiedenartiges Know-how benötigt, dass wir niemanden finden, der kompetent genug ist. In erster Linie sollten wir uns fragen, ob wir die Prozesspakete richtig geschnürt haben, und vielleicht finden wir eine günstigere Gruppierung, die das Problem löst. Falls nicht, können wir das fehlende Know-how hinzuziehen, ohne dass dies Auswirkungen auf die Hierarchie hat. Da wir ja schließlich Prozessmanagement betreiben, beschäftigen wir Prozessmanager. Diese könnten das benötigte Know-how bereitstellen und den Konzeptverantwortlichen so zur Seite stehen. Dazu benötigen sie keine hierarchische Position. Falls das fehlende Know-how keine so große Bedeutung hat, dass es im Unternehmen selber verankert sein muss, kann man sich auch extern Hilfe holen. Know-how und Hierarchie haben nur in den Unternehmen einen direkten Zusammenhang, in denen nicht Sachlogik und der gesunde Menschenverstand, sondern die hierarchische Position über Richtig oder Falsch entscheidet; in Herrscherunternehmen.

Der CEO vertritt das Unternehmen auch nach außen und hat diesbezüglich schon von Gesetzes wegen bestimmte Aufgaben zu erfüllen. So ist es vielleicht etwas viel verlangt, den CEO einfach als Mitglied der strategischen Ebenen zu betrachten. Ich habe also durchaus Verständnis dafür, wenn der CEO als vierte hierarchische Stufe den anderen Stufen überstellt wird, obwohl das Gesetz dies nicht verlangt. Viel wichtiger ist ohnehin, wie sich der CEO verhält. „Weil ich die Gesamtverantwortung trage, bestimme ich alles" oder „Weil ich die Gesamtverantwortung trage, bin ich auf euch angewiesen".

Schlussendlich ist Hierarchie ein Führungsinstrument, und wenn wir uns darüber klar werden, dass es erstrangig um die Führung des Unternehmens mit seinen Prozessen und erst zweitrangig um die Führung von Menschen geht, haben wir einen großen Schritt gemacht. Ich bin kein großer Führer, weil ich meine Untertanen, sondern weil ich die mir zugeteilten Prozesse zielführend beherrsche.

11.6 Ablauf- und Aufbauorganisation

Die Organisationslehre unterscheidet zwischen Ablauf- und Aufbauorganisation. In der Ablauforganisation geht es darum, festzulegen, wie die Dinge ablaufen sollen. Es geht also um den Prozess bis hin zum konkreten Workflow. Welches Formular landet nach welchem Vorgang in welchem Postfach? In der Aufbauorganisation geht es darum, festzulegen, was wir aufbauen müssen, damit der Ablauf auch funktioniert. Wir haben gesehen, dass die Hierarchie, die Struktur des Unternehmens auf der Basis des Prozesses aufgebaut wird. In diesem Sinne gehört die Hierarchie zur Aufbauorganisation. Tatsächlich meint der Organisator mit „Aufbauorganisation" aber eher materielle Dinge. Es geht also weniger um die Hierarchie als Idee, sondern um das physische Organigramm, das man z. B. ausdrucken und jemandem aushändigen kann.

Die logische Reihenfolge ist aber die gleiche: Structure follows process, also die Aufbauorganisation folgt der Ablauforganisation. Wir klären erst, wozu wir den Drucker brauchen, bevor wir klären, welchen Drucker wir anschaffen. Das scheint auf den ersten Blick recht eindeutig und selbstverständlich zu sein. Doch ist dies nicht selbstverständliche Realität.

In Dienstleistungsunternehmen ist es beispielsweise üblich, dass Standardarbeitsplätze zur Verfügung stehen. Was für ein Bildschirm zu diesem gehört, wird von der IT bestimmt. Wenn nun ein neuer Mitarbeiter angestellt wurde, wird dieser Standardbildschirm geliefert, ohne dass nachgefragt wird, wozu dieser Mitarbeiter den Bildschirm einsetzen wird. Das mag vielfach funktionieren, manchmal aber auch nicht.

Dem Thema Arbeitsplatzausstattung, Arbeitsplatzergonomie wurden schon eigene Bücher gewidmet. Hier nur so viel: Das Unternehmen wünscht sich bestmögliche Arbeitsergebnisse. Es sollte sich somit auch hin und wieder fragen, ob dazu auch die bestmöglichen Arbeitsmittel eingesetzt werden. Es lohnt sich.

12 FÜHREN

Führen wird weitverbreitet als das Führen von Mitarbeitern verstanden. Wenn von „Führungsaufgabe" die Rede ist, dann meint
man, dass dem Inhaber dieser Aufgabe Mitarbeiter hierarchisch
unterstellt sind. Dementsprechend ist mit „Führungsverantwortung" gemeint, dass der Verantwortungsträger im weitesten
Sinne für das Verhalten von Mitarbeitern verantwortlich ist. Warum soll aber ein Mensch für das Verhalten eines anderen Menschen verantwortlich sein, wenn doch einfach jeder Mensch für
sein eigenes Verhalten verantwortlich sein kann? Wenn es sich
um Führen als Erziehung von Kindern, mit ihrer gegenüber Erwachsenen minderen Verantwortungsfähigkeit, handelt, ist die
Sache klar. Nur hat Führung in einem Unternehmen, auch wenn
das gewisse sogenannte Führungskräfte nicht wahrhaben wollen, heutzutage nichts mehr mit Kindererziehung zu tun. Wenn
wir das Rad der Geschichte etwas zurückdrehen, zeigt sich, dass
dies einmal anders war:

Es war einmal, da bestellte der Bauer die Felder so, wie er es
von seinem Vater gelernt hat, und so, wie es die Natur verlangt.
Seine Mitarbeiter waren weitestgehend die Familienmitglieder
und die Hierarchie ergab sich natürlich. Es gab keine von Juris-
ten entwickelten Arbeitsverträge, keine Stellenbeschreibung,
keine Sollzeiten usw. Die Dinge des täglichen Lebens waren so,
wie sie dem natürlichen Lauf des Lebens entsprechend schon
immer waren. Spätestens mit der industriellen Revolution be-
gab sich der Mensch in eine für ihn bisher unnatürliche Situation.
Der Wandel von der Werkstatt- zur Fließfertigung bewirkte eine
tiefgreifende Veränderung in der Auffassung über Arbeit, die
sich extrem schnell vollzogen hat. Selbstverständlich war es un-
denkbar, dass sich jeder einzelne Mensch ruck, zuck in der neu-

en Situation so zurechtfindet, dass alle zusammen zu einem so weit einheitlichen Ergebnis kommen, dass eine Zusammenarbeit möglich ist. In dieser Situation hat Führung im Unternehmen sehr viel mit Kindererziehung gemein: Es geht gleichermaßen darum, Menschen anzuleiten, sich in einer Welt zurechtzufinden, in der sie dies mangels Kenntnis und Erfahrung noch nicht selbstständig tun können.

Heutzutage wird von jedem erwartet, dass er ein ganzheitliches Verständnis für sein Unternehmen hat. Via Intranet werden wir mit Informationen über das Unternehmen, Berichten aus strategischen Projekten und sonst so allerhand beliefert. Bei der Bewerbung um eine Lehrstelle kann der Kandidat gefragt werden, wie viele Mitarbeiter das Unternehmen hat, welches Aktienkapital, welche Struktur und warum er sich in diesem Unternehmen um eine Lehrstelle bemüht, und „weil das Logo so geile Farben hat", wäre eine schlechte Antwort. Gleichzeitig wird aber, auch gegenüber fünfzigjährigen Mitarbeitern, an der Führung im Sinne von Menschen haben Verantwortung für andere Menschen, also im Sinne von Kindererziehung, festgehalten. Das ist absurd und die Basis für den Irrsinn, der sich in Unternehmen abspielt, die mit ihrem Verständnis für Führung in der industriellen Revolution hängen geblieben sind; in Herrscherunternehmen.

12.1 Die Angst

Wir wissen, dass es Menschen möglich ist, andere Menschen ohne Unterdrückung, ohne irgendwie geartete Gewalt – auch die elterliche Gewalt ist Gewalt – zu führen. Mahatma Gandhi als historische oder Tendzin Gyatsho, der 14. Dalai Lama als aktuelle Figur, sind Beispiele für gewaltfreie Führung. Auch Bill Gates und andere Wirtschaftsführer begeistern durch ihre Leistung und ihre Persönlichkeit. Vielerorts wird man in Unternehmen Vorgesetzte finden, welche durch ihre Persönlichkeit, durch das, was sie vorleben und darstellen, Menschen sind, denen andere Menschen gerne folgen wollen, sodass die Tatsache, dass sie ihnen folgen müssen, nebensächlich ist. Die Welt hat aber bei Weitem nicht genügend derartige Menschen, um jede Führungsposition mit einem solchen besetzen zu können. Die Welt ist aber voll von Menschen, die nicht verstehen, dass ehrlicher Respekt und wahres Ansehen erarbeitet werden müssen und in eine Führungsposition befördert zu werden keine eigene Leistung ist. So sind Führungspositionen oft mit Menschen besetzt, die glauben, dank ihrer Beförderung nun große Persönlichkeiten zu sein. Im Innersten wissen sie, dass sie die Beförderung nicht wirklich verändert hat und dass sie der Aufgabe nicht gewachsen sind. Das ist der Grund, warum Führungsalltag so sehr von Angst und Gewalt geprägt ist.

12.1.1 Der Angst-Frustration-Aggression-Gewalt-Teufelskreis

Die Angst entsteht wesentlich aus der Konzeptlosigkeit, die der Aufgabe Führen oftmals inhärent ist. Es gibt keine tauglichen Führungsstrategien und -konzepte. Wohl jeder kennt den Chef, der glaubt, dass sich Dinge deshalb verändern, weil er es so angeordnet hat. Mit diesem Führungskonzept – „Ich ordne an und deshalb ist es so" – lässt sich ein neues Logo etablieren, eine neue Unterschriftenregelung durchsetzen oder dem Drucker ein neuer Standort zuweisen. Es lassen sich Dinge auf einer technischen, physischen Ebene regeln. Dieses Führungskonzept ist hingegen völlig untauglich, wenn es darum geht, Prozesse in dem Sinne zu gestalten, dass etablierte Handlungsweisen neuen Gegebenheiten angepasst werden sollen. Es versagt immer dann, wenn es auch um die Haltung geht, mit der Arbeit verrichtet wird. Unsere Arbeitswelt hat sich wieder von der Fließtechnik weg hin zur Werkstattfertigung entwickelt; heute heißt das „Teamarbeit". Arbeiten im Team hat ausnahmslos immer etwas mit der Haltung zu tun, welche die Teammitglieder an den Tag legen. Und damit hat der „Ich ordne an und deshalb ist es so"-Chef, der Herrscher, kein Konzept mehr.

Wir erkennen den konzeptfreien Herrscher in diesem Zusammenhang daran, dass er Zielsetzung als Arbeitsanweisung formuliert: „Wir müssen den Anforderungen der Dienstleistungsnehmer entsprechen", „Wir müssen 10 % schneller werden" oder „Sie müssen Ihre Mitarbeiter besser motivieren" sind solche Arbeitsanweisungen, die keine Arbeitsanweisungen, sondern Zielsetzungen sind. Je unkonkreter die Anweisung, desto konzeptfreier der Chef. Der so anweisende Chef hat überhaupt keine Idee davon, auf welchem Weg, mit welchen Mitteln wir vom heutigen in den gewünschten zukünftigen Zustand kommen, und deshalb kann er dazu auch nichts sagen. Er hat eine Zielsetzung, er hat kein Konzept.

Ohne Konzept gibt es auch keine Planmäßigkeit. Ohne Plan gibt es keine Zwischenziele und damit keine Möglichkeit, Zielabweichungen frühzeitig zu erkennen und Kurskorrekturen anzubringen. Die Steuerbarkeit, die Möglichkeit, Entwicklung zu beeinflussen, entfällt. Angst ist eine direkte Folge des Verlustes der Einflussmöglichkeit. Wer als darin ungeübter Autofahrer schon einmal auf eisiger Fahrbahn die Möglichkeit, Einfluss zu nehmen, verloren hat, weiß, was ich meine; ein panisches Gefühl entsteht unmittelbar. In einer solchen akuten Situation kann Angst rettend sein. Sie führt zur Fokussierung, zur Bündelung der Kräfte zwecks Rückgewinnung der Einflussmöglichkeit. Wer der Angst aber tagtäglich ausgesetzt ist, ohne einen Ausweg zu erkennen, der leidet erheblich und daraus folgt die Frustration.

Es besteht die Ansicht, dass ein hierarchischer Aufstieg etwas Gutes, Wünschens- und Erstrebenswertes ist. Man hat ja schließlich auch etwas dafür getan, gegebenenfalls jahrelang. Nun hat man die höhere hierarchische Position endlich inne und das Resultat ist Leiden; Frustration entsteht.

Aus Frustration entsteht Aggression, denn ich möchte den negativen Zustand des Frustriertseins ändern. Aggression ist die Energie, die mich veranlasst, mich aktiv auf ein Ziel hinzubewegen. Das kann ja durchaus auch konstruktiv sein. Wer allerdings die Fähigkeit hat, sich aus einer Problemstellung heraus konstruktiv auf eine Zielsetzung hinzubewegen, der wäre gar nicht in die hier beschriebene Situation geraten. Diese entsteht ja dadurch, dass die Notwendigkeit, zur Zielerreichung ein Konzept zu haben, nicht erkannt wird. Wenn die Aggression nun aber der Plan- und Konzeptlosigkeit gegenübersteht, ist Gewalt das Resultat; Gewalt gegen sich selber und/oder Gewalt gegen andere.

Der Herrscher-Chef wird den Fehler kaum bei sich selber finden, ansonsten wäre er wiederum nicht in die hier beschriebene Situation geraten, die, ich wiederhole, ihren Ausgangspunkt darin hat, dass kein Konzept zur Zielerreichung vorliegt, das herzustellen seine Aufgabe ist. So bleiben als Schuldige: sein Chef und seine Mitarbeiter. Wie auch immer der Herrscher-Chef die Schuld verteilt, er wird gegen seinen Chef nicht handeln. Also bleiben die Mitarbeiter als Empfänger der Gewalt. Mitarbeiter, die täglich der Gewalttätigkeit ihres Chefs ausgesetzt sind, werden sich von ihm zurückziehen. Von den Mitarbeitern kommt dann nichts mehr in Sachen konstruktive Beiträge zur Frage, wie die Zielsetzung erreicht werden könnte. Also bleibt es die alleinige Aufgabe des Chefs, dafür zu sorgen, dass Ziele erreicht werden, und damit schließt sich der Teufelskreis, denn er hat kein Konzept zur Zielerreichung.

12.1.2 Die Angst generiert Rechtfertigungskosten

Seit etwas mehr als drei Jahren habe ich die Verantwortung für einen Prozess, der aus hier nicht relevanten Gründen im Blindflug aus dem Boden gestampft werden musste. Der Plan bestand darin, diesen Prozess im Prototyping zu etablieren. Das bedeutet Folgendes: Wir schätzen Dinge, schauen, was passiert, lernen daraus und nehmen Korrekturen vor, schauen, was passiert, lernen daraus usw., usw. Also gut; Achtung, fertig, los: Ich baue ein Start-Setup, schaue, was passiert, lerne daraus, schlage Korrekturen vor und werde ignoriert. Da das Start-Setup wie erwartet nicht der Weisheit letzter Schluss war und keine Korrekturen vorgenommen werden, laufen die Dinge schlechter und schlechter. Ich lege einen Statusbericht nach dem anderen, einen Antrag nach dem anderen vor, aber nichts wird bewilligt. Natürlich dauert es nicht lange, bis das schlechte Funktionieren des Prozesses über die Schnittstellen Wirkung auf andere hat, die sich beschweren. Das für mich zuständige Geschäftsleitungsmitglied schlägt vor, den Prozess von einem externen Berater analysieren zu lassen. Es gelingt mir tatsächlich, vorläufig klarzumachen, dass ich weiß, dass die Sache nicht gut läuft und es keinen externen Berater braucht, der das Gleiche feststellt. Doch eines Tages wird mir von dem Manager, der dem besagten Geschäftsleitungsmitglied unterstellt ist, mitgeteilt, dass morgen eine Arbeitsgruppe von externen Beratern auftauchen wird, um den Prozess zu analysieren. Am nächsten Tag erscheint diese Arbeitsgruppe und verbringt einen halben Tag damit, Interviews zu führen. Noch am gleichen Tag legt sie ihre Ergebnisse vor und siehe da, plötzlich wird gehandelt. Natürlich konnte eine halbtägige, rein auf Interviews beruhende Auseinandersetzung nur zu banalen Ergebnissen führen, die sich in allgemeingültigen Aussagen zur Büroorganisation erschöpfen und weder dem konkreten Prozess noch der konkreten Situation Rechnung tragen und damit völlig unnütz waren, doch um das geht es hier nicht. Es geht um Rechtfertigung.

Stellen wir uns vor, die Problemstellung beträfe das Eigenheim des betroffenen Managers. Welcher Analyse würde er seine Aufmerksamkeit zuwenden, der, welche in dreijähriger Beschäftigung mit dem Problem, oder der, welche in einem halben Tag zustande gekommen ist? Natürlich der ersten, denn er ist ja kein Vollidiot. Warum benimmt er sich aber im geschäftlichen Kontext wie ein solcher? Ganz einfach:

Da er ja mein Boss ist, ist er viel schlauer, weiser und in jedem Belang besser als ich. Wie sollte er sich also gegenüber seinen Anspruchnehmern auf meine Analyse berufen können? Er kann es nicht und wäre damit selber verantwortlich, also selber schuld. Dass er zu seinem Job „Ja" gesagt und damit Verantwortung angenommen hat, vergisst er. Viel besser ist es für ihn, sich auf die externen Berater zu berufen. Vor allem weiß er, dass sein Chef ja schon den Vorschlag gemacht hatte, externe Berater zu Hilfe zu rufen, also wie sollte der ihn nun für sein Vorgehen rügen? Die eigenen Ohren zum Hören, die eigenen Augen zum Schauen und das eigene Gehirn zum Denken zu gebrauchen und so zu eigenen Schlussfolgerungen zu gelangen, ist viel zu gefährlich.

Wie bereits erwähnt, ist externe Hilfe nicht grundsätzlich abzulehnen. Die Bäckerei, welche eine bauliche Veränderung benötigt, sollte unbedingt eine Bauunternehmung beauftragen. Wer sich aber seine Kernaufgabe durch externe Kräfte erledigen lässt, sollte das Weite suchen, denn er ist ja offensichtlich nicht in der Lage, sein Gehalt auch zu verdienen. Dabei ist entscheidend, dass die Unfähigkeit, den Job auch zu erledigen, nicht aus mangelnder Sachkenntnis resultiert. Die Sachkenntnis würde man in gemeinsamer Zusammenarbeit schon aufbringen können. Es geht um die Angst, eigene Entscheidungen zu erarbeiten, die falsch sein oder auch nur als falsch dargestellt werden könnten. Es geht um die Angst, sich gegebenenfalls nicht mit dem Hinweis auf einen anderen rechtfertigen zu können. Und so blüht das Beratungsgeschäft und generiert seinen Ertrag aus der Angst und der Feigheit derer, die im Innersten wissen, dass sie nicht die Größe haben, auf ihrer Position gerade zu stehen, wenn der Wind bläst. Und die Unternehmung kostet das jede Menge Geld. Erstens den Lohn unfähiger Manager und zweitens Beraterhonorare als Rechtfertigungskosten.

12.1.2.1 Der externe Berater

Schauen wir uns an, was geschieht, wenn ein externer Berater engagiert wird: Der Berater geht dorthin, wo das zu behandelnde Problem vermutet wird. Dort betrachtet er die Umstände und befragt die Mitarbeiter. Er hat ein System von Black-Boxes (Unbekanntes) und versucht, möglichst alle Black-Boxes in White-Boxes (Bekanntes) umzuwandeln. Er untersucht die relevanten Elemente und deren Beziehungen und erstellt eine Systemanalyse, auf deren Basis er die Schwachstellen identifiziert. Er macht Vorschläge, die Schwachstellen abzubauen, und präsentiert das Ganze in Grafiken und Zahlen. Ergeht in der Folge ein Umsetzungsauftrag, organisiert er vielleicht noch das Projekt. Umsetzen kann er nichts, das können nur die Mitarbeiter, denn sie leben die Realität.

Der externe Berater hat keine Information über das zu betrachtende System, welche die darin beschäftigten Mitarbeiter nicht hätten oder haben könnten. Vielleicht wird nun, da ein externer Berater engagiert wurde, eine Erhebung durchgeführt, doch hätte diese auch ohne den Berater durchgeführt werden können. Eventuell hat der Berater die gleiche Sache schon bei dieser oder jener anderen Unternehmung untersucht und kann nun aus dieser Erfahrung berichten. Erstens müsste sich in der konkreten Situation erst bewahrheiten, dass dies überhaupt nützlich ist, und zweitens hat auch der eine oder andere aktuelle Mitarbeiter schon bei einer anderen Unternehmung gearbeitet. Der Berater hat die Kompetenz, Dinge managementgerecht zu präsentieren. Erstens gehören Systemüberlegungen und -darstellungen und deren Präsentation inzwischen zur kaufmännischen Grundausbildung. Zweitens stellt sich die Frage, warum das Verständnis für die Sache überhaupt hierarchisch von unten nach oben herzustellen ist. Es wäre dem Verständnis sehr viel zuträglicher, wenn sich das Management hierarchisch nach unten orientieren und die Mitarbeiter in deren Sprache und Darstellungsformen wahrnehmen würde, anstatt im Sitzungszimmer zu warten, bis jemand vorbeikommt, um managementgerecht zu präsentieren. Solange „managementgerecht" und „mitarbeitergerecht" unterschiedliche Dinge sind, besteht eine Kluft zwischen Management und Mitarbeitern. Es geht vielmehr darum, diese Kluft zu schließen, als einen Externen zu engagieren, der diese als Botengänger überbrückt.

Jede Unternehmung sollte Organisations- und Prozesskenntnisse in den eigenen Reihen auf- und ausbauen. Es ist falsch, dass dies nur für größere Unternehmen gilt. Von der Größe der Unternehmung ist abhängig, ob die Organisations- und Prozessauseinandersetzung eine vollberufliche oder eine Nebenaufgabe ist. Mit der eigenen Organisation und den eigenen Prozessen sollte sich aber absolut jede Unternehmung auseinandersetzen können, ansonsten fehlt eine Kernkompetenz.

Immer dann, wenn zur Gestaltung des Kerngeschäftes externe Berater gerufen werden, ist etwas faul, was wieder zur Schlussfolgerung führt, dass nur für Dinge außerhalb des Kerngeschäftes externe Hilfe angefordert werden soll. Das Kerngeschäft ist auch Kernkompetenz, ansonsten stellt sich die Frage, warum Kundschaft die Dienste des Unternehmens überhaupt in Anspruch nehmen sollte. „Wir verstehen zwar nicht, was wir tun, aber kommen Sie zu uns." Wohl eher nicht.

12.1.3 Wohin mit der Angst?

Im Führungs- und Managementkontext ergibt sich nichts anderes als im sonstigen Leben auch: Dinge können schiefgehen und das ist nun einmal einfach so. Wenn wir Menschen Dinge gestalten, dann tun wir das im Hinblick auf etwas Zukünftiges. Wir können uns die Zukunft ausmalen, aber wir können sie nicht vorhersagen oder gar festlegen. Dinge können schiefgehen, damit muss jeder, auch der Manager, umgehen können. Wer dazu nicht in der Lage ist, leidet unter einer Angsterkrankung und sollte Hilfe in Anspruch nehmen. Keinesfalls sollte er Manager sein und eine Führungsaufgabe innehaben, denn er wird dies nicht bewältigen können. Er wird Schaden anrichten und seine Angst dadurch bestätigen, was ihn in eine Abwärtsspirale treibt.

12.1.4 Mut zur Einfachheit

Es gehört zu einer durchgängigen Rechtfertigungsstrategie, dass Dinge stets komplex und schwierig sind. Der Verweis auf andere fällt leichter, denn falls die Sache so einfach war, dass ich sie selbstständig hätte ergründen können, kann ich mich nach einer Fehleinschätzung schlecht auf einen anderen berufen. Grundsätzlich ist das Versagen in einer schwierigen Sache leichter zu tragen als in einer einfachen.

Es ist nicht so, dass wir die Komplexitäten frei erfinden. Dinge sind komplex, falls wir sie komplex haben wollen; das ist eine Frage der Betrachtung:

Wenn wir unserer gedanklichen Auseinandersetzung mit einer Sache in Tiefe und Breite keine willentlichen Grenzen setzen, ist alles mit allem verbunden. So können wir jeden Gedanken in eine Dimension wachsen lassen, deren Komplexität nicht mehr beherrschbar ist.

Ist es sinnvoll, das vorgeschlagene Produkt jetzt einzuführen? Das hängt von den Marktverhältnissen ab. In unserer globalisierten Wirtschaft stehen die Marktverhältnisse in einem globalen Zusammenhang. Wir müssen also erst die Weltwirtschaft ergründen, bevor wir die Frage beantworten können. Weiter ist das Kaufverhalten der potenziellen Kundschaft wichtig. Dieses hängt von der zukünftigen Volksstimmung ab, die wesentlich durch die Nachrichtenlandschaft bestimmt wird. Über was schwergewichtig berichtet werden wird, hängt von den zukünftigen Ereignissen ab. Wird es ein Sommernachrichtenloch geben oder wird sich eine von der Jahreszeit unabhängige Naturkatastrophe ereignen, die das Medieninteresse auf sich ziehen wird? Wenn wir wollen, können wir schlüssig belegen, dass wir die Frage, ob es sinnvoll ist, das vorgeschlagene Produkt jetzt einzuführen, nicht beantworten können.

Genau deshalb fängt die Systemanalyse damit an, dass die Systemgrenzen definiert werden. Wir schränken den Betrachtungsumfang willentlich ein, um nicht in die Unbeherrschbarkeit zu geraten. Weil es wahr ist, dass schlussendlich alles mit allem verbunden ist, kann man auch immer begründet der Ansicht sein, dass die willentliche Eingrenzung des Betrachtungsumfangs der Sache nicht mehr gerecht wird und deshalb zu fehlerhaften Ergebnissen führen kann. Nun gut, wenn wir uns aber in die unbeherrschbare Komplexität begeben, kann dies auch zu fehlerhaften Ergebnissen führen. So kommen wir zur Schlussfolgerung, dass wir es uns sparen können, über irgendetwas nachzudenken. Das kann zwar auch zu fehlerhaften Ergebnissen führen, aber da dies ohnehin der Fall ist, sparen wir uns doch wenigstens die Mühe. Damit haben wir auch begründet, warum es richtig ist, Entscheidungen alleine von unmittelbar wirkenden beziehungspolitischen Aspekten abhängig zu machen. Die Herrscher haben also recht. Ende.

Natürlich nicht Ende, denn das widerspräche dem Menschsein grundsätzlich. Seit jeher machen wir uns Gedanken über Dinge und wissen gleichzeitig, dass wir nicht alles ergründen können. Sei es der Verweis auf Götter oder auf die beschränkte Gehirnkapazität; wir waren uns unseres Unvollkommenseins immer bewusst und trotzdem haben wir unsere Umwelt gestaltet, also tun wir dies auch im Unternehmen. So bleibt die Eingrenzung auf das Beherrschbare der einzig sinnvolle Weg.

In der konkreten Situation braucht es nur etwas Mut, sich für eine Sache einzusetzen und gegebenenfalls auch Geld dafür auszugeben, wohl wissend, dass nicht sämtliche möglicherweise wirkenden Aspekte durchdacht werden können. Es bleibt immer ein Restrisiko, das wir eingehen müssen. Versuchen wir, keine Risiken einzugehen, ist Stagnation das Resultat; und für ein Unternehmen ist Stagnation über kurz oder lang der Ruin. Wir können auch nicht einfach drauofloshandeln, denn das ist Willkür, an deren Ende wiederum der Ruin steht. Wir müssen uns auf das beschränken, was in der gegebenen Situation angemessen ist, und den Mut haben, damit umzugehen. Dinge können schiefgehen und trotzdem handeln wir.

Wir Menschen haben eine Gabe und ein Problem damit: Wir denken voraus. Wir können uns immer vorstellen, dass wir weiter sind, als dies tatsächlich gegeben ist. Das ist einerseits Voraussetzung, um vorwärtszustreben, erschwert andererseits aber die realitätsnahe Einschätzung davon, wo wir heute tatsächlich stehen. Wer freiwillig einen Bildungsweg beschreitet, tut dies wahrscheinlich, um einen heute bestehenden Mangel zukünftig zu beseitigen. Der Betroffene hat also bereits heute eine Vorstellung davon, wie es ist, den Mangel beseitigt zu haben, ansonsten würde er den Weg dorthin nicht in Angriff nehmen. Es ist gut, eine Abschlussprüfung bestanden zu haben, doch es ist eine Illusion, zu glauben, dass damit der bestandene Mangel abschließend beseitigt ist. Erstens muss das in der schulischen Laborsituation Erarbeitete erst in die Realität transferiert werden, bevor es dort Früchte trägt. Zweitens hat man während der Ausbildung erfahren, dass es weiterführende Bildungswege gibt, dass man die Materie also noch tiefer und/oder breiter betrachten kann. Wo stehe ich also heute? Was beherrsche ich wirklich und was heißt das überhaupt?

In Stellenausschreibungen wird vom Bewerber oft Erfahrung in der Sache gefordert. Damit kommt zum Ausdruck, dass die in der Sache benötigte Kompetenz nicht die Leistungsobergrenze des Bewerbers definieren soll. Erfahrung zu haben bedeutet nämlich auch, festgestellt zu haben, dass nichts so heiß gegessen wird, wie es gekocht wurde. Das theoretische Wissen über eine Sache wird wohl nie mehr so umfangreich detailliert sein wie zum Zeitpunkt der Abschlussprüfung. Danach sind wir mit diesen und jenen Aspekten des Ganzen konfrontiert, vertiefen unser Wissen diesbezüglich, während andere Aspekte verblassen. Meistens ist es ja auch so, dass wir mit Menschen zusammenarbeiten, die andere Bildungswege beschritten haben. Würde sich jeder stets an seiner Leistungsobergrenze bewegen, wäre keine echte Zusammenarbeit möglich. Jeder arbeitete für sich und die einzelnen Ergebnisse würden zusammengetragen, was in dazu geeigneten Situationen durchaus wünschenswert sein kann, mit Zusammenarbeit im Sinne von zusammenarbeiten, aber wenig zu tun hat. Echte interdisziplinäre Zusammenarbeit ist nur möglich, wenn jeder der Beteiligten von seiner Leistungsobergrenze so weit zurücktritt, dass eine gemeinsame Ebene entstehen kann. Die interdisziplinäre Zusammenarbeit ist wohl der häufigste Fall im Berufsalltag von Hinz und Kunz.

Wie einfach darf es also sein? Es sollte so einfach sein, dass sich alle an der Sache Beteiligten deutlich innerhalb ihrer Leistungsfähigkeit, also unterhalb ihrer Leistungsobergrenze, bewegen.

Dabei kann man auf zwei Arten Schiffbruch erleiden: Vielleicht muss das Niveau zugunsten der gemeinsamen Ebene so tief angesetzt werden, dass es der Sache nicht mehr gerecht wird. Oder das Niveau ist so tief, dass die Arbeit keinen Spaß mehr macht, denn ich habe mich ja nicht deshalb um Bildung bemüht, um nun auf das Erarbeitete gänzlich zu verzichten. Es geht also schlicht darum, das Team, die Arbeits- oder Projektgruppe so zusammenzustellen, dass diese beiden Problemfelder vermieden werden. In diesem Punkt streifen wir einen Aspekt von Führung, der weit über das Erteilen von Anweisungen hinausgeht.

12.2 Das Wissen

Erst wer unter einer Laktoseunverträglichkeit leidet, lernt, welchen Lebensmitteln er Beachtung schenken sollte. Darunter sind viele, von denen wir dies nicht erwartet hätten. Der Betroffene wird sich die entsprechende Kenntnis erwerben müssen, ansonsten wird er den Vorsatz, seiner Laktoseunverträglichkeit Rechnung zu tragen, nicht umsetzen können.

12.2.1 Rechtliche Grundlagen des Arbeitsvertrages

Im Zusammenhang mit der Kernaufgabe Führen ist ein eklatanter Kenntnismangel festzustellen: Als ich die Nase voll hatte von Führungskursen, in denen wir uns gegenseitig Händchen haltend bestätigten, dass wir uns alle lieb haben, wurde ich gefragt, wie ich denn meine Führungsausbildung weiter zu beschreiten gedenke. Nach dem Grundsatz „get the basics right" habe ich darum gebeten, einen Führungskurs besuchen zu dürfen, der sich den juristischen Grundlagen des Arbeitsvertrages widmet. Doch siehe da, den gab es weder intern noch extern. Immerhin wurde mir eine kleine Liste von Büchern gegeben, die das Thema behandeln. Mein Versuch, mindestens eines davon zu bestellen, führte zum Resultat, dass alle vergriffen waren. Es scheint landauf und landab niemanden zu interessieren, auf welcher juristischen Basis wir unsere Erwerbstätigkeit ausüben. Inzwischen hat die Schweizerische Gesellschaft für Organisation und Management einen Lehrgang bereitgestellt, der sich ganzheitlich mit dem Thema Führen auseinandersetzt. Dabei handelt es sich jedoch um einen mehrjährigen Lehrgang, der die Erlangung eines eidgenössischen Fachausweises zum Ziel hat. Es ist gut, dass dem Thema Führen ein so großer Raum gegeben wird. Den Zustand, dass Führungskräfte sich via einen eidgenössischen Fachausweis zu qualifizieren haben, werde ich allerdings nicht erleben.

Die Führungsaufgabe unterscheidet sich nicht wesentlich von anderen Aufgaben. So wird der Aufgabenträger immer Talent brauchen, um ein wirklich guter Aufgabenträger zu sein, und ein untalentierter wird durch keine Ausbildung der Welt zu einem talentierten Aufgabenträger. Talent alleine nützt allerdings wenig, wenn die Kenntnis fehlt, und darum geht es bei Ausbildung. Ausbildung vermittelt Information, also theoretische Kenntnisse über eine Sache. Das größte Talent macht niemanden zum Schriftsteller, der nicht lesen und schreiben kann. Eine Führungskraft, welche die rechtlichen Grundlagen des Arbeitsvertrages nicht kennt, ist gleich dem Schriftsteller, der nicht lesen und schreiben kann.

12.2.2 Corporate Culture und Führungsrichtlinien

Das zweite Wissensgebiet, von dem eine Führungskraft Kenntnis haben muss, ist die Corporate Culture. Die Schriftstücke zur Corporate Culture geben auch Auskunft darüber, welchen Führungsstil die Unternehmensleitung im Unternehmen verwirklicht sehen will. Vielleicht verfügt die Unternehmung sogar über explizite Führungsrichtlinien, zu denen jede Führungskraft eine theoretische Fachprüfung bestehen können sollte. Wer nun aber glaubt, dass die Kenntnis über die Führungsrichtlinien selbstverständlich zum aktiven Wissen einer jeden Führungskraft gehört, der irrt. Die Herrscher haben es sich zu Eigen gemacht, ihren Führungsstil zur Grundlage ihres Führungsverhaltens zu erklären. Dabei sind die offiziellen Führungsrichtlinien des Unternehmens derart unerheblich, dass sie diese nicht einmal theoretisch zur Kenntnis nehmen. Wer Vorgaben des Unternehmens ignoriert, nur die Dinge in Angriff nimmt, die er in Angriff nehmen möchte, und dies so tut, wie es ihm gerade recht erscheint, ist ein unnützer Mitarbeiter, denn es ist nicht möglich, zielführend mit ihm zusammenzuarbeiten, und darum geht es in einer Unternehmung.

12.2.3 Ziele und der Weg zur Zielerreichung

Drittens muss jede Führungskraft wissen, welches die kurz-, mittel- und langfristigen Zielsetzungen des Unternehmens sind. Es genügt keinesfalls, eine grobe Ahnung von übergeordneten Zielsetzungen zu haben. „Wir wollen den Marktanteil in 5 Jahren um 10 % steigern." Ja klar, super Zielsetzung, doch wenn man nachfragt, was das heute und jetzt bedeutet, kommt leeres Geschwätz, wie „Jeder muss sich noch mehr Mühe geben" oder Ähnliches. Jede Führungskraft muss so über die Zielsetzungen und den Weg dorthin Bescheid wissen, dass auch dazu eine theoretische Fachprüfung abgelegt und bestanden werden kann.

Wenn diese drei Wissensgebiete – rechtliche Grundlagen des Arbeitsvertrages, Führungskultur und Zielsetzungen – durch das Wissen der Führungskraft abgedeckt sind, können wir immer noch einen Kurs zum Thema „Konflikte im Arbeitsalltag erfolgreich bewältigen" besuchen.

12.2.4 Mut zur Einfachheit

Der Besuch des Kurses „Konflikte im Arbeitsalltag erfolgreich bewältigen" ist verschwendete Zeit und verschwendetes Geld, wenn das Wissen über die rechtlichen Grundlagen des Arbeitsvertrages, die Führungskultur und die Zielsetzungen fehlt. Diese Kenntnisse lassen sich einfach erlernen, wie wir das von der Schule her kennen. Man muss sich hinsetzen und Dinge zur Kenntnis nehmen, mehr braucht es nicht. Die Anwendung des so erlernten theoretischen Wissens ergibt sich von selber, falls Führungstalent vorhanden ist. Ist das nicht der Fall, ist von einer Führungsaufgabe abzusehen. So einfach ist das.

Sowieso eine Frage des Talentes ist es, Konflikte im Arbeitsalltag erfolgreich zu bewältigen. Bei Führungskräften handelt es sich um erwachsene Personen. Erwachsene Personen haben schon jede Menge Konflikte erlebt und sollten wissen, ob sie in der Lage sind, diese erfolgreich zu bewältigen. Wer bis zu dem Tag, an welchem ihm eine Führungsposition angeboten wird, jedem Konflikt möglichst aus dem Weg gegangen ist, sollte unbedingt ablehnen. Gleiches gilt natürlich auch für die Fähigkeit, andere Menschen zu motivieren, Dinge auf den Weg und zu einem Ende zu bringen, und alle anderen Fähigkeiten, die unter der Überschrift Führungstalent zusammenkommen. Führung bedeutet, richtunggebend mit anderen Menschen zusammen zu agieren. Als erwachsener Mensch agiere ich schon seit vielen Jahren mit anderen Menschen zusammen. Ob ich mich dabei richtunggebend oder richtungnehmend verhalte, ist eine längst beantwortete Fragestellung, der ich lediglich Beachtung zu schenken habe. Wer diese Frage als erwachsener Mensch nicht beantworten kann, darf davon ausgehen, ein Folgender und kein Führer zu sein. Es ist durchaus möglich, stets unbewusst zu folgen; es ist schlecht möglich, stets unbewusst zu führen.

Gegenüber anderen Tätigkeitsgebieten hat die Führungsaufgabe Besonderheiten:
Erstens steht sie nie für sich alleine, denn den Beruf „Führung" gibt es nicht. Die Führungsaufgabe ist immer mit einer anderen Kompetenz, einem Berufsbild, verbunden. In diesem Punkt muss man beachten, dass Fachkompetenz im Berufsbild keinesfalls mit Führungskompetenz gleichzusetzen ist. Wer also glaubt, auf der Basis seiner Fachkompetenz eine Führungsaufgabe übernehmen zu können, liegt schon falsch. Hohe Fachkompetenz kann der Führungsaufgabe sogar hinderlich sein, da der Hochkompetente eventuell kein Verständnis für fachliche Probleme seiner Mitarbeiter hat. Dies könnte ihn zu einem Chef werden lassen, der seine Mitarbeiter niedermacht, anstatt ihnen zu helfen. Der fachlich weniger kompetente Chef ist hingegen auf die Fachkompetenz seiner Mitarbeiter angewiesen, sodass Letztere wissen und erleben, dass sie nicht nur wegen der Arbeitsmenge gebraucht werden. Gebraucht zu werden ist ein menschliches Grundbedürfnis, das so befriedigt werden könnte. Das funktioniert natürlich nur dann, wenn durch die Mitarbeiter genügend Fachkompetenz zur Verfügung gestellt wird. Dies ist also eine Frage der konkreten Situation, die nicht allgemeingültig zu beantworten ist. Allgemeingültig ist aber, dass Fachkompetenz und Führungskompetenz als verbundene, aber eigenständige Kompetenzen und dementsprechend als eigenständige Anforderungen zu betrachten sind. Diesbezüglich ist es ein Grundübel und Ursache für schlechte Führungskultur, wenn Akademiker, weil sie Akademiker sind, zu Führungspositionen kommen.
Zweitens lässt sich Führung nicht in dem Sinne mit positivem Resultat erlernen, wie dies für andere Aufgaben möglich ist. Ich kann ein guter Buchhalter werden, obwohl ich lieber Bildhauer

wäre. Ich kann aber keine gute Führungskraft sein, wenn ich mich damit nicht identifizieren kann, was uns zurück zum Thema Talent führt: Die Führungsaufgabe basiert viel mehr auf Talent als auf Kenntnis. Ich spreche mich hiermit nicht grundsätzlich gegen Führungskurse aus. Es ist gut, sich auch außerhalb des Führungsrahmens mit der Aufgabe auseinanderzusetzen, neue Theorien zur Kenntnis zu nehmen und Erfahrungen auszutauschen. Eine Führungsausbildung ist aber immer aufbauend im Sinne von Weiterbildung und niemals Basisausbildung, wie Schule, Berufslehre oder Studium.

Drittens ist eine Folge von zweitens: Zu anderen Aufgaben durchläuft man einen schulischen Bildungsweg, bevor man die Aufgabe tatsächlich innehat. Zu Führungskursen wird man meistens aber erst aufgeboten, nachdem man die Führungsaufgabe bereits übernommen hat. Das führt wieder zur Schlussfolgerung, dass Talent unabdingbar ist. Wenn ich die Aufgabe bereits wahrnehme, bevor die entsprechende Ausbildung begonnen hat, muss vorher ja schon etwas da sein; Talent.

Wer nun den Einwand äußert, es ginge nicht nur um Talent, sondern auch um Lebenserfahrung, hat recht. Es genügt natürlich nicht, Talent im Sinne von bisher ungeweckt schlummernden Fähigkeiten zu haben. Ich gehe hier nicht auf Lebenserfahrung ein, weil ich sie voraussetze. Führungspositionen werden in Unternehmen ausschließlich erwachsenen Menschen angeboten. Und wer sein Führungstalent bis zum Erwachsensein noch nicht mit Lebenserfahrung angereichert hat, sollte davon ausgehen, dass er kein Führungstalent hat.

Führungstalent habe ich oder ich habe es nicht. Habe ich es, dann weiß ich das als erwachsener Mensch, denn es hatte seinen Niederschlag schon im Kindergarten, in der Schule usw. und ist daher mit Lebenserfahrung angereichert. Die theoretischen Kenntnisse – rechtliche Grundlagen des Arbeitsvertrages, Führungsrichtlinien und Zielsetzung – sind in einer Frist, die in Wochen zu bemessen ist, zu erlernen. Es ist einfach. Schwierig wird es erst dann, wenn ich ohne Talent und/oder ohne Kenntnis zu führen versuche.

12.3 Die Führungstätigkeit

Wie eingangs des Kapitels hergeleitet, ist es unsinnig, Führung in Unternehmen mit Kindererziehung gleichzusetzen. Dies ist nicht nur unzweckmäßig, sondern kontraproduktiv. Es widerspricht dem Realitätsmodell aller Beteiligten; selbst dem des Herrschers, solange wir auf einer intellektuellen Ebene bleiben. So würde auch der Herrscher zustimmen, dass jeder Mensch für seine Handlungen verantwortlich ist. Und deshalb ist er auch keinesfalls bereit, wegen eines Fehlers eines ihnen zugeordneten Mitarbeiters den eigenen Hut zu nehmen, was ja eine mögliche Konsequenz aus dem Tragen der Verantwortung für den Mitarbeiter sein müsste. Warum wird aber am Führen im Sinne von Kindererziehung festgehalten? Warum wird die Diskrepanz zwischen dem Wort und der Tat nicht als zu bearbeitendes Problem erkannt?

12.3.1 Die Diskrepanz zwischen Wort und Tat

Wir wissen, dass es durchaus schwierig sein kann, einen Grundsatz wie „Von nun an mache ich meine Schulaufgaben immer rechtzeitig und fange immer frühzeitig an, für Prüfungen zu lernen" oder „Ich möchte mich nur noch gesund ernähren" und viele andere umzusetzen. Dies liegt auch daran, dass wir eine dem Grundsatz zuwiderlaufende Handlung in dem Moment, in welchem sie sich realisiert, gegebenenfalls gar nicht als eine dem Grundsatz zuwiderlaufende Handlung erkennen. Obschon ich mir vorgenommen habe, frühzeitig für Prüfungen zu lernen, möchte ich nicht jede mögliche Sekunde mit Lehrbüchern verbringen. Ich brauche auch Erholung und deshalb schaue ich mir heute Abend mit Freunden das Fußballspiel an. Das kann ich mir locker leisten, denn die Prüfung findet ja erst in vier Monaten statt. Plötzlich sind drei und ein halber Monat vergangen und ich komme zur Schlussfolgerung, dass ich früher mit dem Lernen hätte anfangen sollen.

Im Managementumfeld sind die Ursache-Wirkung-Zusammenhänge ungleich komplexer. Es ist eine hohe Anforderung, jeden Einzelentscheid im Kontext aller betroffenen Sachverhalte zu treffen. Meistens bestehen keine oder nur schwache Werkzeuge, den Gesamtkontext offenzulegen und ihn qualitativ wie quantitativ zu bewerten. Vieles ist, z. B. mangels eines geeigneten Kennzahlensystems, Ansichtssache. Diese Situation stellt eine andere hohe Anforderung an den Manager: Wenn die Bewertung eines Sachverhaltes schon Ansichtssache ist, dann sollte doch die Ansicht berücksichtigt werden, die sich nahe an der Realität gebildet hat. Das ist immer die Ansicht der Sachbearbeiter, die mit den entsprechenden Vorgängen beschäftigt sind. Wenn der Manager also nicht auf der Basis verlässlicher, formaler Werte entscheiden kann, dann soll er auf der Basis der ihm durch den Sachbearbeiter vermittelten Werte entscheiden. Ein Herrscher-Manager kann diese Anforderung nicht erfüllen, da dies seiner Persönlichkeitsstruktur widerspricht. Selbstverständlich wird auch der Herrscher-Manager zu Weihnachten verkünden, dass der Mitarbeiter das höchste Gut ist, dass er stolz ist, mit so viel kompetenten Menschen zusammenarbeiten zu dürfen, und dass er auch im kommenden Jahr auf diese Menschen baut, und so mancher hält solche Reden in voller Überzeugung. Wenn aber eine Entscheidung zu treffen ist, tut dies der Herrscher-Manager lieber auf der Basis seiner eigenen Fantasie oder auf der Basis der aktuellen politischen Kräfteverhältnisse, als auf die Kenntnis seiner ach so wertvollen Mitarbeiter abzustellen. Auf einer solchen Basis urteilen die Mitarbeiter leider richtig, wenn sie auch absolut ernst gemeinte Weihnachtsreden, Leitbilder, Führungsrichtlinien und Ähnliches als gehaltloses Blabla über sich ergehen lassen, ohne ihm weiter Beachtung zu schenken.

Leider beschränken sich diese Diskrepanzen zwischen Wort und Tat nicht auf Grundsätzliches wie Weihnachtsansprachen, Leitbilder usw. Auch alltägliches operatives Handeln kann stark von entsprechenden Sitzungsergebnissen abweichen: An einer Sitzung fragt ein Manager, ob ich einen in meinem Bereich zu-

lasten der Kundschaft anfallenden Kostenpunkt auch gewissenhaft und konsequent einfordere. Er will mir einen Controller ins
Büro setzen, der dies zu überprüfen hat. Wenige Tage später
reklamiert ein Kunde, dem gegenüber ich den betroffenen Kostenpunkt konsequent geltend gemacht habe, bei ebendiesem
Manager. Letzterer beschwert sich daraufhin über mich mit der
Bemerkung, ob es wirklich notwendig sei, wegen dem bisschen
Geld so ein Theater zu machen. Geredet wird mit großer Überzeugung; gehandelt wird, wie der Wind gerade bläst.

12.3.2 Ehrlichkeit, Selbsterkenntnis und Realitätsbewusstsein

Die Diskrepanz zwischen Wort und Tat hat ihren Ursprung wieder in dem Umstand, dass wir gedanklich vorwärtsstreben und
in unseren Handlungen nachziehen. In unserer Vorstellung glauben wir, dass wir in einer bestimmten Situation dies oder jenes
tun würden. Realisiert sich diese Situation, kann sich die Sache
durchaus anders darstellen. Das kann mit Lügen zu tun haben,
muss aber nicht. Das kann mit Selbstbetrug zu tun haben, muss
aber nicht. Das kann mit Selbstüberschätzung zu tun haben,
muss aber nicht.

Es ist einfach so, dass eine reale Situation komplexer ist als
ihre gedankliche Version. Derjenige, welcher Kosten durch wil-
lentliches Handeln verursacht, soll diese auch bezahlen. Es ist
nicht gerecht, andere, d. h. die Gesamtheit der Kundschaft, für
die Handlung des Verursachers bezahlen zu lassen, und irgend-
jemand muss die entstandenen Kosten tragen. Alles klar; Verursacherprinzip. So weit die gedankliche Auseinandersetzung.
Und so endet die entsprechende Sitzung mit dem Beschluss, das
Verursacherprinzip anzuwenden.

Wenn wir den Verursacher dann aber reklamierend am Telefon haben und dieser mit dem Rechtsanwalt droht und uns eine
längere Diskussion bevorsteht, ergeben sich zusätzliche Elemente: Wenn wir nun eine halbe Stunde diskutieren, verursacht dies

Kosten, die vielleicht höher sind als der Betrag, um den gestritten wird, und so verlieren wir, auch wenn wir die Diskussion in unserem Sinne gewinnen. Schreibt der Anwalt tatsächlich und wir müssen unseren Rechtsdienst aktivieren, explodieren die zusätzlichen Kosten und wir verlieren noch mehr, auch wenn wir den gegnerischen Anwalt von der Rechtmäßigkeit unserer Forderung überzeugen können. Wir verlieren also sowieso, und da wir im Sinne der Unternehmung kostenbewusst sind, beschwichtigen wir den Reklamierenden und erlassen ihm, die verursachten Kosten bezahlen zu müssen.

Nun gut, aber das Ganze hätten wir uns doch an der Sitzung, an der die Anwendung des Verursacherprinzips beschlossen wurde, denken können. Das hätten wir, wenn wir genügend Realitätsbewusstsein hätten walten lassen, wenn wir ehrlich gewesen wären und die Selbsterkenntnis bezüglich der Tatsache, dass wir in der realen Situation wie geschildert handeln werden, gehabt hätten.

Es ist gut, sich gedanklich mit Situationen und unserer Handlungsweise auseinanderzusetzen. Wir sollten uns aber darüber im Klaren sein, dass wir ein Versprechen abgeben, wenn wir unsere Umgebung glauben machen oder lassen, dass unsere gedachte Handlungsweise die gelebte Realität sein wird. Wir brechen ein Versprechen, sollten wir später anders handeln. Wir sollten also mit Realitätsbewusstsein, Selbsterkenntnis und Ehrlichkeit handeln, wenn wir sagen, „In dieser Situation würde ich …", ansonsten handeln wir respektlos gegenüber unserem Umfeld. Das gilt natürlich grundsätzlich und ist nicht auf das Thema Führung im Unternehmen beschränkt. In der Führung im Unternehmen gilt dies aber in besonderem Maße: Die Führungskraft steht in einer zeitlich und inhaltlich intensiven Beziehung zu ihrem Umfeld. Diese Beziehung ist intensiver als jene zu den meisten Menschen im sozialen Umfeld, denn auf Freunde und Bekannte wirkt man nicht aktiv während 40 Stunden pro Woche und Freunde und Bekannte stehen in einem weniger intensiven Abhängigkeitsverhältnis. Die Führungskraft stellt an die ihr zugeordneten Mitarbeiter die Anforderung, dass ihr gefolgt wird. Dies ist eine Anforderung, welche das soziale Umfeld nur dann erfüllt, wenn es ihm genehm ist. Das soziale Umfeld hat sich uns ausgesucht, die Mitarbeiter bekommen ihre Führungskraft vorgesetzt. Je näher uns eine Person des sozialen Umfeldes steht, desto mehr wirkt (hoffentlich) bedingungsarme bis bedingungsfreie Liebe, was im Unternehmen selten der Fall und auch nicht notwendig ist.

Es ist kein Problem, wenn eine Führungskraft ihre Ansicht über etwas ändert, solange sie sich hinstellt, dies mitteilt und das nicht dreimal täglich geschieht. Erhebliche Probleme entstehen hingegen, wenn die Führungskraft ihre Ansicht ändert, aber niemand etwas davon merkt. Wer verkündet, dass wir die nächste Abzweigung nach rechts nehmen, sich dann anders entscheidet, nach links geht, ohne etwas zu sagen, muss sich nicht wundern, dass Konfusion entsteht. Einer so handelnden Führungskraft kann man nicht folgen und die Aufgabe, zu führen, ist nicht erfüllt. Dies kann drei Ursachen haben, die einzeln oder in Kombination auftreten:

Erstens: Es gibt Führungskräfte, die glauben, als unfehlbar erscheinen zu müssen. Sie werten eine Meinungsänderung als Versagen und versuchen, dieses zu verstecken. Sie tun dann so, als hätte nie eine andere Ansicht bestanden. So schieben sie die Schuld für die Konfusion den anderen in die Schuhe, denn die haben ja schließlich etwas falsch verstanden.

Zweitens: Es ist cool und zeugt von pragmatischem Management, schnelle Entscheidungen zu treffen. Dabei beschleunigt sich die Meinungsbildung derart, dass sie keine Basis mehr hat. So merkt der Entscheidende gar nicht, dass seine Entscheidung zu der heute vorgebrachten Angelegenheit seiner Entscheidung zur Angelegenheit, die vor zwei Wochen vorgelegt wurde, widerspricht.

Drittens: In einem Umfeld, in welchem Entscheidungen maßgebend auf der beziehungspolitischen Ebene zustande kommen, wird stets demjenigen zugestimmt, zu dem die bedeutendere Beziehung besteht. Das ist ein Element, das im Planungszyklus nur sehr bedingt berücksichtigt werden kann. Ich kann durchaus berücksichtigen, dass ein Änderungsantrag von einer wichtigen Person gestellt wurde. Ich kann dieser Tatsache in der Nutzwertanalyse einen Wert zuweisen. Ich kann nicht berücksichtigen, dass von einer noch wichtigeren Person zukünftig ein widersprechender Antrag gestellt wird. Anders formuliert: Beziehungspolitik unterliegt einer Dynamik, welcher der Ausführungsprozess nicht folgen kann.

12.3.3 Führen von Prozessen vs. Führen von Mitarbeitern

Im Kontext Führung im Unternehmen besteht das Problem grundsätzlicher, als es auf den ersten Blick den Anschein macht: Die Diskrepanz zwischen Wort und Tat bezüglich der Ansicht darüber, was der Mitarbeiter für das Unternehmen bedeutet, ist die Folge eines grundsätzlichen Missverständnisses: In unserer Zeit wird vom Mitarbeiter selbstverständlich verlangt, dass er ein eigenständig wissendes (Know-how) und denkendes (Kompetenz aus Erfahrung) Mitglied des Unternehmens ist. Die heutigen Mitarbeiter können dieser Anforderung auch absolut genügen, wenn man sie lässt. Sofern ihm dies nicht durch jahrelange Unterdrückung abgewöhnt wurde, hat jeder Mitarbeiter den Willen, seine Umwelt zu gestalten, denn dies ist eine urmenschliche Energie und jeder Mitarbeiter ist ein Mensch. Diese Energie geht dadurch für das Unternehmen verloren, dass der Versuch unternommen wird, ihn zu einem Werkzeug der Führungskraft zu machen, das sich ihrem Willen und ihrem Realitätsmodell angleicht und damit unterordnet. Der Mitarbeiter ist kein Werkzeug, sondern ein Mensch. Menschen sind Egoisten und tun Dinge, um eigene Bedürfnisse zu befriedigen. So ist es ausgeschlossen, dass ein Mitarbeiter seine positive Energie entfaltet, um ausschließlich die Bedürfnisse seines Vorgesetzten zu befriedigen.

Exkurs zum Thema Erwerbseinkommen: Man könnte nun einwenden, dass der Mitarbeiter immer das Bedürfnis, ein Erwerbseinkommen zu erzielen, befriedigen kann und in einer Unternehmung somit nicht von ihm verlangt wird, sich ausschließlich den Bedürfnissen seines Vorgesetzten unterzuordnen. Das stimmt bis zu einem gewissen Grad. Das Erzielen eines Erwerbseinkommens befriedigt primäre Bedürfnisse und führt auch zu sozialer Anerkennung. Die Bedürfnispyramide weist uns aber darauf hin, dass ein befriedigtes Bedürfnis das Streben nach der Befriedigung des nächsthöheren Bedürfnisses aktiviert und dass das höchste Bedürfnis die Selbstverwirklichung ist. Geld ist untauglich, das Bedürfnis nach Selbstverwirklichung zu befriedigen. Das sehen wir schon alleine an den viel diskutierten Bezügen von Spitzenmanagern. Selbst wenn die Grenze des Verkonsumierbaren längst überschritten ist, der neuerliche Bonus also nicht dazu führt, dass der Spitzenmanager sich damit etwas kaufen kann, was er sich bisher nicht leisten konnte, nimmt er den Bonus. Es geht nicht mehr um die Verbesserung des Lebensstandards, es geht nur noch um den bloßen Betrag. Es geht einzig darum, den höheren Bonus zu bekommen als der andere. Es ist damit absolut, dass Anerkennung das höchste Bedürfnis ist, das Geld zu befriedigen vermag, danach verliert Geld seine Motivationsfähigkeit. Auf die meisten Mitarbeiter trifft natürlich nicht zu, dass sie so viel verdienen, dass eine Lohnerhöhung keine Wirkung auf den Lebensstandard haben kann. Daraus zu schließen, dass das Gehalt seine motivierende Wirkung nicht verliert, ist aber falsch. Anerkennung erhalten wir von unserem sozialen Umfeld und in diesem wollen wir uns, auch was unser Gehalt betrifft, etablieren. Das soziale Umfeld, d. h. die Bevölkerungsschicht, in welcher wir uns bewegen, definiert sich wesentlich durch den Lebensstandard, also durch die Höhe des Erwerbseinkommens, das in diesem Umfeld erzielt wird. Das unserem sozialen Umfeld und damit auch unserer Berufsgruppe entsprechende Erwerbseinkommen werden wir erzielen oder Geld verliert seine motivierende Wirkung sowieso. Der Versuch, das Erwerbseinkommen eines Mitarbeiters tiefer als normal zu halten, um ihn weiter nach der Befriedigung des Bedürfnisses nach Anerkennung in seinem sozialen Umfeld streben zu lassen, funktioniert nicht. Falls es mir nämlich dauerhaft nicht gelingt, das meinen Berufsumständen entsprechende Gehalt zu erzielen, ist dies ja gleichbedeutend damit, dass meine berufliche Leistung keine positive Wirkung auf mein Gehalt hat, und dadurch bricht die Motivationsmechanik sowieso. **Ende Exkurs zum Thema Erwerbseinkommen.**

Die Unternehmung, welche die positive Energie des Menschen nutzen möchte, muss dem Mitarbeiter ein Umfeld schaffen, in welchem er seine Aufgabe wahrnimmt, um dadurch ein eigenes Bedürfnis zu befriedigen, bis hin zur Selbstverwirklichung. Dazu braucht es keine neue Mitarbeiterführungsstrategie. Dazu braucht es lediglich die Erkenntnis, dass es in einer Unternehmung nicht um das Führen von Mitarbeitern, sondern um das Führen von Prozessen geht. Es ist somit nicht die primäre Alltagsaufgabe von Führungskräften, sich darum zu kümmern, dass die Mitarbeiter funktionieren. Es ist die primäre Alltagsaufgabe von Führungskräften, sich darum zu kümmern, dass die Prozesse funktionieren. Wir haben bereits festgestellt, was das bedeutet: Jeder Prozess hat drei Aspekte, den strategischen, den konzeptionellen und den operativen. Um jeden dieser Aspekte muss sich jemand verantwortlich kümmern. Dies zu tun heißt Führen; Führen von Prozessen. Jeder Mitarbeiter wird in einem dazu zuträglichen Umfeld seinen Beitrag leisten. Alles, was dazu benötigt wird, ist ein verständlicher Rahmen. Es geht um Spielregeln, denen sich jeder Beteiligte verpflichtet fühlt, und mit „jeder" sind auch der CEO und der Verwaltungsratspräsident gemeint.

12.3.4 Moral und Ethik im Unternehmen

Wir sind dermaßen grundsätzlich bereit, uns akzeptierten Spielregeln entsprechend zu verhalten, dass ich dies wieder eine urmenschliche Eigenschaft nenne. Als Kinder haben wir schon

Spiele erfunden, indem wir vorgängig die Spielregeln besprochen haben, an denen wir unser Spielverhalten ausgerichtet haben. Wer sich mit den Spielregeln nicht einverstanden erklärt, spielt nicht mit; das war auch schon immer so. Als Erwachsene spielen wir Spiele, gehen mit Freunden in die Ferien oder teilen uns eine Wohnung mit anderen Menschen. Wir vereinbaren Regeln, ohne uns durch deren Bestehen unterdrückt zu fühlen. Tritt in unserem „Spiel" eine zu regelnde Situation auf, an die wir bei der ursprünglichen Regeldefinition nicht gedacht hatten, setzen wir uns wieder zusammen und verfeinern unser Regelwerk. Ein solcher Umgang mit Regeln ist in unserer Gesellschaft so verankert, dass wir wieder einen Bezug im Gesetz finden. Eine Obligation entsteht durch gegenseitige, übereinstimmende Willensäußerung (Schweizerisches Obligationenrecht, Artikel 1). Ein Vertrag, also eine Verpflichtung, erwächst mir nur dann, wenn ich mich mit meinem Gegenüber auf gemeinsame Regeln geeinigt habe. Das Gesetz zieht sogar in Betracht, dass ich die Regeln nicht verstanden habe, und entlässt mich gegebenenfalls aus der Verpflichtung. Das heißt dann Grundlagenirrtum.

Wenn ich allerdings den Regeln des anderen aus Zwang unterworfen bin, dann nennt das Gesetz diesen Vorgang eine Nötigung und Nötigung ist ein Straftatbestand. Die Gesellschaft möchte grundsätzlich nicht, dass das Recht des Stärkeren gilt, und möchte den Stärkeren strafen, der dieses Recht für sich in Anspruch nimmt. Das ist Gesellschaftsmoral.

Natürlich ist dies sehr vereinfacht und einigermaßen romantisch dargestellt. Es ist genauso menschlich, dass es ein System von Überstellung und Unterordnung, eine Hackordnung gibt. Auch diesem Umstand trägt das Gesetz Rechnung. Der CEO braucht für die neue strategische Ausrichtung des Unternehmens keine Einverständniserklärung des Lehrlings, auch wenn sich dessen Tätigkeit dadurch verändert. Es geht mir hier aber nicht um das Recht, es geht mir vielmehr um die Moral.

Der moralisch handelnde Mensch ist bemüht, in Einigkeit mit seiner Umgebung zu sein, und ist bestrebt, auf Zwang und Gewaltausübung zu verzichten. Es gibt die Situationen, in denen es unausweichlich ist, sein Kind zu bestrafen und die elterliche Gewalt auszuüben. Wer allerdings Spaß daran hat, handelt unmoralisch. Der Chef kann sich über vereinbarte Regeln einseitig hinwegsetzen, ohne mit dem Gesetz in Konflikt zu geraten, aber er handelt unmoralisch.

12.3.5 Mut zur Einfachheit

Das Unternehmen ist ein Element der Gesellschaft. Wenn im Unternehmen die Moral und die Ethik der Gesellschaft gelebt werden, muss dies richtig sein. Zu den Besonderheiten der Situation „Unternehmen" hat die Gesellschaft im Arbeitsrecht Stellung genommen. Einen grundsätzlichen Widerspruch kann es nicht geben, da alle Gesetze der gleichen Verfassung untergeordnet sind. Der Arbeitsvertrag ist seinerseits dem Arbeitsrecht untergeordnet.

Wozu brauchen wir also Führungskurse, die unser Verhalten „schulen"? Wozu brauchen wir seitenlange Erklärungen zur Corporate Culture? Es ist eigentlich ganz einfach: Lassen wir doch auch im Unternehmen den Anstand und Respekt walten, der außerhalb selbstverständlich ist. „Was du nicht willst, das man dir tu, das füge auch keinem anderen zu", „Liebe deinen Nächsten wie dich selbst" oder wie auch immer man dies ausdrücken möchte. Was das bedeutet, hat uns das Leben längst gelehrt.

Ich möchte hier nicht näher darauf eingehen, dass es auch außerhalb der Unternehmung Menschen gibt, die ohne Moral und Ethik auszukommen glauben oder entsprechend krankhaft handeln. Diese sind jedoch in der Minderzahl, auch wenn sie größere mediale Aufmerksamkeit erzeugen. Und kein Unternehmen beschäftigt willentlich Führungskräfte, deren Strafregister mit aktuellen Gewalttaten bestückt ist.

Es ist klar, dass Arbeitsrecht und Arbeitsvertrag nicht ausreichen, um die Spielregeln im Unternehmen abschließend zu definieren. Wir brauchen Regeln auch in einem feineren Detaillierungsgrad.

12.4 Die Äquivalenz von Aufgabe, Kompetenz und Verantwortung

Jede Führungskraft hat wahrscheinlich schon mal davon gehört, dass Stellenbildung so funktioniert, dass ein passendes Paket aus Aufgabe, Kompetenz und Verantwortung geschnürt wird. Was ist die zu erfüllende Aufgabe und welche Kompetenzen braucht der Aufgabenträger, um die Aufgabe so wahrnehmen zu können, dass er auch die Verantwortung für die Aufgabenerledigung wahrnehmen kann? Aus der schlüssigen Beantwortung dieser Frage ergibt sich die Stellenbeschreibung. In diesem Zusammenhang rede ich von der „Äquivalenz von Aufgabe, Kompetenz und Verantwortung".

Nun wird also eine Stelle dadurch gebildet, dass ein Paket geschnürt wird, in welchem Aufgabe, Kompetenz und Verantwortung äquivalent enthalten sind. Dies mag bei der Stellenbeschreibung, also in der Theorie, noch so funktionieren. Wenn diese Stelle besetzt ist und diesbezüglich das wirkliche Leben beginnt, zeigt sich oft, dass das Prinzip der Äquivalenz von Aufgabe, Kompetenz und Verantwortung überhaupt nicht verstanden wurde:

Schon beim Kapitel über die Herrscher haben wir gesehen, dass die Ansicht verbreitet ist, dass sich Aufgabe, Kompetenz und Verantwortung des Chefs auf alles erstreckt, was innerhalb seiner hierarchischen Linie stattfindet. Wir haben gesehen, dass ein solches Führungsverständnis nicht realitätsnah gelebt werden kann. (Zur Erinnerung: Der oberste Chef wäre für jeden Vorgang in der Unternehmung verantwortlich, was schnell jegliches menschliche Verantwortungsvermögen übersteigt.) Dieses Führungsverständnis ist auch nach dem Prinzip der Äquivalenz von Aufgabe, Kompetenz und Verantwortung offensichtlich falsch:

Stellen wir uns nun eine Hierarchie aus Direktor, Abteilungsleiter, Teamleiter, Sachbearbeiter vor. Der Sachbearbeiter erledigt eine Sache so, dass der betroffene Kunde sich falsch behandelt fühlt. Dieser Kunde beschwert sich aufs Heftigste beim Direktor.

Der Direktor rügt den Abteilungsleiter, diktiert und überwacht das weitere Vorgehen in dieser Angelegenheit. Der Abteilungsleiter rügt den Teamleiter, diktiert und überwacht das weitere Vorgehen in dieser Angelegenheit. Der Teamleiter rügt den Sachbearbeiter, diktiert und überwacht das weitere Vorgehen in dieser Angelegenheit. Der Einzige, welcher die Kundenkommunikation in seinem Aufgaben-Kompetenz-Verantwortungspaket hat, ist der Sachbearbeiter, doch fühlen sich der Direktor, der Abteilungsleiter und der Teamleiter verantwortlich und kompetent, den weiteren Verlauf der Angelegenheit zu bestimmen. Die Aufgabe der Kundenkommunikation liegt bei einer Person, dem Sachbearbeiter. Kompetenz und Verantwortung liegen aber bei vier Personen, dem Direktor, dem Abteilungsleiter, dem Teamleiter und dem Sachbearbeiter. Von der Äquivalenz von Aufgabe, Kompetenz und Verantwortung kann offensichtlich keine Rede sein. Das Prinzip der Äquivalenz von Aufgabe, Kompetenz und Verantwortung hat der Direktor, Abteilungsleiter oder Teamleiter verstanden, der die Kundenreklamation dem Sachbearbeiter zur Erledigung übergibt, es sei denn, das Unternehmen hat eine Kundenreklamationsannahmestelle, die dann der richtige Empfänger wäre. Sollten Direktor, Abteilungs- und Teamleiter zur Ansicht gelangen, dass der Sachbearbeiter nicht in der Lage ist, die Sache zu regeln, müssten sie eingestehen, dass die Stelle des Sachbearbeiters falsch besetzt ist. Eine Mitwirkung der Vorgesetzten ist beispielsweise nur dann notwendig, wenn dem reklamierenden Kunden Zugeständnisse gemacht werden sollen, die den Kompetenzrahmen des Sachbearbeiters übersteigen.

Die Suche nach der Äquivalenz von Aufgabe, Kompetenz und Verantwortung beginnt mit der Betrachtung der Aufgabe. Es ist die der Aufgabe angemessene Kompetenz zu suchen, woraus sich die Verantwortung ergibt, und nicht irgendwie umgekehrt. Was definiert die Aufgabe? Natürlich der Prozess, wie wir das schon gesehen haben. Zur Erinnerung: Aus der Betrachtung des Prozesses ergibt sich, dass diese und jene Tätigkeiten zu verrichten sind, und diese Tätigkeiten werden zu Aufgabenpaketen zusammengestellt. Die Zuweisung dieser Aufgabenpakete an Aufgabenträger ergibt die Stelle. Structure follows process.

12.4.1 Die Aufgabe

Wenn wir sagen, „Wir gehen alle gemeinsam Äpfel pflücken", wird es zwingend so sein, dass ein bestimmter Apfel nur von einer Person gepflückt wird. Es ist vielleicht nicht notwendig, dies im Voraus genau zu bestimmen, doch muss es schlussendlich so sein, dass wir unsere Leiter, mit welcher wir auf den Apfelbaum steigen, an einem Ort platzieren, an welchem nicht schon eines anderen Leiter steht. Erst wenn klar ist, an welcher Seite welchen Baumes ich meine Leiter hinstelle, werde ich die Aufgabe, Äpfel zu pflücken, in Angriff nehmen können. Es ist also notwendig, eine Aufgabe so zu detaillieren und zu beschreiben, dass sie einer einzigen Person zugewiesen werden kann. Ob dies formal oder erst durch individuelle Absprache vor Ort geschieht, ist für diese Betrachtung unerheblich. Wenn nun also die Aufgabe so zu gestalten ist, dass sie einer einzigen Person zugewiesen werden kann und Kompetenz und Verantwortung zu dieser Aufgabe äquivalent sein sollen, dann folgt zwingend, dass auch die Kompetenz und die Verantwortung so zu gestalten sind, dass sie einer einzigen Person zuzuweisen sind.

12.4.2 Die Kompetenz

Leider hat Kompetenz zweierlei Bedeutung. Einerseits benutzen wir diesen Begriff als Synonym für Können und/oder Wissen. Mit der Aussage: „Dieser Zahnarzt ist sehr kompetent", meinen wir, dass der Betroffene den Eindruck macht, sehr viel zu wissen oder einfach in seinem Job sehr gut zu sein. Andererseits benutzen wir den Begriff „Kompetenz" als Synonym für Befehls- oder Entscheidungsgewalt. Mit der Aussage: „Dies liegt in meiner Kompetenz", weist jemand darauf hin, dass ihm die Entscheidung in einer Sache zusteht. Im Kontext Stellenbildung müssen wir beide Interpretationen von Kompetenz berücksichtigen. Kompetenz im Sinne von Wissen und/oder Können könnten wir durch den Begriff „Anforderungen" ersetzen. Kompetenz im Sinne von Entscheidungsgewalt könnten wir direkt durch „Entscheidungs-gewalt" oder, etwas weicher, durch „Entscheidungsspielraum" ersetzen. So wären wir genauer und vollständiger, wenn wir von der Äquivalenz von Aufgabe, Anforderung, Entscheidungsspiel-raum und Verantwortung reden würden. Nun hat sich „Aufgabe, Kompetenz und Verantwortung" als Begrifflichkeit aber derart durchgesetzt, dass teilweise von AKV die Rede ist. Anstatt eine etablierte Begrifflichkeit zu ändern, sollten wir uns einfach der beiden Bedeutungen von „Kompetenz" bewusst sein und uns jeweils klarmachen, was gemeint ist.

Selbstverständlich muss ein Mitarbeiter die Fähigkeit haben, die ihm zugeteilte Aufgabe auch zu erledigen. In diesem Punkt ergeben sich bei der Personalevaluation die wenigsten Missver-ständnisse. Jedes Stelleninserat beinhaltet die Angabe darüber, was von einem Bewerber erwartet wird, welche Fähigkeiten er mitbringen soll, um als ernsthafter Bewerber wahrgenommen zu werden. Erhebliche Probleme entstehen, wenn Jobs auf der Be-ziehungsebene besetzt werden, ohne dass der Inhaber die Fä-higkeit hat, diesen auch professionell auszuführen.

Genauso selbstverständlich muss der Mitarbeiter den der Aufgabe entsprechenden Entscheidungsspielraum haben. Wir müssen also untersuchen, ob die Aufgabe Tätigkeiten aufweist, die situationsabhängig verschiedenartig verrichtet werden kön-nen. Ist dies der Fall, ist zu entscheiden, ob dem Mitarbeiter ein Regelwerk zur Verfügung gestellt wird, welches eindeutig und abschließend darüber Auskunft gibt, in welcher Situation wel-ches Verfahren anzuwenden ist. Wird kein Regelwerk erstellt oder verbleibt auch mit Regelwerk ein Entscheidungsspielraum, so muss dieser dem Mitarbeiter zwingend zugestanden werden. Der Mitarbeiter entscheidet und dieser Entscheid ist von jedem

Vorgesetzten hinzunehmen, auch wenn Letzterer in dieser und jener Situation anders entschieden hätte. Es ist anzuerkennen, dass die dafür zuständigen Organe des Unternehmens, also das Unternehmen selbst bestimmt hat, dass dieser oder jener Sachverhalt der Entscheidung dieses oder jenen Mitarbeiters unterliegt, und jeder Mitarbeiter des Unternehmens (auch der CEO) hat sich dieser Bestimmung unterzuordnen. Die Tatsache, dass ein Vorgesetzter diese Bestimmung selber erlassen hat, bedeutet keinesfalls, dass er dieser nicht unterliegt. Sollte er zur Einsicht kommen, dass er sich getäuscht hat, kann er die Bestimmung ändern. Dies hat aber zwingend grundsätzlich zu geschehen und keinesfalls dadurch, dass dem Mitarbeiter der Entscheidungsspielraum gegeben und genommen wird, wie es einem Vorgesetzten in der Situation gerade recht erscheint. In diesem Punkt gibt es leider jede Menge Missverständnisse, die sich z. B. dadurch äußern, dass ein Vorgesetzter anordnet, Dinge seien „nach dem gesunden Menschenverstand" zu entscheiden. „Nach dem gesunden Menschenverstand" ist in diesem Fall ein Code für „so, wie ich das für richtig halten werde". Der Mitarbeiter kann nicht wissen, was der Chef in einer zukünftigen, also unbekannten Situation für richtig halten wird. Der Chef weiß es ja selber nicht, ansonsten wäre er doch in der Lage, ein entsprechendes Regelwerk aufzustellen. Der Auftrag, sich entsprechend einer zukünftigen Meinung des Chefs zu verhalten, ist also ein unerfüllbarer bzw. nur zufällig erfüllbarer Auftrag und es ist nicht statthaft, solche Aufträge zu erteilen. Es mag den Sonderfall geben, dass der Mitarbeiter seinen Chef besser kennt als der sich selber, doch das ist außergewöhnlich und damit irrelevant.

12.4.3 Die Verantwortung

Wir wissen, welche Aufgabe der Mitarbeiter hat. Er bringt das zur Aufgabenerfüllung notwendige Wissen mit und es wird ihm der zur Aufgabenerfüllung notwendige Entscheidungsspielraum zugestanden. Unter diesen Voraussetzungen und ausschließlich unter diesen Voraussetzungen ist der Mitarbeiter in der Lage, die Verantwortung für seine Handlungen und Entscheidungen wahrzunehmen. Ist die Aufgabe nicht oder ungenügend beschrieben, wird der auf seine Verantwortung angesprochene Mitarbeiter für sich in Anspruch nehmen, dass er dies und jenes nicht wissen konnte. „Wo steht geschrieben, dass …?" Nimmt der Chef den Entscheidungsspielraum implizit oder explizit für sich in Anspruch, wird der auf seine Verantwortung angesprochene Mitarbeiter auf den Chef verweisen. „Der Chef hat gesagt, dass …" oder „Der Chef hat nicht gesagt, dass …" Deshalb sind das verbriefte einheitliche Verständnis über die Aufgabe und das konsequente Gewähren des vorhandenen Entscheidungsspielraums zwingende Voraussetzungen für das Wahrnehmen von Verantwortung. Doch was heißt das überhaupt?

Es geht darum, Verantwortung wahrzunehmen, und nur im Ausnahmefall darum, Verantwortung zu tragen. Verantwortung tragen impliziert die Zuweisung von Schuld und das Erleiden der daraus erwachsenden Konsequenzen. Wenn ich dem Unternehmen vorgegaukelt habe, dass ich die mir zugeteilte Aufgabe erledigen kann, was sich im Verlaufe meiner Tätigkeit als falsch erweist, dann muss ich die Verantwortung tragen und meine Kündigung vergegenwärtigen. Wenn der Arbeitsalltag jedoch durch das Tragen von Verantwortung, also durch Schuldzuweisungen geprägt ist, dann läuft die Sache schon grundsätzlich falsch.

Verantwortung wahrzunehmen bedeutet, zu seinem Wort zu stehen oder von seinem Wort aktiv zurückzutreten, falls es sich als unmöglich erweist, das Wort wahr werden zu lassen. Das ist nichts, was speziell mit Erwerbstätigkeit in einer Unternehmung zu tun hat. Es geht vielmehr um Integrität im Leben, auch im Leben innerhalb einer Unternehmensorganisation. Das ist wenig kompliziert: „Versprich nur das, was du halten kannst, und halte das, was du versprochen hast."

Es ist nicht verantwortungsbewusst, der Forderung eines Kunden nachzugeben, obwohl ich gar nicht weiß, ob ich sie erfüllen kann, oder gar weiß, dass ich sie nicht erfüllen kann. Solches Verhalten kann die Situation im Moment entschärfen, führt aber zwangsläufig zu einer späteren Verschärfung, denn der Kunde wird es merken, falls seine Forderung schlussendlich nicht erfüllt wird. Also sagen wir dem Kunden, dass wir seine Forderung nicht erfüllen können oder nicht wissen, ob wir dies können, es also lediglich versuchen. Es ist nicht verantwortungsbewusst, zu verschweigen, dass ich etwas nicht verstanden habe. Dies zuzugeben mag im Moment ungünstig erscheinen. Wirklich ungünstig wird es aber, falls sich schlussendlich herausstellt, dass ich etwas nicht verstanden und nicht nachgefragt habe, denn meine Umgebung könnte glauben, dass ich nicht einmal verstanden habe, dass ich etwas nicht verstanden habe, oder mich für feige halten. Es geht wieder um Ehrlichkeit, Selbsterkenntnis und Realitätsbewusstsein, also meiner Wahrheit, meinen Möglichkeiten und den Umständen entsprechend zu agieren und zu reagieren. Dabei geht es nicht nur um die Handlung. Jemanden willentlich in einem falschen Glauben zu lassen, also nicht zu handeln, ist bezüglich Integrität nur unwesentlich etwas anderes, als jemanden durch Lügen in den falschen Glauben zu führen. Auch wenn ich bewusst nicht handle, habe ich die entsprechende Entscheidung getroffen und habe die mit dieser Entscheidung verbundene Verantwortung wahrzunehmen.

Habe ich ein Versprechen geleistet, also ein Angebot oder eine Zusage gegeben, setze ich dies in die Tat um, denn das ist ja die Aufgabe. Es geht darum, Tätigkeiten zu verrichten, also Dinge in die Tat umzusetzen. Es ist unwesentlich, ob es sich dabei um eine einzelne Zusage in dem Sinne, dass ich explizit zu der aktuellen Angelegenheit Ja gesagt habe, oder um die generelle, mit der Unterzeichnung des Arbeitsvertrages gemachte Zusage, die meiner Stelle zugeteilte Aufgabe zu erledigen, handelt. So oder so habe ich Ja gesagt und nun mache ich mich daran, dieses Versprechen bestmöglich einzulösen. Es ist unabdingbar, dies gemäß den getroffenen Vereinbarungen zu tun. Es reicht also nicht aus, die Aufgabe grundsätzlich wahrzunehmen. Dies muss vielmehr so geschehen, wie dies vereinbart wurde. Wenn es beispielsweise meine Aufgabe ist, Anfragen zu beantworten, reicht es nicht aus, vorliegende Anfragen zu beantworten. Wurde nämlich vereinbart, dass diese Antworten schriftlich und innerhalb von drei Arbeitstagen zu erfolgen haben, so habe ich mein Versprechen erst dann eingelöst, wenn ich innerhalb von drei Arbeitstagen eine schriftliche Antwort geliefert habe. Habe ich zugesagt, dazu grünes Papier zu verwenden, schließt mein Versprechen die Verwendung von grünem Papier ein. Dies bedingt, dass wir uns vorgängig darüber Gedanken machen, was sinnvoll, zweckmäßig und möglich ist, und das Resultat dieser Gedanken zum Inhalt der Vereinbarung machen. Ist die Vereinbarung getroffen, ist sie auch einzuhalten. Sollte es der Fall sein, dass wir uns in einem Aspekt getäuscht haben, dann versuchen wir trotzdem, die Vereinbarung einzuhalten. Haben wir uns beispielsweise zu unseren Lasten im Zeitaufwand getäuscht, leisten wir Überstunden, um das Versprechen trotzdem einzuhalten. Natürlich kommt es vor, dass während der Erledigung einer Angelegenheit Aspekte auftauchen, die eine Korrektur oder Ergänzung der Vereinbarung nahelegen. Dann wenden wir uns an unseren Vereinbarungspartner, orientieren ihn darüber und treffen eine neue Vereinbarung oder bleiben trotzdem bei der bestehenden Vereinbarung. Ist beides nicht möglich, dann müssen wir zugeben, dass wir die Vereinbarung nicht einhalten können und von dieser zurücktreten müssen. Wir liefern aber nicht einfach etwas anderes, als was vereinbart wurde. Wir lassen einen Endtermin nicht einfach verstreichen. Wir melden uns rechtzeitig zu Wort und orientieren über die Zielabweichung. „Wir machen das Unmögliche möglich" ist ein offensichtlicher Widerspruch und führt unausweichlich zum Versagen.

Versprechen abgeben, die gehalten werden können, das Mögliche dazu zu tun, das Versprechen einzuhalten oder es offen darzulegen, falls es unmöglich ist, das Versprechen einzuhalten, das bedeutet, Verantwortung wahrzunehmen.

12.5 Der Führungsprozess

Führung beginnt damit, die Äquivalenz von Aufgabe, Kompetenz und Verantwortung herzustellen und im Führungsalltag aufrechtzuerhalten. Wenden wir uns nun dem Führungsalltag zu.

Das sogenannte FAU-Modell unterteilt die Prozesse einer Unternehmung in Führungsprozesse, Ausführungsprozesse und Unterstützungsprozesse. Ohne auf diese Unterteilung genauer einzugehen, nehmen wir zur Kenntnis, dass damit Führung als Prozess verstanden wird. Es geht also nicht nur darum, Prozesse zu führen, sondern diese Führung wiederum als Prozess wahrzunehmen. Was bedeutet das?

Wir haben immer einen übergeordneten Prozess. Wir haben schon hergeleitet, dass dieser darin besteht, den Unternehmenszweck zu erfüllen. „Herstellung und Verkauf von Backwaren" war das Beispiel für den übergeordneten Prozess einer Bäckerei mit einem dazugehörigen Verkaufsladen. Wir verfeinern den Detaillierungsgrad und unterteilen diesen Prozess in seine Subprozesse. Dabei stoßen wir auf Vorgänge, die der willentlichen Steuerung bedürfen, also auf Prozesse, die dem menschlichen Willen unterliegen. Der Prozess, in dessen Verlauf ein vorgängig definiertes Brot entsteht, ergibt sich ohne willentliche Steuerung. Natürlich muss der Bäcker den Willen haben, dieses Brot zu backen, doch das ist nicht gemeint. Gemeint ist Folgendes: Da es sich um ein vorgängig definiertes Brot handelt, ist aus der Sache heraus klar, was zu tun ist, um dieses Brot entstehen zu lassen. Das sind die Dinge, welche dem Bäckerlehrling beigebracht werden. Wenn er die definierten Rohmaterialien verwendet und mit diesen wie definiert verfährt, dann wird sich das definierte Brot ergeben, ob er dies will oder nicht. Oder umgekehrt: Es ist nicht möglich, dass sich der Lehrling genau an das Rezept für das definierte Brot hält, daraus aber eine Früchtetorte entsteht, weil er das so wollte. Ganz anders verhält es sich bezüglich der Frage, welche Art von Backwaren überhaupt hergestellt und zum Verkauf angeboten werden sollen. Die Antwort auf diese Frage ergibt sich aus dem Willen des Bäckers, sich auf diese oder jene Art im Markt zu positionieren, also seine Bäckerei zu diesem oder jenem Ergebnis zu steuern. Wir haben es mit einem Führungsprozess zu tun. Wo ist dabei der Prozess?

Wir reden ja schon umgangssprachlich vom „Entscheidungsprozess" und sind uns somit im Klaren darüber, dass eine Entscheidung das Resultat aus einer Abfolge von Ereignissen ist. Somit stellt sich lediglich die Frage nach dem Formalisierungsgrad. Es wäre günstig, wenn der Bäcker sich zur Wahl des zukünftigen Sortiments an Backwaren sachdienliche Überlegungen machen würde, entsprechende Informationen beschafft und gewichtet und das Ganze strukturiert tut. Er wird beispielsweise in der Umgebung nach Mitbewerbern Ausschau halten und deren Sortiment zur Kenntnis nehmen. Er wird diese Information bewerten und entscheiden, ob er mit einem ähnlichen Sortiment als Konkurrent auftreten oder mit einem anderen Sortiment eine freie Marktnische besetzen möchte. Dies steht natürlich auch in einem Bezug zu seinen fachlichen und finanziellen Möglichkeiten. Vielleicht bringt er ein technisches und/oder personelles Inventar aus einer aufgegebenen Bäckerei mit, was entsprechende Abhängigkeiten schafft. Usw. So wird der Bäcker eine Reihe von Tätigkeiten verrichten, um Informationen zu beschaffen, diese zu bewerten und Entscheidungen zu treffen, und er wird dies in einer logischen Abfolge tun. Wir haben also Input (Information), Tätigkeit (Bewertung und Entscheidung) und einen Output (Entscheidungsergebnis) und damit einen Prozess vor uns. Es handelt sich um einen Führungsprozess, den wir „Sortimentbestimmung" nennen können.

Führungsprozesse unterscheiden sich von den anderen Prozessen im Resultat. Führungsprozesse sollen eine Planung und Steuerung ergeben und natürlich eine entsprechende Ergebniskontrolle. Es handelt sich also um Planungs-, Steuerungs- und Kontrollprozesse. Strategische Planung ist wohl der bedeutendste Führungsprozess. Welchen Bereichen der Unternehmung welche Bedeutung zukommt, entscheidet darüber, wie sich die Unternehmung als Ganzes entwickelt. Welchem Bereich wie viel Bedeutung zukommt, wird wesentlich dadurch bestimmt, wie viel Betriebsmittel (Geld) ihm zufließen. Die Steuerung des internen Geldflusses, die Budgetplanung, ist also ein weiterer wesentlicher Führungsprozess. Dazu gehören die entsprechenden Kontrollprozesse, denn es soll ja festgestellt werden können, ob die strategische Planung auch zu dem gewünschten Resultat geführt und sich ein Bereich durch den Geldzufluss wie gewünscht entwickelt hat.

Strategische und Budgetplanung sind bereits Subprozesse des übergeordneten Führungsprozesses, den wir „Unternehmensführung" oder „Unternehmenssteuerung" nennen können. Im Umgang damit unterscheiden sich Führungsprozesse nicht von den anderen. Also ist genau gleich zu verfahren: Wir untersuchen, was nebst Strategie, Budget und deren Ergebniskontrolle noch zur Unternehmensführung getan werden muss, und finden so die Subprozesse auf einer ersten Detaillierungsebene. Wir nehmen die einzelnen Subprozesse und untersuchen, was muss z. B. zur Budgetplanung getan werden, und finden so die Subprozesse auf der zweiten Detaillierungsebene usw. Bei allen Prozessen, die wir auf diesem Weg finden, handelt es sich um Führungsprozesse. Dementsprechend sind Prozesse, die wir auf diesem Weg nicht antreffen, keine Führungsprozesse.

Es ist nun aber nicht so, dass jeder Mitarbeiter, der in einem Führungsprozess beschäftigt ist, eine Führungskraft ist. Das ist offensichtlich: Zur Budgetplanung gehört mit Sicherheit ein Subprozess, den wir mit „Sammeln und Bereitstellen von Daten" bezeichnen können. Wer in einem dieser Subprozesse beschäftigt ist, arbeitet in einem Führungsprozess, ist deshalb aber keine Führungskraft. Okay, aber was macht die Führungskraft zur Führungskraft? Der Regelkreis.

12.5.1 Der Regelkreis

Das Schulbeispiel für einen Regelkreis ist der Thermostat: Wir stellen den Thermostat so ein, dass die Raumtemperatur 19 Grad Celsius betragen soll. Daraus ergibt sich für die Heizung die Aufgabe, heizen, falls die Raumtemperatur tiefer als 19 Grad Celsius ist, und nicht heizen, falls die Raumtemperatur gleich oder höher als 19 Grad Celsius ist. Der Thermostat prüft diese Bedingung und gibt die entsprechende Anweisung an die Heizung. Das ist ein Regelkreis. Es wird immer wieder, also im Kreise, abgefragt, wie es um eine bestimmte Regel bestellt ist, und dadurch wird der von dieser Prüfung abhängige Fortgang des Prozesses geregelt; ein Regelkreis.

In Prozessen werden ständig auf der Basis von Regeln, also in Abhängigkeit vom Bestehen von Bedingungen, Entscheidungen getroffen. Die Art, wie diese Entscheidungen getroffen werden, unterscheidet Führungsprozesse wesentlich von anderen Prozessen. Dieser Unterschied besteht, wie wir das beim Bäcker gesehen haben, darin, dass der für den Führungsprozess zuständige Mensch die Bedingungen des Regelkreises teilweise selber schafft. Wenn der Bäcker sagt: „Ich will zu meinen Mitbewerbern in Konkurrenz treten", dann hat er eine Bedingung für den Regelkreis, welcher die Produktion steuert, selber geschaffen. Natürlich ist dieses durch die Umwelt beeinflusst, denn er hat vor der Entscheidung z. B. seine Mitbewerber begutachtet und diese sind Umwelt. Die Entscheidung, dass es richtig ist, zu den Mitbewerbern in Konkurrenz zu treten, ist aber eine persönliche Schlussfolgerung des Bäckers, die wesentlich auf menschlichen Eigenschaften beruht. So ist sein menschlicher Charakter entscheidend: Wäre er ein weniger mutiger oder aggressiver Mensch, würde er sich bei identischen äußeren Vorgaben für die Marktnische oder einen anderen Standort entscheiden.

Es ist also die Aufgabe, im Regelkreis von Führungsprozessen auf der Basis menschlicher Eigenschaften Bedingungen herzustellen, was die Führungstätigkeit zur Führungstätigkeit macht. Das Wahrnehmen dieser Aufgabe macht die Führungskraft zur Führungskraft.

Der Verkäufer in dem der Bäckerei zugehörigen Verkaufsladen ist in einem Ausführungsprozess beschäftigt. Er arbeitet den Prozess „Verkauf" nach Regelkreisen ab. Die Bedingungen dieser Regelkreise werden ihm aber vorgegeben. Der Kunde macht eine Bestellung. Der Verkäufer nimmt diese vorgegebene Bedingung entgegen und arbeitet einen Regelkreis ab, indem er die vorgegebene Bedingung prüft, ob die bestellte Ware zur Verfügung steht. Danach nennt er den vorgegebenen Preis, und ob der Kunde diesen bezahlen kann und will, ist wiederum vom Verkäufer unabhängig. Der in einem Ausführungs- oder Unterstützungsprozess Beschäftigte stellt die Bedingungen in den Regelkreisen also nicht selber her. Wer oder was stellt aber die Bedingungen in den Regelkreisen von Ausführungs- und Unterstützungsprozessen her? Die Führungsprozesse.

Allgemein formuliert besteht das Resultat von Führung ja darin, die Vorgänge zu steuern, die zum für die Außenwelt wahrnehmbaren Ergebnis der Unternehmenstätigkeit führt. Das Gleiche anders formuliert: Das Resultat von Führungsprozessen besteht darin, die Ausführungs- und Unterstützungsprozesse zu steuern. Prozesse werden wesentlich durch die Bedingungen in ihren Regelkreisen gesteuert.

Die wesentliche Erkenntnis ist, dass die Aufgabe der Führungskraft darin besteht, Bedingungen im Regelkreis des Führungsprozesses herzustellen, und es die Aufgabe des Führungsprozesses ist, die Bedingungen im Regelkreis der Ausführungs- und Unterstützungsprozesse zu liefern. Es handelt sich hierbei also um eine zweistufige Angelegenheit. Es handelt sich nicht um eine einstufige Angelegenheit, da es nicht die Aufgabe der Führungskraft ist, die Bedingungen in den Regelkreisen von Ausführungs- und Unterstützungsprozessen direkt herzustellen.

12.5.1.1 Die Vererbung von Bedingungen in Regelkreisen von Prozessen

Selbstverständlich werden nicht sämtliche Bedingungen in Regelkreisen von Führungsprozessen durch die Führungskraft und nicht sämtliche Bedingungen in Regelkreisen von Ausführungs- und Unterstützungsprozessen durch den Führungsprozess hergestellt. So vererben übergeordnete Prozesse die Bedingungen in ihren Regelkreisen an ihre Subprozesse.

Falls der Ausführungsprozess „Herstellung des Fahrzeuges XY in roter Farbe" läuft, kann im Subprozess zur Produktion der Türen nicht die Bedingung „grüne Farbe verwenden" hergestellt werden. Falls der Führungsprozess „Auswahl der Mitarbeiter" bestimmt, dass das Unternehmen ausschließlich Teilzeitbeschäftigung anbietet, kann an keiner Stelle eine Vollzeitbeschäftigung angeboten werden. Es gibt keinen Unternehmensprozess, der gänzlich frei von geerbten Bedingungen ist, denn es gibt jede Menge von Gesetzen und andere unternehmensexterne Vorgaben, die in der Tätigkeit des Unternehmens berücksichtigt werden müssen. Es handelt sich dabei um Resultate aus den unternehmerischem Handeln übergeordneten Führungsprozessen, die ihre Bedingungen in die Regelkreise der Prozesse der Unternehmung vererben.

Das Herstellen von Bedingungen in Regelkreisen von Prozessen beschränkt sich also auf die Konkretisierung übergeordneter Bedingungen oder auf das Füllen von Bedingungsplatzhaltern, die erst aufgrund des zunehmenden Detaillierungsgrades entstanden sind.

12.5.2 Führung als Prozess oder der primäre Führungsprozess

Die Führungskraft, welche die Bedingungen in den Regelkreisen von Ausführungs- und Unterstützungsprozessen direkt herstellt, ohne dazu einen Führungsprozess zu durchlaufen, handelt willkürlich und auf der Basis von Führungsreflexen. Das Resultat ist Herrschertum. Das Überspringen des Führungsprozesses ist die Ursache dafür, dass das reale Verhalten von Führungskräften in Herrscherunternehmen keinen Bezug zu übergeordneten Vorgaben wie Führungsrichtlinien, Verhaltenskodizes oder zur Corporate Culture hat und zu diesen in teilweise eklatantem Widerspruch steht. Wieso?

Die Erstellung der Führungsrichtlinie und die Wartung derselben ist ein übergeordneter Führungsprozess und die Führung im Alltag ist ein Subprozess dieses Führungsprozesses. Die Aufgabe dieses übergeordneten Führungsprozesses „Erstellung und Wartung der Führungsrichtlinie" besteht darin, Bedingungen im Regelkreis zu schaffen, und diese werden an die Subprozesse vererbt. Ein Führungsverhalten, das dem übergeordneten Führungsprozess widerspricht, kann kein gültiges Resultat eines seiner Subprozesse sein.

Damit ein Prozess das schlussendlich gewünschte Resultat hervorbringt, ist es unerlässlich, dass alle seine Subprozesse definitionsgemäß durchlaufen werden. Falls der Produktionsprozess zur Herstellung des Fahrzeuges XY definiert, dass ein Scheibenwischer zu montieren ist, dann ist das Fahrzeug nicht hergestellt, solange der Scheibenwischer fehlt, und dabei gibt es kein Wenn und kein Aber. Und das ist mit Führungsprozessen nicht anders.

Was bedeutet es konkret, Führung als Prozess wahrzunehmen? Wir erinnern uns nochmals daran, dass ein Prozess darin besteht, dass Inputs mittels Tätigkeiten zu Outputs werden. Also fangen wir mit dem Input an. Bevor ein Führungsprozess startet, muss ja erst einmal eine Situation vorliegen, die nach Führung verlangt. Ohne diese Situation gibt es kein Startereignis und damit keinen auslösenden Input.

Die Führungssituation kann systematisch entstehen. Das ist beispielsweise dann der Fall, wenn monatliche Teamsitzungen abgehalten werden. Die Führungssituation kann durch Veränderung der Rahmenbedingungen entstehen. Das ist beispielsweise dann der Fall, wenn ein neues Produkt eingeführt wird. Die Führungssituation kann dadurch entstehen, dass eine Führungshandlung eingefordert wird. Das ist beispielsweise dann der Fall, wenn ein Schnittstellenpartner eine Veränderung des Outputs, also seines Inputs, wünscht. Die Führungssituation kann durch eine Zielabweichung entstehen. Das ist beispielsweise dann der Fall, wenn ein wichtiger Termin gefährdet erscheint. Selbstverständlich kann die Führungssituation auch ohne direkten externen Einfluss entstehen. Das ist beispielsweise dann der Fall, wenn der Chef eine Verbesserungsmöglichkeit erkannt zu haben glaubt und dies nun bearbeitet. Wichtig ist, sich klarzumachen, dass eine Führungssituation notwendigerweise besteht. Nicht notwendigerweise bestehen die Führungssituationen, die von der Führungskraft künstlich erzeugt werden, um sich wieder einmal als Chef zu fühlen. Das ist beispielsweise dann der Fall, wenn die Führungskraft täglich nachfragt, wie weit diese oder jene Sache gediehen ist, ohne einen vernünftigen Führungsprozess, wie das tagesaktuelle Hinzunehmen von Hilfskräften, daraus ableiten zu können. Künstlich erzeugte Führungssituationen sind Unfug und zu vermeiden. Die grundlegendste, wichtigste Führungssituation besteht darin, in seinem Führungsbereich jedem das richtige Aufgaben-, Kompetenz- und Verantwortungspaket zu schnüren.

Einer Führungssituation liegt eine Fragestellung zugrunde. Dies ist natürlich nicht zwingend eine explizit gestellte Frage. (Im Zusammenhang mit Regelkreisen geht es immer um Fragestellungen. Es ist ja das Wesen des Regelkreises, dass Bedingungen abgefragt werden. Der Thermostat fragt ständig: „Ist die Raumtemperatur kleiner oder größer/gleich 19 Grad Celsius?) Die Aufgabe lautet „Führen", also vorangehen, damit die Folgenden wissen, ob es nach links oder nach rechts geht. Liegt keine Fragestellung vor – gibt es also sowieso nur die Möglichkeit, geradeaus zu gehen –, braucht es keine Führung; es liegt also keine Führungssituation vor. Das ist das Problem mit Führungszyklen, also z. B. monatlichen Teamsitzungen: Wir wissen, dass auch in drei Monaten eine Teamsitzung stattfinden wird. Wir wissen aber nicht, ob dann auch eine Fragestellung im Raume steht oder nicht. Falls nicht, haben wir eine künstlich erzeugte Führungssituation und der Chef wird sich als Sitzungsleiter Fragestellungen aus dem Finger saugen. Geschieht dies öfters, fühlen sich die Mitarbeiter durch die Teamsitzungen nur von der Arbeit abgehalten, was kein sinnvolles Resultat einer Führungsarbeit sein kann.

Es besteht nun also eine Führungssituation und somit liegt das Startereignis, der initialisierende Input eines Führungsprozesses vor. Was nun?

Ganz einfach: Die Führungskraft durchläuft mit der Fragestellung, welche der Führungssituation zugrunde liegt, den Planungszyklus. Die Fragestellung hat mit Sicherheit verschiedene Aspekte. Diese sind zu erheben und zu analysieren. Der der Fragestellung zugrunde liegende Sachverhalt hat in einer Art zusammenhängende Elemente und stellt somit ein System dar. Dieser Sachverhalt steht mit Sicherheit nicht im luftleeren Raum, sondern im Zusammenhang mit anderen Dingen und ist somit selber ein Subsystem in einem übergeordneten System. Die Führungskraft möge sich Klarheit darüber verschaffen; die Systemanalyse ist angezeigt. Es geht wohl um Arbeitsvorgänge; die Prozessanalyse ist angezeigt. Die so ins Bewusstsein geholten Aspekte sind zu würdigen. Die Führungskraft muss sich wertend damit auseinandersetzen, denn Dinge haben Konsequenzen. Es ist ungenügend, den ersten Gedanken als der Weisheit letzter Schluss zu betrachten. Die Führungskraft soll Lösungsvarianten erstellen, diese bewerten und auf dieser Basis eine Auswahl treffen.

Der Planungszyklus im Führungsprozess unterscheidet sich von dem, welchen der beauftragte Organisator durchläuft: Der Beauftragte präsentiert Lösungsvarianten, um einen Entscheid abzuholen, die Präsentation liegt zeitlich und logisch also vor dem Entscheid. Die Führungskraft trifft den Entscheid gegebenenfalls selber und präsentiert die ausgewählte Lösungsvariante danach. Abgesehen von der Null-Lösung muss die ausgewählte Lösung aber jedenfalls präsentiert werden, denn die Veränderung soll ja auch umgesetzt werden. Wie umfangreich diese Präsentation sein soll, ergibt sich durch das Ausmaß der Veränderung. In einfachen Fällen kann es genügen, eine abgeänderte Tätigkeitsbeschreibung bekannt zu geben. Erst jetzt geht es im Führungsprozess also darum, Anweisungen zu erteilen.

Wie weit die Führungskraft die betroffenen Mitarbeiter bereits im Planungszyklus sich beteiligen lässt, ist eine Frage des Sachverhaltes, der Arbeitsauslastung und des Betriebsklimas. Spätestens mit der Präsentation der Veränderung bzw. mit dem Erteilen der neuen Anweisung sollte die Führungskraft die Meinung der betroffenen Mitarbeiter einholen und diskussionsbereit sein. Das gehört schon grundsätzlich zu einem guten Betriebsklima. Weiter sollte die Führungskraft wissen wollen, was die Mitarbeiter von der Sache halten, das ist ein wichtiger Input. Weiter möchte die Führungskraft ja nicht erst durch die fehlerhafte Ausführung der Sache erfahren, dass ein Un- oder Missverständnis besteht. Abgesehen davon wird die Führungskraft, welche sich im Planungszyklus jede Menge Gedanken gemacht hat, diese auch mitteilen und darüber reden wollen. Das kennen wir schon aus unserer Schulzeit: Nur falls wir die Hausaufgaben nicht gemacht hatten, haben wir uns gewünscht, dass sie im Unterricht nicht behandelt werden. Hatten wir uns bei der Hausaufgabe hingegen Mühe gegeben, waren wir enttäuscht, falls sie im Unterricht nicht behandelt wurde.

12.5.2.1 Die Null-Lösung im Planungszyklus des Führungsprozesses:

In jedem Fall soll auch über die Null-Lösung nachgedacht werden, denn Veränderung als Selbstzweck kostet Geld und Goodwill und führt nur zufällig zu wirklichen Verbesserungen. Vor allem Führungskräfte, die eine neue Führungsaufgabe in Angriff nehmen, sollten der Null-Lösung große Beachtung schenken. Einerseits besteht die Gefahr, dass sie Dinge ändern, weil ein neuer Chef schließlich Veränderungen zu bewirken hat. Sie könnten Dinge nur deshalb verändern, um sie ihren bisherigen Erfahrungen anzupassen, und vergessen dabei, dass sie „der Neue" sind und nicht alle anderen. Andererseits könnten Schnittstellenpartner, z. B. Chefs von anderen Abteilungen, die Chance wahrnehmen wollen, um eigennützig Veränderungen zu bewirken, die vom alten Chef schon zweimal analysiert und als unnütz abgelehnt worden waren.

Zur Erinnerung: Die Null-Lösung ist die Lösung, die herzustellen nichts kostet, die also keine Investitionskosten mit sich bringt. Kostenbewusst zu handeln ist ein Grundauftrag von Führungskräften.

Das Kostenargument ist das Argument, mit dem Führungskräfte den Mut haben sollen, für die Null-Lösung einzustehen. Die Null-Lösung hat nämlich ein schlechtes Image. Ich stünde der Entwicklung im Wege, wurde mir schon vorgeworfen, ohne dass der Forderer auch nur die geringste Anstrengung unternommen hatte, den Nutzen seiner Forderung darzulegen. Das ist natürlich Unfug. Der Zielerreichungsgrad ist das Maß, mit dem Lösungsvarianten gemessen werden, und nichts anderes.

Wer in einer Unternehmung tätig ist, in der Veränderungen stets Selbstzweck und Imageträger sind, braucht sich mit dem Führungsprozess überhaupt nicht auseinanderzusetzen. Er arbeitet in einem Herrscherunternehmen, in dem Führung ohnehin nur beziehungspolitische Aspekte hat. Wer allerdings in einem vernunftgesteuerten Unternehmen tätig ist, sollte stets darauf achten, dass er Vorschläge bewertend begründen kann. Am besten natürlich in messbaren Größen wie Personalaufwand, Stückzahl oder Geld. In einer Umgebung, in welcher dies üblich und erforderlich ist, kann auch die Null-Lösung die beste Lösung sein.

12.5.2.2 Zuständigkeit

Ein weiteres Imageproblem, also ein Problem auf der beziehungspolitischen Ebene, ergibt sich folgendermaßen: Mit zur Systemanalyse bei der Bearbeitung einer Führungssituation gehört die Überprüfung der Frage, ob die Angelegenheit überhaupt zu meinem Aufgaben-, Kompetenz- und Verantwortungspaket gehört. Vielleicht ergibt die Systemanalyse, dass ich nicht zuständig bin. Oje: Hören Sie schon die Buhrufer im Hintergrund?! „Ich bin nicht zuständig", welch grässlich Wort. Es ist schon fast verboten, sich für nicht zuständig zu erklären. Wer hat sich nicht schon mächtig über Nicht-Zuständig-Seiende geärgert? In welchem Unternehmen erfolgte noch nie die Aufforderung, auf „Gärtchendenken" zu verzichten?

Ja, es ist ärgerlich, ein Problem zu haben und nur auf nicht zuständige Personen zu stoßen. Ja, es ist schwierig, mit Menschen über Schnittstellen zusammenzuarbeiten, die nicht über ihren Tellerrand hinausblicken können oder wollen. Die Lösung besteht allerdings auf keinen Fall darin, dass die Strukturen über den Haufen geworfen und Aufgaben-, Kompetenz- und Verantwortungspakete situationsabhängig aufgebrochen und neu geschnürt werden. Machen wir dazu doch einen kleinen Ausflug in das Arbeitsrecht:

Der Arbeitsvertrag basiert auf dem Arbeitsrecht. Im Arbeitsvertrag steht, welche Funktion ich wahrzunehmen habe. Im Arbeitsvertrag steht aber nur der Name dieser Funktion. Was diese Funktion bedeutet, steht in der Stellenbeschreibung, denn dort ist das Aufgaben-, Kompetenz- und Verantwortungspaket beschrieben. Wir sind uns sicherlich alle darüber einig, dass es mir nicht möglich ist, meine Stellenbeschreibung nach Abschluss des Arbeitsvertrages meinen jeweils aktuellen Bedürfnissen entsprechend zu verändern. Das gilt gleichermaßen für den Arbeitgeber und somit für alle bei diesem beschäftigten Menschen. Genau das, die situationsabhängige Anpassung des Arbeitsvertrages, passiert, wenn ich mich für etwas zuständig erkläre, das sich außerhalb meines Aufgaben-, Kompetenz- und Verantwortungspakets befindet. Ob ich dies gut- oder böswillig tue, spielt keine Rolle. Es geht mir dabei nicht einfach um das Prinzip, sondern um Folgendes:

Ein Unternehmen ist ein komplexes Gebilde und muss daher strukturiert sein. Wenn sich die Struktur aufweicht, gewinnen beziehungspolitische Aspekte an Bedeutung. Das davon betroffene Unternehmen ist damit im Begriff, ein Herrscherunternehmen zu werden. Selbst wenn alle Beteiligten nur die besten Absichten haben, ist es unmöglich, mit z. B. 100 Menschen strukturlos und trotzdem zielführend zusammenzuarbeiten.

Im Weiteren führt das Überspringen der Zuständigkeitsbegrenzungen dazu, dass strukturelle Fehler oder die Notwendigkeit, diese zu beheben, nicht erkannt werden. Denn klar ist, dass immer ein struktureller Fehler vorliegt, wenn es einen Anlass gibt, außerhalb der Zuständigkeit tätig zu sein. Falls nämlich das Unternehmen seine Prozesse lückenlos erfasst und jede der darin enthaltenen Tätigkeiten einem Aufgaben-, Kompetenz- und Verantwortungspaket zugewiesen hat, dann ist auch immer jemand zuständig. Vielleicht hat man bei der Zuteilung der Aufgaben eine Tätigkeit vergessen oder auf dunklen Wegen ist eine neue, bisher nicht zugeordnete Tätigkeit entstanden und es ist tatsächlich niemand zuständig. Vielleicht hat aber jemand sein Aufgaben-, Kompetenz- und Verantwortungspaket nicht richtig verstanden. Das sind Fehler, die zu bearbeiten und zu beheben sind. Dazu muss man sie aber erst erkennen. Man kann sie dadurch erkennen, dass der, welchem eine Aufgabe zugewiesen wird, für die er sich nicht zuständig hält, dies auch sagt. Das ist Ausdruck einer positiven Fehlerkultur und kein Hinweis auf mangelnden Willen zur Zusammenarbeit.

Es kann sein, dass der Zuständige momentan ausgelastet ist und ein Kollege den offenen Auftrag für ihn übernehmen will. Kein Problem. Es geht nicht darum, auf Biegen und Brechen immer und strikt an der Struktur festzuhalten. Es geht darum, die Struktur nur bewusst zu verlassen und wieder in die Struktur zurückzufinden oder diese zu ändern. Auch das ist eine Führungssituation.

Genau die gleichen Probleme ergeben sich natürlich, wenn das Aufgaben-, Kompetenz- und Verantwortungspaket durch dessen Träger aufgebrochen wird, sich jemand also in Angelegenheiten einmischt, welche nicht die seinigen sind.

Soll das bedeuten, dass selbst der CEO keinen Einfluss auf eine Sache im Unternehmen geltend machen darf, die nicht in dem ihm zugewiesenen Paket von Aufgabe, Kompetenz und Verantwortung liegt? Ja, genau das ist gemeint. Nehmen wir an, das im Unternehmen zur Verfügung gestellte WC-Papier entspricht nicht den Qualitätsvorstellungen des CEO und er wünscht, dass besseres WC-Papier angeschafft wird. Es wäre ein Fehler, wenn der CEO nun dem Leiter der Abteilung Allgemeine Dienste einfach befiehlt, besseres WC-Papier bereitzustellen, denn der CEO ist nicht zuständig für den entsprechenden Materialeinkauf. Der CEO ist zuständig für die Gesamtstrategie des Unternehmens. Das Verhalten der Unternehmung gegenüber dem Mitarbeiter ist Bestandteil der Gesamtstrategie und somit ist klar, mit welcher Argumentation der CEO zu besserem WC-Papier kommt: Es ist ein strategischer Grundsatz, dass sich das Unternehmen gegenüber den Mitarbeitern respektvoll verhält. Dieser Grundsatz ist durch das schlechte WC-Papier nicht erfüllt. Dieser Zustand ist durch die Anschaffung von besserem WC-Papier zu berichtigen, um auch in diesem Punkt strategiekonform zu sein. Ich möchte betonen, dass ich das keinesfalls irgendwie ironisch verstanden haben möchte.

Es ist klar, dass der CEO auf diese Weise wohl jede Sache zu einer strategischen machen kann und sich so doch wieder die Kompetenz nimmt, über alles und jedes entscheiden zu können. Das ist nicht nur für den CEO so. Auf die oben dargestellte Weise werden tagtäglich kreuz und quer durch die Unternehmung Kompetenzen geltend gemacht. Alles ist mit allem verbunden und es ist leicht herzuleiten, dass dieser oder jener Sachverhalt in einem fremden Prozess eine Wirkung auf meinen Prozess hat und ich mir deshalb herausnehme, mich dazu zu äußern und gegebenenfalls eine Veränderung in dem fremden Prozess zu fordern. Dagegen ist ja auch nichts einzuwenden. Reden wir doch darüber, analysieren die Sache gemeinsam und finden eine Lösung. Völlig falsch ist allerdings die Annahme, dass ich die Veränderung in dem fremden Prozess direkt anordnen kann, weil sie eine Wirkung auf meinen Prozess hat. Das kann nicht sein, weil dadurch die Struktur vollständig aufgelöst würde, da ja alles mit allem verbunden ist. Wenn selbst der CEO seinen Einfluss auf die Wahl des WC-Papiers argumentativ herleiten muss, ist sichergestellt, dass ein Bewusstsein für Struktur gefördert, diese also nicht einfach nach Bedarf unter den Tisch gekehrt wird. Das ist schon die halbe Miete. Natürlich muss sich das Bewusstsein für Struktur auch in der weiteren Behandlung der Angelegenheit niederschlagen, bevor die ganze Miete eingefahren ist.

Das können wir anhand der wohl schwierigsten aller Zuständigkeitsabgrenzungen, der zwischen Führungskraft und der ihr zugeteilten Mitarbeiter, nachvollziehen: Als Sachbearbeiter hatte ich eine Teamleiterin, die in unseren Kundenbriefen Korrekturen anbrachte, welche darin bestanden, dass sie ein vom Sachbearbeiter gewähltes Wort durch ein Synonym ersetzte. Ich betone, dass dies nicht aus Böswilligkeit geschah, sondern aus der ehrlichen Überzeugung, dass das von ihr gewählte Wort besser sei. Hinter solchem Führungsverhalten steht die Ansicht, dass die Arbeit eines Teams so zu erfolgen hat, als wenn der Teamleiter diese Arbeit selber erledigt hätte. Der Teamleiter hat also nur deshalb ein Team, weil er alleine mit der Arbeitsmenge überfordert wäre. Eine solche Auffassung ist Herrschertum und grober Unfug. Es macht die Mitarbeiter zu Robotern. Das kann schon deshalb nicht funktionieren, weil einem Roboter keine Verantwortung zugewiesen werden kann, es also schlicht unmöglich ist, ein Aufgaben-, Kompetenz- und Verantwortungspaket zu schnüren. Weiter haben wir ja schon festgestellt, dass eine Aufgabe so zu definieren ist, dass sie einer einzelnen Person zugewiesen werden kann und sich Kompetenz und Verantwortung aus der Aufgabe ergeben. Die Aufgabe, den Kundenbrief zu schreiben, und somit auch die Aufgabe, die im Kundenbrief enthaltenen Wörter zu wählen, obliegt dem Sachbearbeiter und nicht dem Teamleiter. Dem Teamleiter obliegt die Aufgabe, die Zielkonformität herzustellen. Falls das im Kundenbrief vom Sachbearbeiter verwendete Wort zu einer falschen Aussage führt, muss der Teamleiter dies korrigieren. Falls der Teamleiter aber nur deshalb ein anderes Wort verwenden würde, weil er dies schöner findet, dann kann er gerne den entsprechenden Vorschlag machen. Die Entscheidung obliegt aber dem Sachbearbeiter, denn sie liegt in seiner Kompetenz und damit nicht in der des Teamleiters. Der Teamleiter hat auch die aus seiner Sicht negative Entscheidung des Sachbearbeiters hinzunehmen. Falls der Teamleiter die Unterschrift auf dem Brief verweigert, betätigt er sich als Erpresser, was sowieso ungültiges Führungsverhalten darstellt. Unter-

schreibt der Teamleiter den Brief, reagiert aber mit beziehungspolitischen Konsequenzen, zelebriert er Herrschertum.

Ich habe hier ein recht einfaches, weil wenig schwerwiegen-
des Beispiel gewählt und bin mir durchaus im Klaren darüber,
dass die Zuständigkeitsabgrenzung zwischen Vorgesetzten und
Unterstellten im Führungsalltag sehr schwer sein kann. Der Vorgesetzte sollte sich stets darüber im Klaren sein, dass das für den
Unterstellten geschnürte Aufgaben-, Kompetenz- und Verantwortungspaket ein Resultat seiner eigenen Führungsarbeit ist.
Ob er dieses selber aktiv geschnürt oder von seinem Vorgänger
übernommen und nicht geändert hat, spielt keine Rolle. Wenn
der Vorgesetzte seiner Führung selbst nicht folgt, kann dies auch
der Unterstellte nicht. Der Unterstellte kann nicht vorhersagen,
in welcher zukünftigen Situation der Vorgesetzte seiner eigenen
Führung Rechnung tragen wird und in welcher nicht. Die Aufgabe, zu führen, damit gefolgt werden kann, ist damit nicht erfüllt.

12.5.3 Der Kontrollprozess oder der sekundäre Führungsprozess

Ein wesentliches Element, bzw. ein Subprozess eines jeden Führungsprozesses ist der Kontrollprozess. Der Führungsprozess hat
sich ja nur deshalb mit den Bedingungen in den Regelkreisen von
Prozessen beschäftigt, damit letztere ein gewünschtes Resultat
hervorbringen. Mittels des Kontrollprozesses ist nun zu prüfen,
ob das gewünschte Resultat tatsächlich erzielt wurde. Falls dies
der Fall ist, endet der Kontrollprozess. Ist dies hingegen nicht
der Fall, werden die Ursachen dafür gesucht und gefunden. Danach übergibt der Kontrollprozess die Angelegenheit wieder
dem Führungsprozess zur Berichtigung.

In der Produktion ist diese Angelegenheit relativ eindeutig
und findet unter der Überschrift „Qualitätssicherung" statt. Es
wurden Qualitätsvorgaben definiert und bevor das Produkt die
Produktion verlässt, wird geprüft, ob es die qualitativen Eigenschaften hat, die es haben sollte. In der Produktion sind das im

Wesentlichen physikalische und/oder chemische Eigenschaften, die gemessen werden können. Im Dienstleistungssektor oder, noch allgemeiner formuliert, in der Administration ergeben sich jedoch erhebliche Probleme. Die sind darauf zurückzuführen, dass die Datendichte und -qualität ungenügend ist. Weil das so ist, besteht auch ein ungenügendes Bewusstsein für Qualitätssicherung.

In welchem Dienstleistungsunternehmen, in welcher Administration gibt es überhaupt eine systematische Qualitätsprüfung? Wie könnte eine solche aussehen? In den meisten Fällen dürfte sich die Qualitätssicherung darauf beschränken, dass der Chef, die Zweitunterschrift auf manuell erstellten Schriftstücken leistet. Es prüft das Schriftstück dabei auf Schreib-, Grammatik- und Logikfehler. Soweit ist die Sache noch recht eindeutig. Im Weiteren hat er ein Auge darauf, dass die ihm zugeteilten Mitarbeiter ihren Aufgaben mit der gebotenen Professionalität nachgehen und schon fangen die Probleme an. Was heißt gebotene Professionalität, wie definiert sich diese? Wo ist der Maßstab für Professionalität? In Arbeitszeugnissen stehen Dinge wie „das Verhalten war steht höflich, zuvorkommend und angenehm". Was heißt das? Wo ist deren Maßstab für höfliches, zuvorkommendes oder angenehmes Verhalten? Es gibt keinen und so bleibt dem Chef gar nichts anderes übrig, als sich selber zum Maß aller Dinge zu machen.

Noch schwieriger wird es bei der Beurteilung der Dienstleistungsqualität: Es ist nicht möglich, den Kunden ständig mit Fragebögen zur Dienstleistungsqualität zu belästigen. Abgesehen davon weiß man nie, mit welcher Ernsthaftigkeit ein solcher Fragebogen ausgefüllt wurde. Und so bestimmt der Dienstleister selber, was eine genügende Dienstleistungsqualität ist und ob er diese liefert oder nicht. Gibt es wenigstens innerhalb des Unternehmens einen Maßstab, der darüber Auskunft gibt, was als genügende Dienstleistungsqualität betrachtet wird? Da hapert es schon und das hat mit Bewusstsein zu tun. Wenn wir dann auch noch die systematische Prüfung der Dienstleistungsqualität suchen, werden wir wahrscheinlich schwer fündig. So bleibt es bei einer Negativprüfung: So lange keine Reklamationen eingehen, wird die Qualität wohl stimmen oder ähnlich. Ja aber werden dann wenigstens die Reklamationen systematisch gesammelt und hat jemand den Job, daraus Schlussfolgerungen zu ziehen? Vielleicht. Doch solange nicht „Reklamation" auf dem Briefumschlag steht, wird anderorts entschieden, ob die Reklamationsstelle die Reklamation überhaupt zu Gesicht bekommt, was auch wieder etwas mit Qualitätsbewusstsein zu tun hat. So bleibt es gegenüber dem Mitarbeiter wohl wieder dabei, dass sich der Chef zum Maß aller Dinge macht.

Nun gut, dann setzt der Chef also die Maßstäbe. Er prüft diese aber auch und er bestimmt, ob das Prüfungsergebnis Konsequenzen hat und gegebenenfalls welche. Der Chef ist also der Gesetzgeber, der Richter und der Henker im Kontrollprozess. Das Problem erahnen wir schon aufgrund dieser Formulierung.

Die Anforderungen die dadurch z.B. bezüglich Objektivität, Weitsicht und Integrität an die Persönlichkeit des Chefs gestellt werden, sind extrem hoch. Und so stoßen wir wieder an das Problem, dass unsere Gesellschaft zu wenige große Persönlichkeiten hervorbringt, um alle Führungsstellen mit solchen besetzen zu können. So wird der Kontrollprozess leicht zur Basis, auf der sich Bossing (Bossing = Mobbing von Seiten des Chefs) abspielt. Da objektive Maßstäbe fehlen, vollzieht sich der Kontrollprozess auf der Basis von Sympathie und Antipathie, auf der Basis beziehungspolitischer Konformität und Inkonformität.

Dem bewusstem, also absichtlichem Bossing, öffnet der Kontrollprozess ohne genügende Datenbasis, natürlich alle Türen und Tore. Der Mitarbeiter ist dem vollends ausgeliefert, denn alle Instanzen werden darin übereinstimmen, dass es nicht in der Kompetenz des Mitarbeiters, sondern in der Kompetenz des Chefs liegt, die Maßstäbe zu setzen. Der Mitarbeiter, der damit nicht klar kommt, muss gehen, ist die einzig mögliche Konsequenz. Ich setze hierbei voraus, dass der Chef, der einen Mitarbeiter loswerden will nicht so offensiv vorgeht, dass er Gesetze verletzt, ansonsten natürlich eine andere Situation vorliegt.

Das Problem kann sich aber auch unbewusst, also unabsichtlich ergeben: Die persönliche Einstellung hat stets Konsequenzen, die sich leicht der bewussten Beherrschung entziehen. Weiß ich denn ganz genau, warum mir dieser Mitarbeiter sympathisch ist? Klar, an einem guten Mitarbeiter habe ich viel Freude und so ist er mir auch sympathisch. Ist das wirklich der Grund? Bin ich mir immer ganz im Klaren darüber, dass der Umkehrschluss – wäre der andere Mitarbeiter ein guter, dann wäre er mir auch sympathisch, ist er aber nicht – ungültig ist? Ist dieser Umkehrschluss wirklich ungültig, denn es ist ja nicht erstaunlich, dass mir ein schlechter Mitarbeiter unsympathisch ist, da er mir ständig Schwierigkeiten macht? Ein Mitarbeiter geht in einer Art und Weise vor, die der Chef nicht gut findet. So beschließt der Chef, die Arbeit dieses Mitarbeiters intensiv zu prüfen. Tatsächlich, hier wieder so eine Sache, dort wieder so eine Sache; der Mitarbeiter ist nicht zu gebrauchen. Dass die Arbeit der anderen Mitarbeiter die gleichen Mängel in gleicher Häufigkeit aufweisen, merkt er gar nicht, weil er diese nicht intensiv prüft. So kommt er schwerlich auf die Idee seine Bewertung der betroffenen Sachverhalte zu hinterfragen. Vielleicht handelt es sich nämlich gar nicht um einen Mangel. Vielleicht wird einem das heute so beigebracht und alle Mitarbeiter folgen der neuen Lehre, nur hat das der Chef noch nicht mitbekommen.

Der gutwillige Chef, dem keine definierten Maßstäbe und keine genügende Datenbasis zur Verfügung gestellt werden, kann folgendes tun:

Er kann Maßstäbe und die Datenbasis selber definieren. Dies sollte in Zusammenarbeit mit den betroffenen Mitarbeitern geschehen. Erstens werden sie diese Kontrollbasis eher akzeptieren, weil sie daran beteiligt waren. Es handelt sich also mehr um eine Vereinbarung, als um eine Anweisung. Zweitens wissen die Mitarbeiter, dass sie in einer Unternehmung tätig sind, die kein ausgeprägtes Bewusstsein für die Notwendigkeit Maßstäbe zu definieren hat und können daraus ableiten, dass der Chef wahrscheinlich keine große Rückendeckung hat, wenn es hart auf hart kommen sollte.

Er kann defensiv prüfen. In keiner Administration, werden die Richtlinien so eingehalten, wie sie geschrieben stehen. Es gibt keinen Büromitarbeiter, der das Telefon, den Internetzugang und den Emailaccount im Büro noch nie für außergeschäftliche Zwecke benutzt hat. Der Chef, der anfängt, solche Dinge ins Feld zu führen, kommt leicht in Teufels Küche. Schafft er es, die Richtlinie streng durchzusetzen, hat er eine unnatürliche Situation geschaffen, was sich garantiert negativ auf die Leistung seiner Mitarbeiter und auf den Rückhalt, den er bei seinen Mitarbeitern genießt, auswirken wird. In solchen Dingen Maßstäbe zu definieren ist heikel, denn jeder Maßstab, der die private Nutzung von Unternehmenseigentum auch nur geringfügig möglich macht, widerspricht der offiziellen Richtlinie. Auch bezüglich der Ausdrucksweise der Mitarbeiter am Telefon oder in Briefen, ist es ratsam defensiv zu prüfen, also ein grobes Prüfraster anzuwenden. Die Mitarbeiter sind keine Klone des Chefs und sie werden sich nicht dazu machen lassen und trotzdem selbstverantwortliche Mitarbeiter bleiben.

Er kann nur in Ausnahmefällen Konsequenzen ergreifen. Durch den Mangel an Maßstäben und an Daten hat der Chef auch eine schwache Basis, Konsequenzen abschließend zu begründen. Jedes Ergreifen einer Konsequenz führt also zu einer Diskussion über Sinn und Unsinn, die zu führen absolut lohnenswert ist. Diese Diskussionen sollten auch erwünscht sein, denn wir haben uns ja bemüht, mitdenkende und selbstverantwortliche Menschen einzustellen, die einen Prozess selbständig beherrschen können und solche Menschen haben eine Meinung und teilen diese mit. Wenn sich allerdings pro Tag drei solche Diskussionen ergeben, wird es sehr schwierig, Resultate zu erzielen. Gute Mitarbeiter wissen, was zu tun ist und wollen dies auch tun. Der Chef kann sie gewähren lassen, ohne ständig einzugreifen. Er sollte lieber für sich selber an Maßstäben arbeiten, die ihm anzeigen, wann ein Eingriff seinerseits wirklich unerlässlich ist.

12.5.3.1 Controlling

Es ist eine gute Idee, den Kontrollprozess aus dem Aufgaben-, Kompetenz- und Verantwortungspaket der Führungskraft zu entlassen und einer zentralen Einheit, dem Controlling, zuzuweisen. Darüber muss sich aber nur das Unternehmen Gedanken machen, das sich daranmacht, eine Datenbasis zu schaffen, mit der die zielkonforme Wirksamkeit von Prozessen gemessen werden kann.

Wenn jede Führungskraft sich selbstständig Daten beschafft und Schlüsse daraus zieht, ergibt sich für die Unternehmung als Ganzes ein Wildwuchs von Datenmodellen. Es wird der IT unmöglich, diese Datenmodelle zu speisen, oder die ganze Angelegenheit wird astronomisch teuer. Wenn jede Führungskraft in einer eigenen Art und Weise Schlüsse aus den Daten zieht, lassen sich die Ergebnisse nicht vergleichen. Weiter ist das Erstellen und der Umgang mit Datenmodellen eine sehr anspruchsvolle Aufgabe und würde so manchen Menschen, der ansonsten als Führungskraft geeignet wäre, überfordern.

Ganz abgesehen davon ist es sehr schwierig, eine Angelegenheit, die ich selber erarbeitet habe, objektiv auf deren Zielwirksamkeit hin zu prüfen. Beispielsweise lassen Forschungslabore, die glauben, etwas entdeckt zu haben, die Versuchsanordnung von einem unabhängigen Forschungslabor nachvollziehen, um die Ergebnisse auf Übereinstimmung zu prüfen. Das hat primär nichts mit der Vermeidung von Betrug zu tun. Es ist einfach menschlich, eine Prüfung auf ein bekanntes und gewünschtes Ergebnis hin zu beeinflussen, und das geschieht selbst bei messbaren Forschungsergebnissen völlig unabsichtlich. Das liegt daran, dass wir die Erschaffer unserer Realitätsmodelle sind.

Mittels zentralem Controlling wird der Kontrollprozess in die Hand von Experten gegeben und die Aufgabe der Führungskraft besteht darin, deren Ergebnisse zu verarbeiten.

Leider tun wir uns in der Praxis unnötig schwer mit Controlling bzw. mit Revision im Allgemeinen. An der Schaffung der schlechten Stimmung in Sachen Controlling und Revision sind beide Seiten tatkräftig beteiligt. Wer einen Revisionstermin hat, fühlt sich, als säße er auf der Anklagebank, und in diesem Gericht gilt „im Zweifel gegen den Angeklagten". Die Reaktion ist, dass Dinge verschwiegen oder beschönigt werden. Wir belästigen den Revisor mit Rechtfertigungen, noch bevor ein Vorwurf erhoben wurde. Das nervt diesen und führt dazu, dass er noch genauer nachfragt, noch mehr Belege fordert und noch misstrauischer wird, was uns natürlich wieder bestätigt; die Angelegenheit schaukelt sich hoch.

Natürlich gibt es die Revisoren, welche unsere negative Haltung tatsächlich rechtfertigen. Wir hatten einmal einen Kunden in dem Sinne verloren, dass wir seine aktuelle Adresse nicht kannten. Der Revisor gibt den Kundennamen im Internet-Telefonbuch ein und hat mehrere Treffer. Einer dieser Treffer bezog sich auf eine Ortschaft, die in der Nähe des uns bekannten früheren Wohnortes liegt. „Da ist er ja. Sie müssen sich schon minimal bemühen." Ja klar, denn Menschen ziehen ausschließlich in die nächstgelegene Ortschaft um. Große Klappe und schlampige Arbeit; so schafft man sich natürlich keine Sympathiepunkte.

Das Ganze hat sehr mit der Fehlerkultur, die im Unternehmen herrscht, zu tun. Ich hatte einen Vorgesetzten, der glaubte, dass seine Kernaufgabe darin bestünde, Fehler zu finden und zu tadeln, denn es liegt immer ein Versagen des Mitarbeiters vor, der ja schon wüsste, wie die Sache richtig wäre. Den Dingen, die gut laufen, braucht er keine Aufmerksamkeit zu schenken, denn sie laufen ja schon gut. In einer solchen Fehlerkultur ist es natürlich nicht erstaunlich, wenn Dinge verschwiegen oder beschönigt werden und der Revisionstermin ein höchst negatives Ereignis ist.

Ich habe mich auf Revisionstermine hin folgendermaßen positiv konditioniert: „Schön, kommt wieder mal jemand vorbei, um festzustellen und aufzuschreiben, wie gut ich und meine Leute arbeiten, und dass dort, wo gearbeitet wird, auch Fehler entstehen können, weiß auch der Revisor." Und siehe da, plötzlich sind die Revisoren positiv eingestellt und verrichten ihre Arbeit professionell. Eine absolut positive Wirkung hat auch die Maßnahme gezeigt, den mit der Sache beschäftigten Mitarbeiter mit dem Auftrag, stets die Wahrheit zu sagen, am Revisionstermin teilnehmen zu lassen. Der Mitarbeiter hat die konkretere Sicht auf die Dinge und der Revisor vermutet beim Mitarbeiter weniger den Willen und vielleicht auch weniger die Fähigkeit, politisch zu agieren. Schlussendlich geht es auch hierbei um Ehrlichkeit, Selbsterkenntnis und Realitätsbewusstsein.

Wenn der Revisor spürt, dass seine Arbeit als etwas Notwendiges und Wichtiges betrachtet wird und von ihm auch Hilfestellungen angenommen werden, freut er sich. Wem ginge das nicht so? Das hat nichts mit Show, sondern mit einer positiven Fehlerkultur zu tun.

Ein Schlüssel dazu, Controlling als etwas Positives wahrzunehmen, liegt auch in dem Verständnis zum Wort „Controlling". Leider liegt dieses Wort sehr nahe bei unserem deutschen Wort „Kontrolle" und hat ja durchaus etwas damit zu tun. Das Problem ist, dass das Wort „Kontrolle" negativ besetzt ist. Es liegt emotional sehr nahe bei „Unterdrückung", „Machtausübung", „Ausgeliefertsein" und Ähnlichem. Im Englischen steht „Controlling" im Zusammenhang mit dem Verb „to control", was „beherrschen" heißt. Natürlich ist „Beherrschen" ebenfalls negativ besetzt, wenn wir es auf Menschen beziehen. Wenn wir uns aber klargemacht haben, dass es bei der Führung nicht um das Führen von Menschen, sondern um das Führen von Prozessen geht, wird die Sache positiv. Es ist etwas Positives, seinen Prozess, seine Aufgabe zu beherrschen.

Im professionellen Prozesscontrolling steht das Beherrschen des Prozesses im Zentrum. Das Aufspüren von Fehlern ist dabei lediglich eine Teilaufgabe. Es ist die Aufgabe des Prozesscontrollings, den Zielerreichungsgrad der Prozesse zu messen und die Größen zu ermitteln, die zum Zielerreichungsgrad geführt haben. Wir wollen wissen, ob unsere Annahmen zutreffen oder ob sich Zielabweichungen ergeben haben. Ob diese Zielabweichung in einem höheren oder tieferen als dem vermuteten Zielerreichungsgrad besteht, ist für das Prozesscontrolling völlig unerheblich. Beim Prozesscontrolling handelt es sich also um eine wertneutrale Angelegenheit. In diesem Sinne professionelles Prozesscontrolling kann natürlich nur in Unternehmen funktionieren, in denen eine positive Fehlerkultur herrscht. Das Unternehmen, welches Prozesscontrolling einführen möchte oder Probleme damit hat, muss sich also auch mit seiner gelebten Fehlerkultur auseinandersetzen.

12.5.4 Aufgabe, Kompetenz und Verantwortung der Führungskraft

Die **Führungsaufgabe** kann mittels Durchlaufen des Führungsprozesses erledigt werden. Entscheidend ist, dass sich die Führungskraft stets bewusst ist, dass sie führt. Es führt nur derjenige, dem man auch folgen kann. Dazu muss die Führung auf Klarheit und Verlässlichkeit beruhen und sie muss sichtbar sein. Klarheit kann sich die Führungskraft im Führungsprozess mittels sorgfältiger Abarbeitung des Planungszyklus erarbeiten. Verlässlichkeit ebenfalls, denn wer seiner Meinung eine solide Basis gegeben hat, der ändert sie nicht ohne Weiteres, es sei denn, es besteht ein guter Grund dazu.

Die **Führungskompetenz** im Sinne von Entscheidungsbefugnis wird der Führungskraft durch ihren Arbeitsvertrag bzw. durch ihre Stellenbeschreibung gegeben. Die Führungskompetenz im Sinne von Wissen kann mittels Durchlaufen des Führungsprozesses erarbeitet werden. Dies geschieht, da die relevanten Inputs abgefragt werden, was selbstverständlich einschließt, dass diesbezügliche Wissenslücken zu bearbeiten und zu schließen sind. Auch das Können ergibt sich mittels Durchlaufen des Führungsprozesses, da dadurch eine solide Basis geschaffen wird, die Aufgabe zu beherrschen.

Die **Führungsverantwortung** wird ebenfalls mittels Durchlaufen des Führungsprozesses wahrgenommen. Der Führungsprozess liefert Solidität und Verlässlichkeit und einen verantwortungsbewussten Umgang mit den Ressourcen und der Macht. Mittels Durchlaufen des Kontrollprozesses werden die Zielerreichung geprüft und gegebenenfalls Korrekturmaßnahmen angestoßen.

12.6 Fazit zum Thema Führung

Das Führen von Prozessen mittels Führungsprozess gibt der Führungskraft eine solide Basis,

- die **Tätigkeiten** zu verrichten, mit welchen sie der **Aufgabe** gerecht wird,
- das **Wissen** bereitzustellen, um die notwendige **Kompetenz** zu haben, um
- frei von **Angst** die **Verantwortung** wahrnehmen zu können.

13 ABSCHLUSS

Es besteht wohl breite Einigkeit darüber, dass die Unternehmung mit der Betriebskultur, mit dem in ihr herrschenden Klima steht und fällt. Deshalb kommt der Corporate Culture heutzutage eine große Bedeutung zu.

Es ist aber nicht damit getan, sich theoretisch mit der Betriebskultur zu beschäftigen, was sich in gut gemeinten Aufrufen an die Mitarbeiterschaft erschöpft. Die Betriebskultur ergibt sich einzig und alleine aus dem täglichen Tun. Es geht dabei um das Tun der Führungskräfte, denn die Betriebskultur wird hierarchisch von oben nach unten geschaffen. Ich habe leider überwiegend erlebt, dass diesem Tun der Führungskräfte nicht die gute Absicht, sondern die praktische Handlungsbasis fehlt.

Die konsequente Anwendung einfacher Werkzeuge (Kapitel 2–4) führt zu einer konsistenten Handlungsweise, die auch für das Umfeld verständlich und nachvollziehbar ist. Das täglich gelebte Bewusstsein darüber, dass wir mit Menschen zu tun haben (Kapitel 5–9), stellt uns in das richtige Verhältnis auch zu unserer betrieblichen Umwelt (Kapitel 10 und 11). Die Einbindung dieser Aspekte in das tägliche Schaffen bei Aufbau und Gestaltung des Unternehmens kann in eine positive Führung (Kapitel 12) münden, welche eine Säule für die positive Betriebskultur und damit für den Erfolg der Unternehmung darstellt.

Dazu müssen wir keine umfangreichen Studien anstellen, um zu neuen Erkenntnissen zu kommen. Wir müssen lediglich das, was wir eigentlich ohnehin schon wissen, in die Tat umsetzen; mit dem Mut zur Einfachheit.

FÜR AUTOREN A HEART FOR AUTHORS À L'ÉCOUTE DES AUTEURS MIA KAPΔIA ΓIA ΣYΓΓP
FÖR FÖRFATTARE UN CORAZÓN POR LOS AUTORES YAZARLARIMIZA GÖNÜL VERELIM SZI
PER AUTORI ET HJERTE FOR FORFATTERE EEN HART VOOR SCHRIJVERS TEMOS OS AUTO
ZÖINKÉRT SERCE DLA AUTORÓW EIN HERZ FÜR AUTOREN A HEART FOR AUTHORS À L'ÉCOUT
ORAÇÃO ВСЕЙ ДУШОЙ К АВТОРАМ ETT HJÄRTA FÖR FÖRFATTARE À LA ESCUCHA DE LOS AUTOR
MIA KAPΔIA ΓIA ΣYΓΓPAΦEIΣ UN CUORE PER AUTORI ET HJERTE FOR FORFATTERE EEN H
ZERZÖINKÉRT SERCE DLA AUTORÓW EIN HERZ FÜR
ORACÃO ВСЕЙ ДУШОЙ К АВТОРАМ ETT HJÄRTA FÖR

Der Autor

Der Schweizer Claudio Marco, geboren 1965, wollte ursprünglich Musiker werden, entschied sich schließlich doch für einen „anständigen" Beruf. Er sucht stets die Herausforderung und hat so verschiedene Berufe innerhalb der Versicherungsbranche ausgeübt.

Der Verlag

„Semper Reformandum", der unaufhörliche Zwang
sich zu erneuern begleitet die novum publishing gmbh
seit Gründung im Jahr 1997. Der Name steht für etwas
Einzigartiges, bisher noch nie da Gewesenes.
Im abwechslungsreichen Verlagsprogramm finden sich
Bücher, die alle Mitarbeiter des Verlages sowie den
Verleger persönlich begeistern, ein breites Spektrum
der aktuellen Literaturszene abbilden und in den
Ländern Deutschland, Österreich und der Schweiz
publiziert werden.
Dabei konzentriert sich der mehrfach prämierte Verlag
speziell auf die Gruppe der Erstautoren und gilt als Ent-
decker und Förderer literarischer Neulinge.

**Neue Manuskripte sind jederzeit herzlich
willkommen!**

novum publishing gmbh
Rathausgasse 73 · A-7311 Neckenmarkt
Tel: +43 2610 431 11 · Fax: +43 2610 431 11 28
Internet: office@novumpro.com · www.novumpro.com

AUSTRIA · GERMANY · HUNGARY · SPAIN · SWITZERLAND